中公新書 2401

呉座勇一著

応仁の乱

戦国時代を生んだ大乱

中央公論新社刊

はじめに

応仁《おうにん》の乱を知らない人はまずいないだろう。小学校の社会科教科書にも登場する応仁の乱は、日本史上、最も有名な戦乱の一つである。

しかし、応仁の乱とはどのような戦乱か、と問われたら、かなりの人は答えに窮するのではないか。「人《1》の世《4》む《6》な《7》し応仁の乱」といった語呂合わせは覚えているかもしれない。また「東軍の総大将が細川勝元《ほそかわかつもと》で、西軍の総大将が山名宗全《やまなそうぜん》で……」ぐらいの説明はできるかもしれない。だが、それ以上となると、なかなか難しい。結局、「この戦乱によって室町幕府は衰え、戦国時代が始まった」という決まり文句で片づけられてしまうのである。

人気もない。一九九四年、NHK大河ドラマで応仁の乱を題材にした『花の乱』が放送されたが、歴代の大河ドラマの中で最低の視聴率だった（ちなみに二〇一二年に『平 清盛《たいらのきよもり》』に記録を更新されるまでずっと最低）。ドラマとしては良くできていたので、何とも気の毒であった。

応仁の乱が難解なのは、なぜ戦乱が起こったのかよく分からないし、最終的に誰が勝ったのかもよく分からないからだろう。応仁の乱は応仁元年（一四六七）から文明《ぶんめい》九年（一四七七）まで一一年にわたって繰り広げられた大乱である。室町幕府の八代将軍足利義政《あしかがよしまさ》には息子がいなかったので、弟の義視《よしみ》を後継者としたが、その直後に義政の妻である日野富子《ひのとみこ》が男児（のちの義尚《よしひさ》）を出産したため、富子は我が子を将軍にしようと画策、折しも幕府の実権を握ろうとして争っていた細川勝元と山名宗全の両雄がこの将軍家の御家騒動に介入したために応仁の乱が勃発した……というのが一般的な説明である。しかし、この通説に対しては批判も多く提出されており、応仁の乱の原因として他の要素も指摘されている。

応仁の乱勃発当初は京都のみが戦場であったが、やがて戦乱は地方に波及し、全国各地で合戦が行われた。これだけ大規模で長期にわたる戦乱なのに、大名たちが何のために戦ったのか見えてこないというのは不思議である。劇的で華々しいところがまるでなく、ただただ不毛で不条理。これが応仁の乱の難解さ、ひいては不人気につながっているのだろう。

原因も結果も今ひとつはっきりしない応仁の乱。だが後世に与えた影響は甚大である。大正一〇年（一九二一）に東洋史家の内藤湖南《ないとうこなん》は講演「応仁の乱に就《つい》て」で次のように述べている。

大体今日の日本を知る為《ため》に日本の歴史を研究するには、古代の歴史を研究する必要は殆《ほとん》どありませぬ、応仁の乱以後の歴史を知って居《お》ったらそれで沢山です。それ以前の事は外国の歴史と同じ位にしか感ぜられませぬが、応仁の乱以後は我々の真の身体骨肉に直接触れた歴史であって、これを本当に知って居れば、それで日本歴史は十分だと言っていいのであります――

現在の日本と関係があるのは応仁の乱以後で、それ以前の歴史は外国の歴史と同じ。この過激な一節はそれなりに有名なので、御存知の方もいるかもしれない。それまでの史書も応仁の乱に注目していたが、その扱いは大きな戦乱の一つという域を出ず、たとえば源平合戦や承久《じょうきゅう》の乱などをより重視していた。応仁の乱は日本史上最大の出来事であると喝破した内藤の史論は極めて独創的であった。

なぜ内藤は応仁の乱に他の戦乱とは異なる特別な意義を見いだしたのか。それは、応仁の乱が旧体制を徹底的に破壊したからこそ新時代が切り開かれた、と考えたからである。内藤は「足利時代は全く天才のなかった時代であったから、応仁以後百年間というものは争乱の収まる時期がなく、戦乱が相続いて居った」と言う。しかし内藤は、それまでの史家と異なり、英雄の不在と戦乱の頻発を嘆かない。むしろ、それゆえにこそ「最下級の者があらゆる古来の秩序を破壊する」下剋上《げこくじょう》が盛んになったのだと説く。

内藤によれば、応仁の乱によって戦国時代が到来し、世の中が乱れに乱れたことは平民にとっては成り上がるチャンスであり、歓迎すべきことだったというのである。平和な現代日本に生きる私たちからすると、何とも物騒な主張である。

こうした逆説的な応仁の乱評価は、民衆による革命を待望した戦後のマルクス主義歴史学にも見られる。中央公論社の『日本の歴史』一〇巻「下剋上の時代」（初版一九六五年）で永原慶二《ながはらけいじ》は、「応仁の乱の大将細川勝元にしても山名宗全にしても、いわゆる英雄といわれるほどに花やかな人物ではない……一般的な意味での政治家・武将のなかには英雄とよぶべき成功者が一人もいない」と指摘した上で、「しかしすこし視角をかえるなら、この時代ほど無名の民衆的な英雄が、無数といってよいほど活躍した時代はないだろう」と述べている。そして、この時代の無名の英雄たちを発掘することで、「「歴史は民衆がつくる」という古くして新しい歴史の格言を、史実のなかから実感できる」と熱弁をふるっている。

一九七〇年代より、日本史学界では旧来のマルクス主義的な社会構成史研究に対する疑問が広がった。西洋から借りてきた理論で日本史を分析する問題が指摘され、永原の研究も批判の対象になった。しかし、応仁の乱を時代の転換点と捉える内藤の見解はそのまま受け継がれた。それどころか、内藤の言説はマルクス主義歴史学への批判として引用されるようになったのである。

勝俣鎮夫《かつまたしずお》氏は著書『戦国法成立史論』（初版一九七九年）のはしがきで内藤講演に言及し、「応仁の乱以前の長い日本の歴史を近代日本の歴史と無関係な異質的社会として切りすてる近代日本歴史学の常識からいえば暴論に近い氏の見解も、私には、この現実の生活感覚の上にたった歴史把握という観点にたつ時、十分理解しうると共に共感を覚えざるを得ない」と支持している。また勝俣氏は一九九四年の論文「一五―一六世紀の日本」では、内藤講演を引きつつ、応仁の乱以後の一〇〇年間は「旧体制の破壊と近代への胎動の時代」である、と論じている。

内藤講演に着想を得た勝俣説は、日本の歴史を大胆に二分しているという点で、社会が一段一段進歩していくというマルクス流の発展段階論とは大きく異なるものであった。だが一方で勝俣氏は、戦国時代を「民衆が歴史を動かす主体勢力として、日本の歴史上はじめて、はっきりとその姿をあらわした時代」と評しており、この点では戦後歴史学の戦国時代観と大差ない。「応仁の乱を契機として、民衆が～」という語りは根強い人気を誇っているのである。

もっとも最近の研究は、応仁の乱に対する過剰な意味づけを排する方向に進んでいる。特に応仁の乱の〝前〟と〝後〟の政治過程に関する研究が進展したことが重要で、応仁の乱を境に日本がガラッと変化したといった主張は見当たらなくなった。

まずは応仁の乱の〝前〟、つまり応仁の乱に至る政治情勢であるが、嘉吉《かきつ》元年（一四四一）の嘉吉の変（六代将軍足利義教《よしのり》が暗殺された事件）後、二〇年余り続いた幕府政治の混迷が明らかにされてきた。それまでは将軍の足利義政が暗愚だったからとか、義政の妻の日野富子が政治に口を出したからだとか、応仁の乱当時の権力者たちの個人的資質が専《もっぱ》ら問題にされていた。けれども嘉吉の変以降の政治過程が解明されたことで、応仁の乱は二〇年来の矛盾の総決算と位置づけられ、応仁の乱そのものへの関心は相対的に低下した。

応仁の乱の〝後〟についても同様である。かつての研究では、応仁の乱以後、室町幕府は求心力を失い、有名無実な存在に堕していったと言われていた。ところが近年の研究によると、乱の終結後、幕府支配の再建が進められたという。幕府の権威が決定的に失墜したのは、明応《めいおう》二年（一四九三）の明応の政変である、と当該期を研究する学者たちは口を揃《そろ》えて説く。彼らに言わせれば、明応の政変からが戦国時代なのである。

確かに幕府政治の変容に注目した場合、応仁の乱よりも明応の政変の方が画期ということになるかもしれない。将軍家の御家騒動がきっかけで応仁の乱が始まったと説明していた古典学説を否定し、幕府内の真の対立構図に迫った近年の諸論考も、政治史研究としてはたいへん価値がある。

けれども、室町幕府に限定せず日本社会全体への影響を考えた時、明応の政変よりも応仁の乱の方がはるかに重大であることは自明であろう。また、応仁の乱は、始まったことではなく、長期にわたって続いたことにこそ独自の意味を持つ。第一次世界大戦にしても、仮に三ヶ月で終わっていたら、一〇〇年後の現在でも熱心に論じられているかどうか、はなはだ疑問である。

やはり、応仁の乱の〝入口〟と〝出口〟だけでなく〝中味〟の検証は欠かせない。その際、没落する貴族階級は不平不満を並べ立て、勃興する一般人民は乱世を歓迎した、といったステレオタイプの歴史像に陥ってはならない。かといって「何年何月何日、どこそこで合戦があり、誰それが勝利した」といった事実関係を淡々と書き連ねるだけでは意味がない。戦乱の渦に巻き込まれた人々の生態をそのまますくい取ることが肝要である。

この課題に取り組む上で絶好の史料が『経覚私要鈔《きょうがくしようしょう》』と『大乗院寺社雑事記《だいじょういんじしゃぞうじき》』である。いずれも室町時代を生きた興福寺《こうふくじ》僧の日記である。前者の記主である経覚も、後者の記主である尋尊《じんそん》も、応仁の乱を実際に体験し、乱に関する質量豊かな記述を日記に残している。

経覚も尋尊も奈良で生活しており、彼らが入手する京都や地方に関する情報の中には不正確なものや噂《うわさ》、デマの類《たぐい》が少なくない。したがって、応仁の乱の全体的な構図や経過をつかむ上では最適の史料とは言えない。しかし、経覚・尋尊という記主本人のみならず、彼らの周辺の僧侶・貴族・武士・民衆が大乱の渦中でどのように生き、何を考えていたかが分かるという点で、二人の日記は他のどんな史料にも代え難い価値を有する。

もちろん、この二つの史料は、これまでの応仁の乱研究でも活用されてきた。しかし、事実関係を確定するために用いられるか、さもなくば「時代の変化に取り残された守旧的な僧侶の繰り言」という先入観に基づいて読み解かれてきたように思う。尋尊が日記の中で世の乱れを再三憂えているのは事実であるが、「旧支配層の没落と新興勢力の台頭」という視点だけではこの日記の豊穣さを理解しきれない。貴族や僧侶たちもしぶとく生き延びたし、大多数の民衆にとって戦乱は災厄でしかなかったのである。

応仁の乱が日本社会に残したものは何だったのか。本書では右二史料を中心に、多様な史料を駆使して、人々の生活のあり方という具体的なレベルから議論を展開していきたい。

目次

第五章　衆徒・国民の苦闘

国名	現都府県名
伊豆	静岡
駿河	静岡
遠江	静岡
三河	愛知
尾張	愛知
美濃	岐阜
飛驒	岐阜
信濃	長野
甲斐	山梨
越後	新潟
佐渡	新潟
越中	富山
能登	石川
加賀	石川
越前	福井
若狭	福井

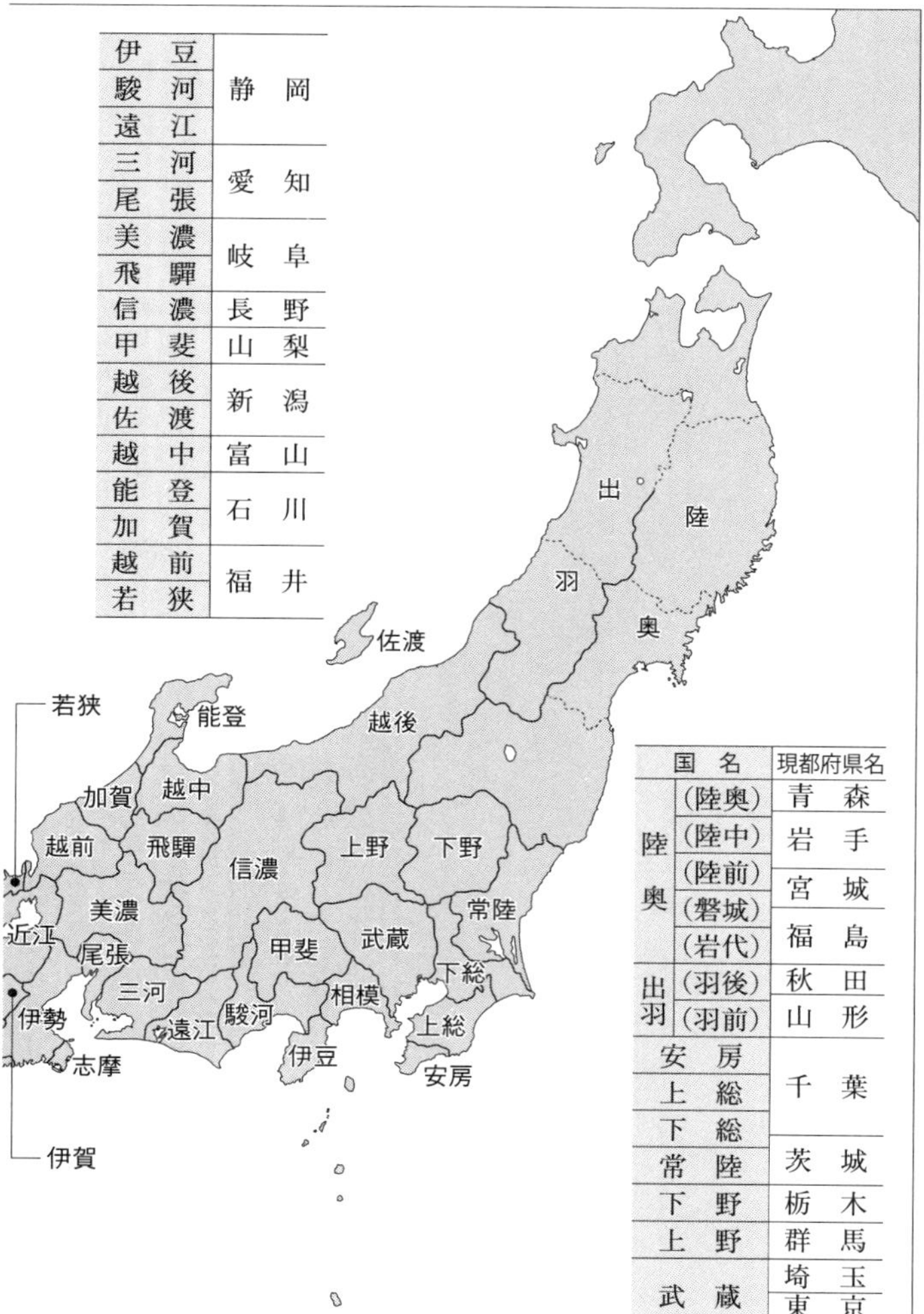

国名		現都府県名
陸奥	(陸奥)	青森
	(陸中)	岩手
	(陸前)	宮城
	(磐城)	福島
	(岩代)	福島
出羽	(羽後)	秋田
	(羽前)	山形
安房		千葉
上総		千葉
下総		千葉
常陸		茨城
下野		栃木
上野		群馬
武蔵		埼玉
		東京
相模		神奈川

筑前	福岡
筑後	福岡
豊前	福岡 大分
豊後	大分
日向	宮崎
大隅	鹿児島
薩摩	鹿児島
肥後	熊本
肥前	佐賀 長崎
壱岐	長崎
対馬	長崎

阿波	徳島
土佐	高知
伊予	愛媛
讃岐	香川
備前	岡山
美作	岡山
備中	岡山
備後	広島
安芸	広島
周防	山口
長門	山口
石見	島根
出雲	島根
隠岐	島根
伯耆	鳥取
因幡	鳥取

近江	滋賀
山城	京都
丹後	京都
丹波	京都 兵庫
但馬	兵庫
播磨	兵庫
淡路	兵庫
摂津	兵庫 大阪
和泉	大阪
河内	大阪
大和	奈良
伊賀	三重
伊勢	三重
志摩	三重
紀伊	三重 和歌山

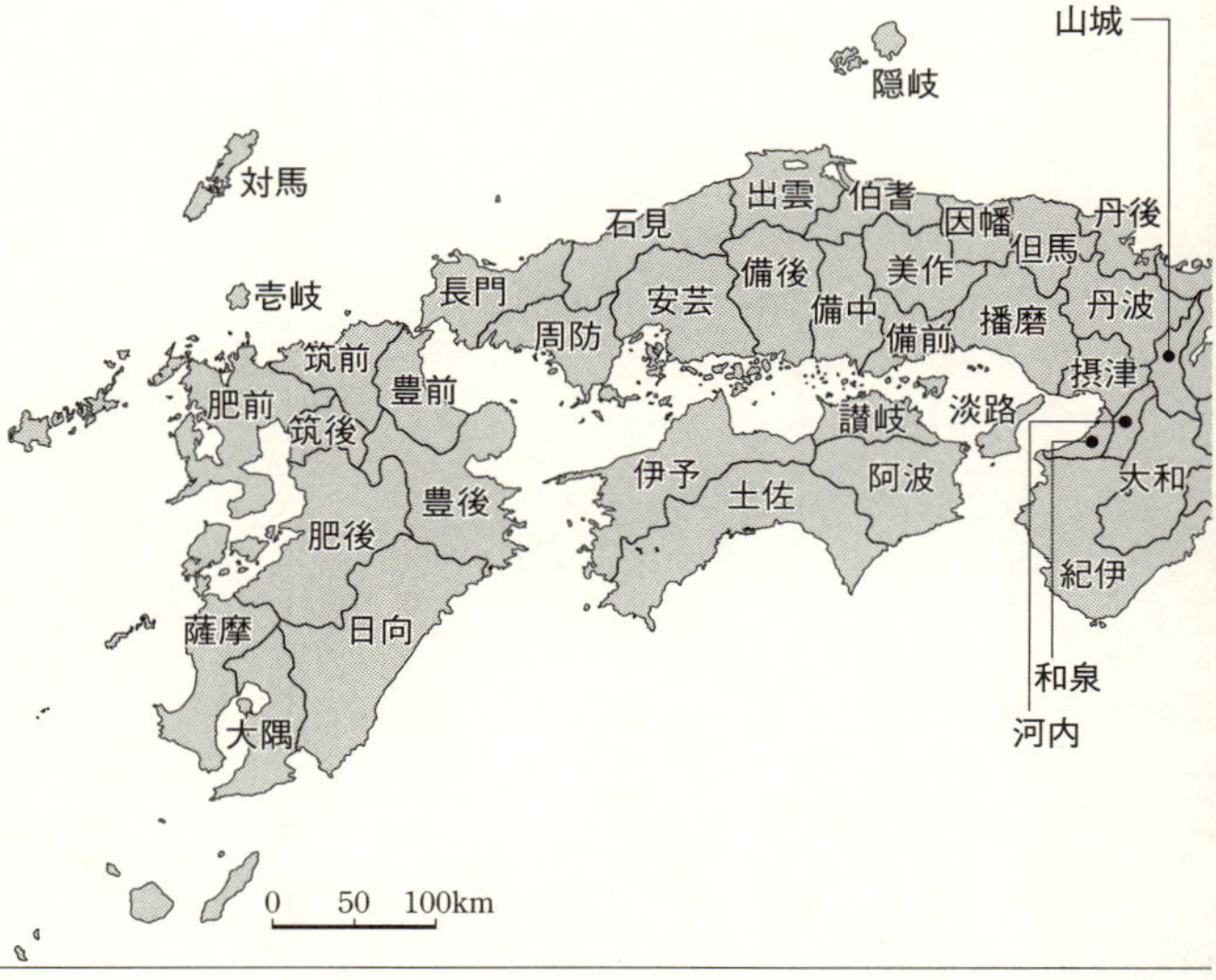

応仁の乱

第一章　畿内の火薬庫、大和

1　興福寺と大和

摂関家と興福寺

奈良というと、何を思い浮かべるだろうか。「鹿」という人もいるかもしれないが、東大寺《とうだいじ》の大仏を真っ先に想起する人が多いのではないだろうか。しかしながら中世においては、奈良とは興福寺《こうふくじ》のことであった。

では、興福寺とはどういう寺院なのか。国宝の阿修羅像《あしゅらぞう》をはじめ、多くの文化財を有する著名な寺院だが、その歴史については意外に知られていないのではないか。本書の主な舞台は奈良なので、興福寺に関する基本的な知識は欠かせない。まずはその概略を説明しよう。

興福寺の前身は、藤原《ふじわら》氏の祖である藤原鎌足《かまたり》が天智《てんじ》天皇八年（六六九）に創建した山階寺《やましなでら》である。その後、鎌足の息子の不比等《ふひと》が藤原京への遷都にともない同寺を厩坂《うまやさか》に移した（厩坂寺）。さらに和銅《わどう》三年（七一〇）、平城京遷都に際し、奈良の春日《かすが》の地に堂宇を建立し、鎌足が作らせた釈迦三尊像《しゃかさんぞんぞう》を厩坂寺から移し、国家の福を興すという意味をこめて興福寺と名づけた。

興福寺は以後、藤原氏の氏寺として栄えるが、一方で養老《ようろう》四年（七二〇）には官寺《かんじ》に列せられ、維摩会《ゆいまえ》など国家的法会《ほうえ》が行われた。したがって興福寺は、檀越《だんおつ》である藤原氏と朝廷の双方から影響を受けたのである。

興福寺　いずれも国宝の五重塔（右）と東金堂

初めて院政を行った白河《しらかわ》院の時代（一〇七三～一一二九）から、藤原氏の嫡流である摂関家《せっかんけ》の子息が興福寺に入寺するようになる。その最初の例が、藤原師実《もろざね》（道長《みちなが》の孫）の息子、覚信《かくしん》である。彼は承保《しょうほう》元年（一〇七四）に一〇歳（数え年、以下同じ）で出家し、興福寺別当《べっとう》（興福寺のトップ。「寺務」ともいう）だった頼信《らいしん》の弟子となる。そして康和《こうわ》二年（一一〇〇）に興福寺別当に就任する。以後、摂関家の子弟が興福寺別当になる流れが確立する。

　このように摂関家が興福寺との関係を強化していったのは、院政の定着による摂関の政治的権威の低下に危機感を抱いていたからである。実際、この時期から、従来は藤原氏の氏長者《うじのちょうじゃ》（藤氏長者《とうしのちょうじゃ》）が行っていた興福寺人事に院＝治天《ちてん》が介入するようになり、これに反発する興福寺の嗷訴《ごうそ》（強訴）が頻発した（拙著『一揆《いっき》の原理』を参照）。

こうした院と摂関家・興福寺の対立姿勢の中で、興福寺の軍事力は強化された。俗に言う「僧兵《そうへい》」、当時の言葉に直すと「大衆《だいしゅ》」の台頭である。白河院政に続く鳥羽《とば》院政期には大和《やまと》源氏、つまり武士出身の僧侶である信実《しんじつ》が興福寺において権勢をふるい、「日本一の悪僧武勇」と称された。

摂関家と密着した結果として、興福寺は摂関家の内部抗争に巻き込まれることになった。藤原忠通《ただみち》・頼長《よりなが》の兄弟が対立した保元《ほうげん》元年（一一五六）の保元の乱では、信実率いる興福寺は氏長者である頼長側に立つが、合戦には間に合わなかった。頼長の敗死後、信実らは所領を没収されている。

治承《じしょう》三年（一一七九）、平清盛《たいらのきよもり》はクーデターを敢行し、後白河《ごしらかわ》院を幽閉した。この際、反平氏と目されていた氏長者の松殿基房《まつどのもとふさ》が流罪となった。興福寺大衆はこれに激昂《げっこう》し、以後、一貫して反平氏の立場を採った。翌四年には平清盛の五男である平重衡《しげひら》が南都《なんと》（奈良）焼き討ちを行い、興福寺・東大寺はほぼ全焼した。

治承・寿永《じゅえい》の内乱（いわゆる「源平合戦」）終結後、興福寺別当の信円《しんえん》の奔走により、同寺は再建された。鎌倉幕府成立後も、大和国（現在の奈良県）には守護は設置されず、興福寺が事実上の大和守護として君臨した。

だが、ここで別の問題が持ち上がった。摂関家の分裂である。鎌倉時代の初めに摂関家は近衛《このえ》家と九条《くじょう》家に分裂した。近衛家と九条家はライバル関係にあり、相手に対して優位に立つべく、興福寺の掌握を試みた。その結果、信円が保有していた大乗院《だいじょういん》・一乗院《いちじょういん》の両院が争奪の対象となり、紆余《うよ》曲折を経て、近衛家は一乗院に、九条家は大乗院に子弟を送り込むという棲《す》み分けが成立した。なお、近衛家からさらに鷹司《たかつかさ》家が分立し、また九条家から一条《いちじょう》家と二条《にじょう》家が分かれたため（いわゆる「五摂家」）、のちにはこれらの家からも一乗院と大乗院に入る者が現れた。

当時、興福寺には一〇〇を超す院家《いんげ》や坊舎《ぼうしゃ》があったと考えられているが、摂関家の子弟が入室する一乗院と大乗院は、その中で別格の存在であった。天皇や摂関の子弟が院主《いんしゅ》となる院家を特に「門跡《もんぜき》」と呼ぶが、興福寺においては一乗院と大乗院が「門跡」であり、「両門跡（両門）」と称した。ほとんどの院坊はいずれかの門跡の傘下に入り、門跡を頂点とする主従制的な門流《もんりゅう》組織が形成された。これを学界では「両門体制」という。

かくして興福寺の僧侶は、出自によって明確に区別されるようになった。摂関家出身者は

「貴種《きしゅ》」と呼ばれ、トントン拍子に昇進していき、やがては門主《もんす》（門跡の主）になる。摂関家より家格の劣る清華家《せいがけ》、名家《めいか》出身の僧侶は「良家《りょうけ》」と呼ばれる。この階層の僧侶も別当になれるが、昇進スピードは貴種僧とは雲泥の差である。一例を挙げれば、貴種の大乗院尋尊《じんそん》の別当就任は二七歳だが、良家の東北院俊円《とうほくいんしゅんえん》は四二歳でようやく別当に就任している。これは、貴種に対する各種優遇措置の存在に起因する（良家は権別当《ごんのべっとう》を経て別当になるが、貴種は権別当を経験する必要がない、など）。僧侶としての実績・能力などとは無関係に、ただ血筋・家柄によって地位が決まるのであり、良家が貴種を凌駕《りょうが》することは決してない。なお、良家の下には凡僧《ぼんそう》がいる。

結局、摂関家子弟の門主就任は、その門跡の莫大《ばくだい》な財産を相続するということに他ならない。しかも支配下の院家に影響力を行使することもできる。貴種僧による門流支配の深化は、荘園などの利権をめぐる門跡間抗争を惹起《じゃっき》した。永仁《えいにん》元年（一二九三）には近衛家・九条家・一条家の対立を背景として一乗院と大乗院の間で抗争が勃発《ぼっぱつ》、鎌倉幕府の介入によって永仁五年にようやく沈静化した（永仁の南都闘乱）。また観応《かんのう》二年（一三五一）にも喜多院《きたいん》の支配権をめぐって両門跡の間で合戦が勃発している（観応の確執）。

この永仁の南都闘乱において、一乗院・大乗院の双方の実働部隊として活躍したのが、衆徒《しゅと》である。もともと衆徒は、大衆（寺僧集団）と同義であった。しかし、前述のような身分差が生まれてくると、興福寺内で衆徒＝大衆としての一体性が失われていった。鎌倉中期になると、学問に専念する僧侶は、大衆の中でも特に「学侶《がくりょ》」と呼ばれるようになり、これに対し武装する下位の僧侶は「衆徒」として区別された。

さらに鎌倉末期には、衆徒の中から中位の僧侶たちが「六方《ろっぽう》」として分出した。一方、下位の僧侶たちは「官符衆徒《かんぷのしゅと》（官務衆徒）」という武装集団を構成した。本書でいう「衆徒」は、基本的にこの官符衆徒を指す。彼らは興福寺の僧侶であったが、一方で興福寺領荘園の荘官などを務めていた。興福寺内で仏事に関わることはほとんどないので（資金調達はする）、実態としては武士と変わらない。ただ頭を丸めているというだけのことである。

彼ら衆徒は興福寺の軍事警察機構として、学侶・六方の指揮下にあった。しかし永仁の南都闘乱など、興福寺内で武力衝突が頻発するようになると、次第に発言権を強めていった。

同様の存在として国民《こくみん》が挙げられる。国民とは春日社白衣神人《びゃくえじにん》のことで、他国の「国人《こくじん》」（地元武士）と階層的には共通する。春日社は藤原氏の氏神を祀《まつ》る神社であり、中世においては興福寺と一体の存在であった。このため国民は興福寺にも従属しており、興福寺・春日社の暴力装置として機能した。衆徒と性格が似通っているため、「衆徒・国民」と並び称されることが多かった（ただし国民は僧侶ではないので、衆徒と異なり剃髪《ていはつ》はしていない。また衆徒よりも興福寺からの自立性が強い）。彼らは一乗院、あるいは大乗院に属して「坊人《ぼうじん》」とも呼ばれた。

彼ら大和の武士たちは、毎年九月十七日（現在は十二月十七日）に開催される春日若宮《わかみや》祭礼（おん祭り、第五章で詳述）において流鏑馬《やぶさめ》を共同で勤仕《ごんし》した。当初は平田《ひらた》党・長川《ながかわ》党と他国の武士が参加、十三世紀半ばから十四世紀初めにかけて長谷川《はせがわ》党、乾脇《いぬいわき》党、葛上《かつらぎかみ》党が参加、鎌倉末期〜南北朝期に散在《さんざい》党が参加した。余談ながら、永仁の南都闘乱は、永仁元年（一二九三）のおん祭りの最中、流鏑馬の行列にまぎれこんで奈良に入った大乗院方の武士たちが一乗院を襲撃し、これに一乗院方の武士が応戦したところから始まっている。

散在党が参加する頃から、他国の武士の参加が見えなくなり、大和国の武士が独占的に流鏑馬を勤めるようになった。やがて国民層を中心に、長川・長谷川・平田・葛上・乾脇・散在の六党がローテーションを組んでおん祭りの流鏑馬を奉仕する体制が確立したのである。

先行研究は、興福寺はおん祭りを通じて大和国内の武士たちを組織・編成した、と説く。その事実を否定はしないが、それ以上に、おん祭りでの流鏑馬勤仕は衆徒・国民たちの連帯強化につながったと考える。興福寺の大和一国支配の進展と見るよりも、衆徒・国民の団結と台頭を評価する方が妥当だろう。次節では、彼らの行動を中心に、動乱に揺れる大和の歴史を見ていきたい。

2　動乱の大和

南北朝期の大和

かつての研究では、一乗院は南朝方、大乗院は北朝方という形で、興福寺は南北朝の動乱によって二分された、と言われていた。これは、一乗院実玄《じつげん》の父である近衛経忠《つねただ》が南朝方であった事実などからの推測と考えられる。しかし安田次郎氏が明らかにしたように、興福寺は全体として常に北朝方、すなわち武家（室町幕府）方である。幕府も興福寺に遠慮して大和には守護を設置せず、興福寺が事実上の守護職《しゅごしき》を保有した。そして一乗院と大乗院は、南朝対北朝という対立構図とは無関係に激しい抗争を繰り広げたのである。

特に観応二年（一三五一）の「両門跡確執」は大きな画期となった。一乗院と大乗院の争いは断続的とはいえ、三〇年以上に及んだ。興福寺、そして衆徒・国民は完全に二分された。両門跡は武力を有する衆徒・国民を自派に取り込むために、競って恩賞を与えた。この結果、一乗院領・大乗院領は衆徒・国民の手中に落ち、門跡による荘園支配は形骸《けいがい》化していった。

十五世紀後半の大乗院門主で興福寺の歴史を研究していた尋尊は「この戦乱が興福寺滅亡

の発端である」と評している。尋尊は万事に悲観的な人間なので、この評価も割り引いて受け止めるべきだが、両門跡の分裂と抗争が衆徒・国民を歴史の表舞台に引き上げたことは認めて良いだろう。門跡・院家の盛衰が、衆徒・国民の支持を得られるか否かにかかるようになったのである。

さて、興福寺は武家方だと先に述べたが、衆徒・国民は必ずしも武家方ではない。高市郡《たかいちぐん》の越智《おち》氏、宇智《うち》郡の二見《ふたみ》・牧野《まきの》・野原《のはら》氏など大和国南部の武士は吉野《よしの》に近いことから南朝方だった。特に重要なのが散在党の越智氏である。

散在党は長川・長谷川・平田・葛上・乾脇の五党に参加しない武士たち、すなわち大和国内に散在する武士たちによって結成された党である。その盟主が高市郡越智郷（現在の奈良県高市郡高取町越智）を本拠とする越智氏である。越智氏は大乗院方国民で、源姓を名乗った。南北朝時代には大和における南朝方勢力の中心であり、観応の擾乱《じょうらん》の際には京都を落ちのびた足利直義《あしかがただよし》（尊氏《たかうじ》の弟）が頼ったほどの勢力を誇っていた。

一方、幕府方として有名なのが、添下郡《そえじも》筒井郷《つつい》（現在の奈良県大和郡山市筒井）を本拠とする筒井氏である。筒井氏は乾脇党の一員であったが、当初その存在感は希薄であった。しかし至徳《しとく》二年（一三八五）には筒井順覚《じゅんかく》が乾脇党の有力者へと成長していた（「西大寺《さいだいじ》文書」）。尋尊の解説によれば、筒井は興福寺の嗷訴鎮圧に貢献したため、室町幕府の三代将軍である足利義満《よしみつ》によって官符衆徒に加えられたという（「大乗院寺社雑事記」）。本来、官符衆徒の任命権は興福寺の別当にあるので、この義満の措置は異例である。筒井が乾脇党の中で浮上していったのは、幕府のバックアップがあったからと考えられる。

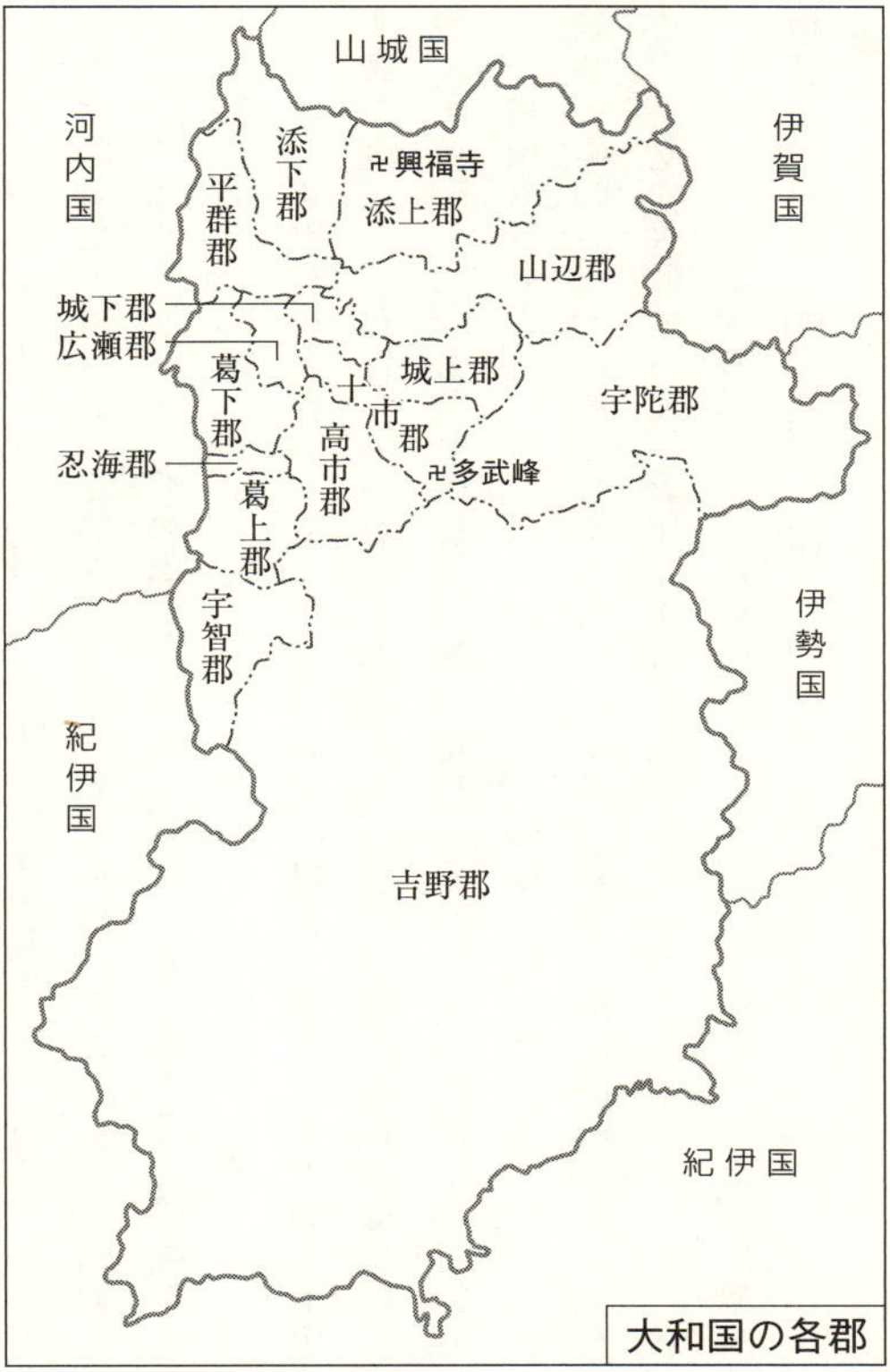

大和国の各郡

応永《おうえい》十一年（一四〇四）七月、一乗院方国民で長川党の箸尾為妙《はしおいみょう》が筒井順覚を攻撃した。幕府は両者に停戦を命じるにあたって興福寺別当の大乗院孝円《こうえん》に協力を要請したが、孝円は「一乗院の問題なので」と難色を示した。結局、幕府が両者を停戦させた（「寺院細々引付《さいさいひきつけ》」）。しかし義満は、応永十三年には、一昨年の筒井氏攻撃の罪を蒸し返し、箸尾為妙・十市遠重《とおいちとおしげ》討伐のため軍勢を大和に派遣した（「薬師院《やくしいん》旧記」）。箸尾・十市が敗走すると、義満は彼らの所領を没収し、春日社・興福寺に寄進している（「大乗院寺社雑事記」）。応永十五年に筒井と箸尾が合戦した際も敗勢の筒井を救うために幕府軍が大和に下っている（「東院毎日雑々記」）。

その後も筒井と箸尾はしばしば争い、その度に幕府が停戦を命じているが、幕府に忠実な筒井と南朝方だった過去を持つ箸尾とでは、幕府の裁定が筒井寄りになることは避けられない。劣勢を挽回《ばんかい》すべく、箸尾は越智に接近していく。

以後、大和国での紛争は、親幕府的な一乗院方衆徒の筒井と、反幕府的な大乗院方国民の越智との対立を軸に展開した。

国中合戦

大乗院と一乗院の対立により興福寺別当の支配力は弱体化し、一乗院・大乗院両門跡が実質的に大和守護の職権を行使した。ただし宇智・吉野・宇陀《うだ》の南三郡には権限が及ばず、基本的には奈良と国中《くんなか》（奈良盆地）に限られた。

応永十二年（一四〇五）八月、幕府は宇陀郡を興福寺大乗院に与えたが、宇陀郡に割拠する沢《さわ》・秋山《あきやま》両氏は宇陀郡内の興福寺領荘園を押領して対抗した（「宇陀郡奉行引付」）。彼らはもともとは南朝方の武士であり、幕府方の興福寺に反発したのである。また、同じく南朝方だった多武峰寺《とうのみねじ》（現在の談山《たんざん》神社）も宇陀郡に進出し、興福寺と争った。このため、興福寺の宇陀郡支配は実質的には機能しなかった。

応永二十一年五月、多武峰寺と沢氏との間に争いが起こり、多数の国民が介入したことで大規模な紛争に発展した（国中合戦）。四代将軍足利義持《よしもち》は停戦命令を出したが、効果がなかった。そこで幕府は興福寺別当の東院光暁《とういんこうぎょう》に対し、争いを制止するよう要請した。これを受けて興福寺の学侶・衆徒が幕府の使者に協力して停戦仲介に乗り出したところ、沢を支援する越智は撤兵に応じる意向を示したが、多武峰の法師たちは幕府の使者に暴力をふるう始末だった（「興福寺日次記《ひなみき》」）。

再び幕府が使節を派遣した結果、両軍はようやく撤退した。興福寺の学侶・衆徒は再発防止策について話し合い、国民たちが私的な理由で軍事行動を起こすことが大和が乱れる原因であるとの結論を得た。そして、国民の「私合戦《わたくしのかっせん》」を停止し、もめ事は幕府の裁定によって解決すべきとの意見を幕府に伝えた。

同年六月二十日、興福寺の要望を受ける形で幕府は衆徒二六名・国民二八名に対し、翌月五日までに上洛《じょうらく》するよう命じた。七月八日、上洛した衆徒・国民に対して幕府は七ヶ条の要求を突きつけた。主な内容は「今後、幕府の命令なく合戦した者は、大和から追放し、所領を没収する。加勢した者も同罪。両門跡からの指示があっても動くな。何か問題が起きた時は幕府に訴えよ。逆に幕府から討伐命令が出た場合は対象が親類でも容赦するな」といったもので、衆徒・国民は起請文《きしょうもん》を提出して遵守を誓った（「寺院事条々聞書《じいんのことじょうじょうききがき》」）。

起請文の中には興福寺への忠誠を誓う条項もあるので、「幕府の衆徒・国民への措置は興福寺としても望むところ」と捉える研究者もいる。しかし、幕府を頼ったことは、やはり興福寺の弱さの表れであろう。もはや興福寺は、幕府の後ろ盾なしでは衆徒・国民の暴走を抑えられないのである。現に、幕府は十月には学侶二四名にも上洛を命じ、私利私欲に走らず仏道修行に励むことを誓わせている。学侶の腐敗こそが衆徒・国民の跳梁跋扈《ちょうりょうばっこ》を生んでいると、幕府は見抜いていたのだ。

後南朝勢力の蠢動《しゅんどう》

室町幕府が大和の混乱に神経を尖《とが》らせていたのは、この時期に後南朝《ごなんちょう》問題が発生していたからであろう。

明徳《めいとく》三年（一三九二）閏《うるう》十月、いわゆる南北朝の合体（明徳の和約）が行われ、南朝は消滅する。けれども、南朝に仕えていた武士たちが幕府に心服したわけではなく、しばしば旧南朝の皇族たちを担いで反乱を起こした。こうした南朝再興運動を学界では「後南朝」という。

この後南朝問題が最初に持ち上がったのは、応永十七年（一四一〇）の後亀山《ごかめやま》法皇出奔事件である。事件の背景を合体時から見ていこう。

明徳三年、後亀山は南北朝の合体に同意し、四〇人ほどの供を引き連れて大和国の吉野を出て、北朝の後小松《ごこまつ》天皇に三種の神器を引き渡した。後亀山は京都西郊の嵯峨《さが》大覚寺《だいかくじ》に入り、「南主」「大覚寺殿」と呼ばれた。その生活は寂しいものであったが、後亀山は隠忍自重した。合体の際、将軍足利義満が皇位の両統迭立《てつりつ》、すなわち今後は天皇を旧南朝・旧北朝から交互に出すという条件を提示していたからである。

もともと南北朝合体交渉は、北朝を無視して義満が独断で進めた節があり、旧南朝から天皇を出すという約束を履行することは現実的に不可能だった。ただ、約束を露骨に破るのは気が引けたようで、義満は後小松天皇の皇太子を立てずにいた。そのため後亀山は、旧南朝系の皇子が立太子され、後小松天皇の次の天皇になることに、一縷《いちる》の望みを託していたのである。

北朝天皇とその系統

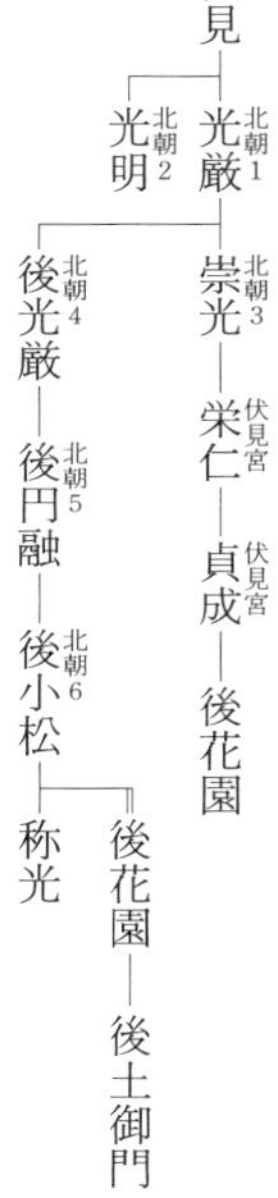

しかし応永十五年に足利義満が亡くなり、嫡男の将軍足利義持が幕府の最高権力者になった。義持は明徳の和約の当事者ではないので、後亀山への配慮はなかった。後小松天皇の第一皇子である躬仁《みひと》を即位させる計画を持っていた。

旧南朝に皇位を渡す意図が幕府にないと知った後亀山は応永十七年十一月、嵯峨を出奔して吉野に移った。同時代史料には生活苦が原因と記されているが（「看聞《かんもん》日記」）、森茂暁氏が説くように、これは「躬仁の即位計画に対する抗議」であろう。

だが義持は後亀山を無視し、粛々と躬仁擁立の手続きを進めていった。応永十八年十一月二十五日に立親王、同二十八日に元服、翌十九年八月二十九日に践祚《せんそ》（三種の神器を先帝から受け継ぐこと）した。称光《しょうこう》天皇の誕生である。称光天皇はまだ一二歳であったため、後小松上皇の院政が始まる。どうせ後小松が朝廷を率いるなら譲位する必要はなかったのでは、と思うかもしれないが、中世においては院政がスタンダードであり、むしろ天皇親政の方が例外である。旧北朝による皇位独占を確定させるには称光践祚・後小松院政開始が不可欠だった。
新体制発足直後に国中合戦に直面した幕府は、その背後に吉野にいる後亀山の影を見たであろう。ゆえに幕府は、国中合戦を終結させるために全力を注いだ。大和の混乱が収束した応永二十一年十二月十九日、称光天皇は即位（天皇の位に就いたことを内外に表明すること）した。

ところが、称光即位に不満を持った伊勢《いせ》の北畠《きたばたけ》満雅《みつまさ》が、応永二十二年二月に挙兵した（「満済准后《まんさいじゅごう》日記」）。北畠満雅は、南朝の忠臣として有名な北畠親房《ちかふさ》の曽孫にあたる。伊勢北畠氏は南朝勢力の中心的存在であったが、南北朝合体後は幕府に接近し、事実上の伊勢守護として機能した。応永十年の足利義満の伊勢神宮参詣の折には、道中の平尾《ひらお》（現在の三重県四日市市平尾町）で歓迎の宴を開いている（「吉田家日次記」）。旧南朝系の皇子の即位を幕府に認めさせるため、幕府の歓心を買おうとしたのだろう。応永十九年六月には北畠顕泰《あきやす》（満雅の父）がわざわざ上洛して幕府と交渉している（「山科家礼記《やましなけらいき》」）。交渉内容は史料に記されていないが、後亀山出奔という状況を踏まえると、おそらく皇位継承問題だろう。

南朝天皇とその系統

後醍醐—後村上—┬長慶
　　　　　　　└後亀山—恒敦（小倉宮）—聖承（小倉宮）

だが前述のように、北畠氏の努力のかいなく称光天皇が誕生した。かくして北畠満雅は幕府との融和路線に見切りをつけ、開戦を決意したのである（ただし「寺院事条々聞書」は所領問題が蜂起《ほうき》の原因とする）。

応永二十二年四月中旬、幕府は京極持光《きょうごくもちみつ》・土岐持益《ときもちます》・一色義範《いっしきよしのり》に北畠討伐を命じた。討伐軍は近江《おうみ》から鈴鹿《すずか》峠を越えて伊勢に入ったが、激しい抵抗に遭い苦戦を強いられた。しかも、伊勢国と境を接する大和国宇陀郡には北畠氏の影響力が浸透していたので、宇陀郡の沢・秋山も北畠に荷担して挙兵した。そこで幕府は衆徒・国民に沢・秋山退治のため宇陀郡への出陣を命じた（「寺院事条々聞書」）。

同年六月十九日、沢・秋山の活動が沈静化したのを見て、義持は畠山満慶《はたけやまみつのり》に大和国宇陀郡経由で伊勢に進撃するよう命じた（「満済准后日記」）。その数はわずか百二、三十騎ほどだったと言うので、衆徒・国民の兵力に期待していたのだろう。だが同月二十四日、宇陀郡の石破あたり（現在の奈良県宇陀市榛原赤埴か）で畠山・衆徒・国民ら幕府軍は土一揆《つちいっき》の襲撃を受け兵粮米《ひょうろうまい》以下悉《ことごと》くを奪われてしまった（「寺院事条々聞書」）。それでも畠山軍は伊勢に向かったが、衆徒・国民は引き返してしまった。

七月には北畠氏に呼応して楠木《くすのき》某も挙兵し、大和国宇智郡・河内国《かわちのくに》に侵入、家々を焼き払った。大和武士の中にも楠木に通じた者がいたという（「寺院事条々聞書」）。七月十九日、畠山満慶は一隊を割いて河内に派遣している。同二十四日、楠木某は討ち取られた（「満済准后日記」)。

一方の北畠氏であるが、伊藤裕偉氏によれば、幕府軍は結局、北畠氏の本拠である多気《たげ》城(現在の三重県津市美杉町上多気に所在)を攻略できなかったという。幕府軍は北畠満雅と停戦協定を結び、帰陣する。畠山満慶らが京都に戻ったのは八月十八日のことであった(「満済准后日記」)。

将軍足利義持は、十月に北畠満雅を赦免している(「満済准后日記」)。実態としては和睦だったと思われる。翌応永二十三年九月、義持は諸大名を引き連れて奈良に赴き、初めて興福寺を参拝した。そして吉野の後亀山法皇に対して所領の回復を約束し、嵯峨大覚寺への帰還を要請した(「看聞日記」)。後亀山法皇が後南朝勢力によって御輿《みこし》として担がれ、北朝対南朝の構図が再現されることを、義持は警戒したのである。後亀山も、北畠満雅が幕府に帰服した今となっては、これ以上の抵抗は無意味と判断し、再び京都へ戻った。

この北畠満雅の乱において、興福寺は幕府に協力姿勢を示している。後南朝勢力の大和進出は、興福寺にとっても回避すべき事態であったからだ。以後、興福寺は後南朝討伐において幕府と歩調を合わせていく。

3　経覚の栄光と没落

順風満帆の前半生

さて、いよいよ本書の主人公の一人、経覚《きょうがく》を紹介しよう。経覚は応永二年（一三九五）十一月六日、関白左大臣九条経教《つねのり》の子として生まれた。応永十四年、経覚は出家し、大乗院門主だった兄の孝円（一四頁）の弟子になった。

鎌倉中期以降、大乗院門主の地位をめぐって九条家と一条家が激しく争ったが、建武《けんむ》二年（一三三五）に一条家出身の大乗院聖信《しょうしん》が入滅すると、九条家の優位が確定した。以後、孝円に至るまでの大乗院門主は全て九条家出身である。したがって、経覚は出家した時点で将来の大乗院門主の地位を約束されていた。

応永十七年三月二十六日に孝円が三三歳で亡くなったために、経覚が大乗院門跡を継いだ。十一月十六日には就任式となる「院務始《いんむはじめ》」を行っている。

一方で経覚は僧侶としての研鑽《けんさん》も積んでいる。一五歳で方広会竪義《ほごえりゅうぎ》、一七歳で法華会《ほっけえ》竪義、一八歳で慈恩会《じおんね》竪義、一九歳で維摩会研学竪義《けんがくりゅうぎ》と、次々に法会の竪義を勤め、応永二十三年に二二歳の若さで維摩会講師《こうじ》に至った。

竪義とは、問者《もんじゃ》の仏教諸学に関する質問に対して竪義者（受験者）が答え精義者《せいぎしゃ》が判定するという、学僧に対する口頭試問のことである。ただし、この頃はすっかり儀式化しており、問題と模範解答は事前に明かされており、竪義者は当日に備えて所作を練習する、という仕組みになっていた。

本来、無数の法会で役を勤めていなければ受験できない維摩会研学竪義を経覚が一九歳で遂業《すいごう》（合格）しているのは、彼が天才的な学問僧だったからではなく、ひとえに彼の出自の賜物《たまもの》である。実際、経覚が大乗院門主だった時期に一乗院門主だった鷹司家出身の昭円《しょうえん》も、二〇歳で維摩会講師を勤めている。経覚や昭円のような「貴種」にとって各種の竪義は、別当に就任するために踏まなければならない形式的な手続きにすぎなかったのである。

応永三十三年、興福寺と東大寺の間で武力衝突が発生した。幕府は両寺の別当を罷免《ひめん》し、喧嘩《けんか》両成敗とした（「満済准后日記」「薩戒記《さっかいき》」）。これにより、経覚は三二歳で興福寺別当の地位に就いた。

後継者工作

前述の通り、大乗院門主の地位は数代にわたって九条家出身者によって継承されてきた。当然、経覚も九条家の人間を次の門主にしたいと考えていた。

九条家略系図

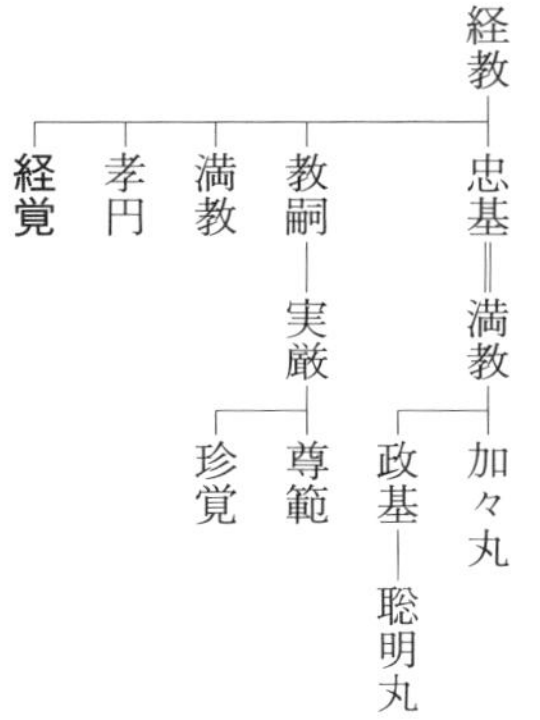

ところが、経覚の長兄である忠基《ただもと》は子を残さずに亡くなっており、忠基の養子として九条家を継いだ三兄の九条満教《みつのり》にも当時、加々丸《かがまる》という男子が一人いるだけであった。この時点では加々丸は九条家の後継候補なので、出家させて大乗院に入れるわけにはいかなかった。

満教のところに新たに男子ができるのを待つという手もあるが、大乗院では門主が三〇歳前後の時期に後継者を迎えるのが通例になっており、先延ばしは困難であった。

そこで経覚は次兄の九条教嗣《のりつぐ》（故人）の孫に目をつけた。この幼児の父である実厳《じつげん》は禅僧、母は比丘尼《びくに》であり、両親が僧尼という異例の後継者には、大乗院・一乗院の門徒たちも難色を示した。本章の1節で大乗院・一乗院は摂関家から門主を迎えると説明したが（七頁）、厳密に言えば摂関家の子弟であれば誰でも良いわけではなく、藤氏長者を経験した人物の息子でなければならなかった。

だが経覚は応永三十二年（一四二五）、この幼児を加賀国《かがのくに》から招き前関白九条満教（すなわち藤氏長者経験者）の猶子《ゆうし》（相続が伴わない、名目上の養子）にして条件をクリアした上で、幕府の了解をとりつけた（「大乗院日記目録」）。幕府は興福寺内の事情を把握していなかったので、特段の検討のないまま経覚の申請を受け入れたようである。三年後の正長《しょうちょう》元年（一四二八。応永三十五年四月二十七日に改元）、一一歳になった少年は大乗院に入室し、尊範《そんぱん》と名乗った。

味をしめた経覚は正長二年、尊範の弟を満教の猶子にして、将軍足利義教《よしのり》から許可を取って、東大寺東南院《とうなんいん》に入室させた。九歳の少年は出家して珍覚《ちんかく》と名乗った。醍醐寺座主《だいござす》の満済《まんさい》は、本来「貴種」とは言えない人物が猶子という〝裏技〟を使って門跡に入室することを批判している（「満済准后日記」）。満済は義教の政治顧問でもあったので、このことで義教に意見さえしている。もっとも、かく言う満済自身、足利義満の猶子として醍醐寺三宝院《さんぼういん》に入室したのだが。

ともあれ、経覚は幕府との良好な関係を活用して、興福寺支配、ひいては大和支配を志向する。だが、大和情勢は風雲急を告げており、経覚の前途には数々の苦難が待ち受けていた。

宇陀「郡内一揆」の蜂起

ここで時計の針を少し戻そう。応永三十五年（一四二八）正月、足利義持が没した。義持の息子である義量《よしかず》は既に病没していたので、僧籍に入っていた義持の四人の弟が後継候補と

足利氏略系図（数字は将軍職の就任順）

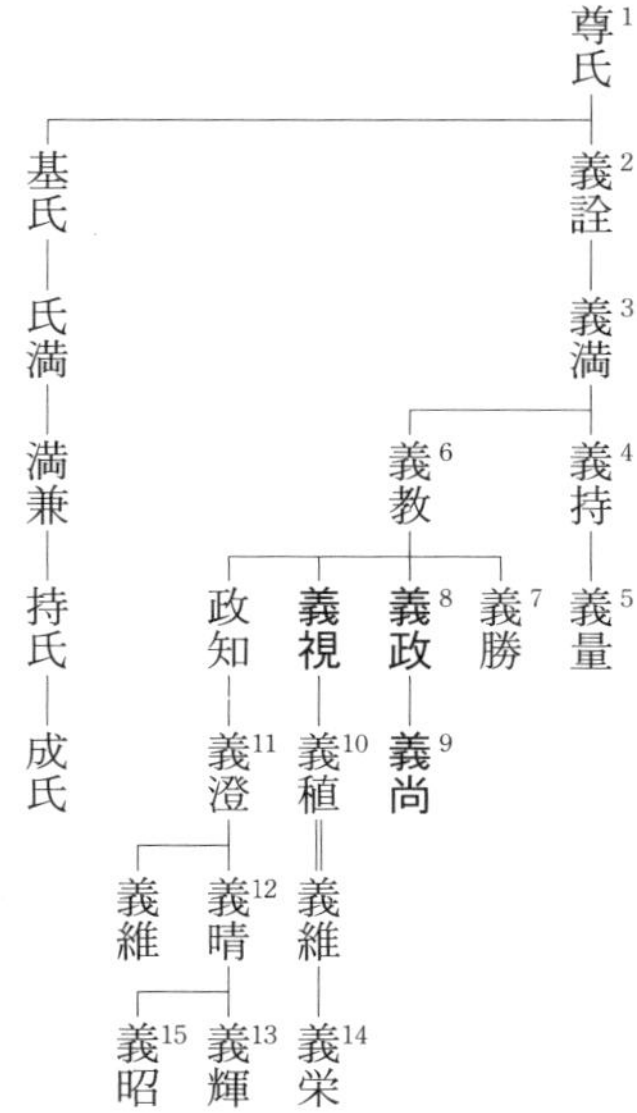

なった。くじ引きの結果、後継者は青蓮院《しょうれんいん》義円《ぎえん》と決まった。管領《かんれい》畠山満家《みついえ》ら諸大名に将軍就任を要請された義円は最初は固辞したものの、やがて了承した。同年三月、義円は還《げん》俗《ぞく》して義宣《よしのぶ》と名乗り（のちに義教と改名）、朝廷から従五位下《じゅごいのげ》・左馬頭《さまのかみ》に叙任された。

この頃、称光天皇は危篤状態に陥っていた。しかも称光には子息がいなかった。南朝皇胤《こういん》にとっては即位のチャンスがめぐってきたと言える。しかし幕府は、北朝崇光《すこう》流の伏見宮貞成《ふしみのみやさだふさ》親王の子、彦仁《ひこひと》王を次の天皇に考えており、南朝皇胤への締め付けを強めた。後南朝勢力がこれに憤ったことは疑いない。

七月七日、後亀山院の孫である小倉宮《おぐらのみや》が嵯峨から姿をくらました。幕府が必死で行方を追ったところ、伊勢の北畠満雅のところにいると判明した（「満済准后日記」）。幕府は急いで新帝擁立の準備を進めた。七月二十日、称光天皇は息を引き取るが、幕府はその事実を伏せ

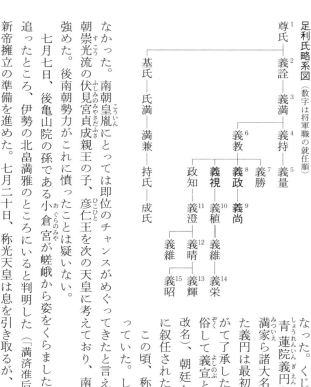

たまま儀式の用意を整え、二十八日に彦仁王を践祚させた。後花園《ごはなぞの》天皇の誕生である。八月、小倉宮を擁した北畠満雅が挙兵した。反乱の黒幕は将軍の地位を狙う鎌倉公方《かまくらくぼう》の足利持氏《もちうじ》であるとの噂《うわさ》が流れ、幕府を震撼《しんかん》させた（「薩戒記」）。そして今回も宇陀郡の沢・秋山が北畠満雅に呼応した。経覚にとって最初の試練と言えよう。

問題はこれだけに留《とど》まらなかった。正長元年（一四二八）七月の山門《さんもん》（比叡山延暦寺《ひえいざんえんりゃくじ》）と北野社《きたのしゃ》の対立をきっかけに、八月に近江、九月に京都郊外で土一揆が発生し、十一月には伊《い》賀国《がのくに》・伊勢国・宇陀郡・吉野郡・紀伊国《きいのくに》・和泉国《いずみのくに》・河内国など畿内《きない》近国全域に波及した（「春日若宮社頭日記」）。尋尊が「日本開白《かいびゃく》以来、土民の蜂起、これ初めなり」と評した（「大乗院日記目録」）、正長の土一揆である。

奈良も無事では済まなかった。山城《やましろ》方面から土一揆が奈良に迫り、筒井ら衆徒が防衛にあたったが、今度は南方の宇陀から土一揆が襲来した（「東大寺転害会施行日記《てがいえ》」）。戦況の不利を悟った興福寺は徳政令《とくせいれい》を発布して土一揆を沈静化させたが、宇陀郡の土一揆はなお郡内で活動を続けた。これは、宇陀郡の土一揆が自然発生的な民衆蜂起ではなく、宇陀郡の有力武士である沢・秋山によって煽動《せんどう》されたものだったからと考えられる。この沢・秋山と、宇陀土一揆の連合体は当時「郡内一揆」と呼ばれた（「三箇院家抄《さんかいんげしょう》」）。十二月、満雅は幕府から派遣された伊勢守護土岐持頼《もちより》に敗れて戦死したが（「師郷記《もろさとき》」「大乗院日記目録」「椿葉記《ちんようき》」）、沢・秋山の反抗は継続した。

経覚は沢・秋山の討伐を決意するが、それには幕府から支援を引き出すことが必要だった。翌正長二年正月十日、経覚は上洛し、三宝院満済に年賀の挨拶をしている（「満済准后日記」）。しかし一〇〇〇疋《ひき》（一〇貫文。現在の価値で約一〇〇万円）もの大金を持参しての訪問だから、ただの社交ではなく、宇陀郡問題への助力を要請したのだろう。

奈良に戻ってからも経覚は、満済に矢継ぎ早に大和国の情勢を伝え、助力を依頼している。二十六日に満済のもとに届いた書状では、大乗院方の武士たちが沢・秋山退治のために出発したものの一乗院や多武峰は全く動かない旨を伝えている。晦日《みそか》には二度にわたって宇陀郡での戦況（昨日の合戦と今日の合戦の結果）を報告し、幕府から奈良に使者を派遣してほしい、と頼んでいる。なお、この時代でも半日あれば奈良から京都に移動可能である。

翌二月一日、またもや経覚の使者が醍醐寺を訪れた。満済はこの使者を伴って足利義宣に面会し、経覚の要請五ヶ条を伝えた。その第一条は、
大乗院の坊人（衆徒・国民）たちは宇陀郡に向かったものの、あまりにも無勢です。兵力はわずか四、五百人とのことです。これでは討伐の成功は見込めません。早く一乗院の坊人をはじめ、大和国中の武士が出陣するよう、両使（二人ペアの使者）を派遣して厳しく

御命令いただきたい。

というものであった（「満済准后日記」）。経覚は既に興福寺別当の地位を一乗院昭円に譲っていたので、経覚の威令は大乗院門徒にしか届かなかった。そこで経覚は幕府の権威を後ろ盾に、沢・秋山討伐を進めようと考えたのだ。

二月二日、幕府の両使が下ると、一乗院や多武峰も出陣した。二月四日、大乗院方の武士たちは長谷寺《はせでら》周辺で激戦の末、「宇多《うだ》土一揆大将」である「榛原《はいばら》の刀禰《とね》という者兄弟」を討ち取った（ちなみに近鉄大阪線の長谷寺駅の次が榛原駅である）。その後も長谷寺周辺で攻防戦が続いたが、衆徒・国民が奮戦して抵抗を排除、これにより宇陀郡への進入ルートが確保された。もっとも一乗院の坊人たちの士気は低かったようで、経覚は満済に書状でぼやいている（「満済准后日記紙背文書《しはいもんじょ》」）。

経覚は二月十一日に上洛、十三日には義宣に謁見し、沢・秋山討伐への貢献について感謝の言葉を賜った。これを受けて経覚は学侶・六方衆に宇陀郡進攻を諮《はか》り、承認を得た（「満済准后日記」）。

二月二十三日、衆徒・国民が宇陀郡に攻め入り、沢・秋山は一矢も交えずに自ら城を焼いて逃走した。だが宇陀郡には沢・秋山を支持する土民たちがいた。彼らこそが宇陀土一揆を結成した主体であり、沢・秋山の宇陀郡復帰を阻止するには、土民たちを沢・秋山から切り離すことが不可欠である。

同月二十七日、上洛した経覚は、「郡内一揆」を切り崩すための作戦を満済と相談している。すなわち、宇陀郡の土民たちは国中（奈良盆地）との間を往来して生活の資を得ているので、方々の道路を封鎖して、土民たちを兵粮攻めにした上で、沢・秋山への協力をやめるよう命じる、というのである。この作戦が実行されたかは定かではないが、いずれにせよ沢・秋山の活動は収まった。「郡内一揆」は事実上、解散したのである。

伊勢における反乱軍残党の討伐も順調に進展した。これを見て安心した義宣は、三月九日に元服した。同月十五日、義宣は参議左中将《さちゅうじょう》に任じられ、また征夷大将軍宣下《せいいたいしょうぐんせんげ》を受け、名を義教と改めた。以後、三月いっぱいは各種儀式が目白押しで（二十九日には従三位《じゅさんみ》に昇叙し、権大納言《ごんだいなごん》に転任）、京都は祝賀ムードに包まれた。一乗院昭円・大乗院経覚も足利義教に拝謁して祝辞を述べた。幕府と興福寺は蜜月関係にあったと言えよう。

将軍足利義教の方針転換

沢・秋山の没落によって大和国は平和になったかに見えたが、大和武士たちの間では紛争が絶えなかった。経覚の基本方針は、幕府の権威を借りることで紛争を止める、というもの

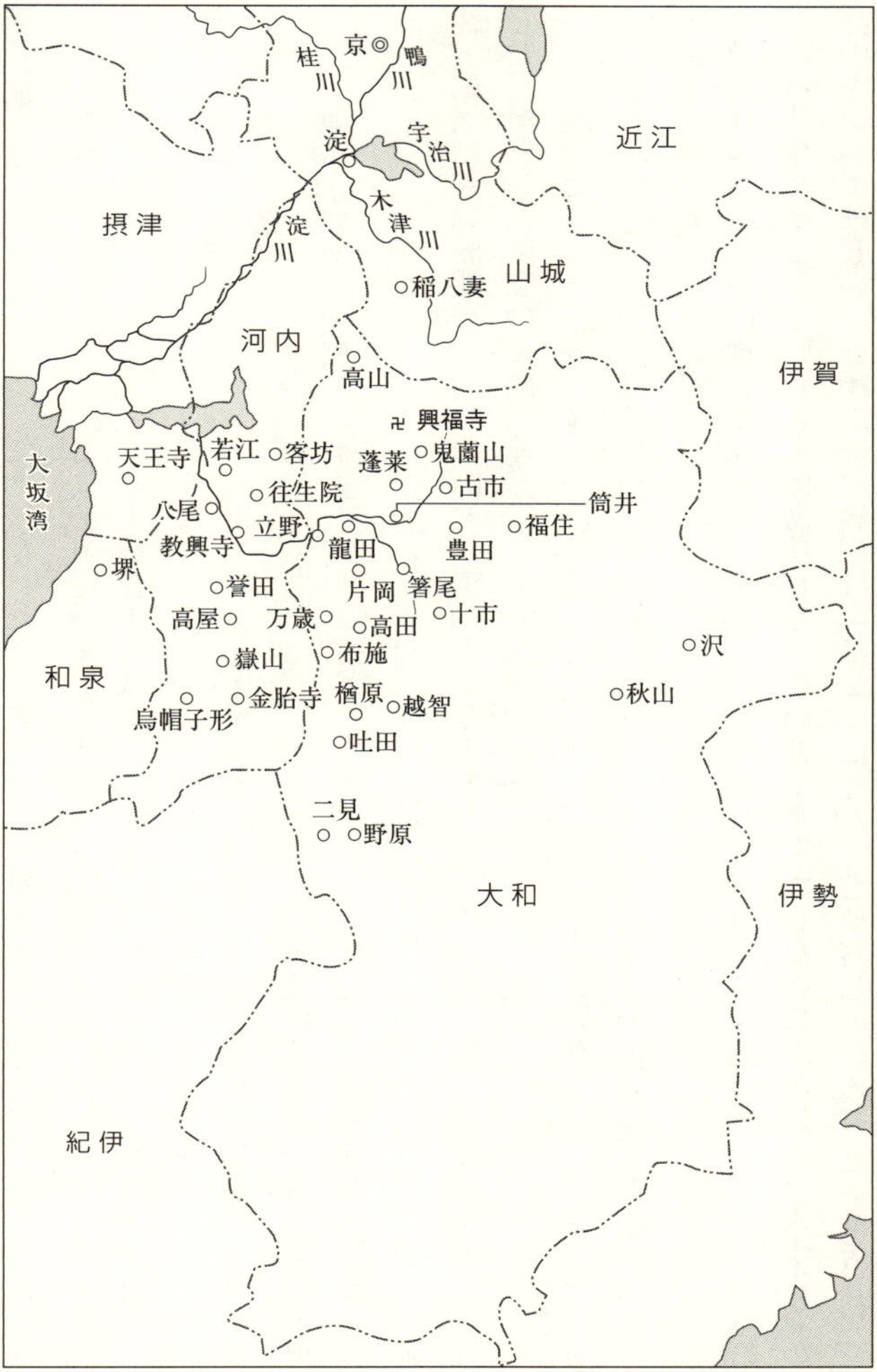
京
桂川
鴨川
淀
宇治川
近江
木津川
摂津
淀川
山城
稲八妻
河内
伊賀
高山
興福寺
天王寺
若江
客坊
蓬莱
鬼薗山
大坂湾
往生院
古市
筒井
八尾
立野
福住
教興寺
龍田
豊田
堺
誉田
片岡
箸尾
高屋
万歳
高田
十市
沢
嶽山
布施
和泉
秋山
金胎寺
檜原
越智
烏帽子形
吐田
二見
野原
大和
伊勢
紀伊

であった。だが一方で、幕府軍の進駐は望んでいなかった。他国の武士を大和に入れることは紛争の拡大につながりかねず、しかも興福寺の威信を低下させる恐れがあったからである。この点については興福寺別当の一乗院昭円も同意見だった。

筒井氏略系図（数字は惣領の順）

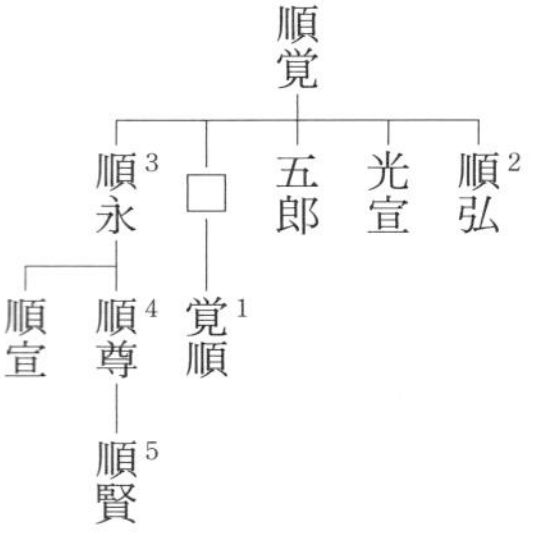

大和で箸尾と片岡《かたおか》の争いが起こった。両名はともに一乗院方の国民であった。しかし箸尾は一乗院に仕える一方で管領・河内守護の畠山満家にも臣従していたため、満家は河内勢を大和に派遣し、片岡の城を攻撃させた。筒井・越智ら興福寺の衆徒・国民は片岡救援のために出陣し、河内勢を撃退したが、この時、満家の家臣が一人戦死した。激怒した満家は復讐《ふくしゅう》の機会をうかがっていた。

この問題について正長二年（一四二九）三月六日、一乗院昭円の使者として六方衆の成身《じょうしん》院光宣《いんこうせん》が上洛し、三宝院満済に申し入れを行った。光宣は官符衆徒の筒井覚順《かくじゅん》（順覚の孫）の伯父《おじ》であった。

光宣は「畠山軍が侵攻してきたら、また大和国は乱れる。箸尾と片岡は争っていたが、将軍の停戦命令によって両者ともに撤兵した。この期に及んで、なぜ畠山が武力介入するのか。畠山を止めてほしい」と頼んだ。満済は「畠山に伝える」と返答している（「満済准后日記」）。

では幕府は大和情勢をどう捉えていたのか。六月、大和国民の吐田《はんだ》と楢原《ならはら》が争った。幕府では対策が議論されたが、諸大名の中には「吐田と楢原はどちらも管領に臣属しているのだから、管領が停戦を命じればいいではないか」という意見を述べる者もいた。大和国に利害を有する大名は河内守護を務める畠山満家だけだったので、厄介事に巻き込まれたくないと思う大名もいたのである。前著『戦争の日本中世史』でも論じたが、総じて諸大名は自分の利益に直結しない遠征には消極的であった。

しかし満家は「彼らは自分の命令に従わないので、将軍から使者を派遣してもらいたい」と強硬に主張し、諸大名もこれを受け入れた（「満済准后日記」「建内記《けんないき》」）。

翌月にも同様の問題が発生した。大乗院衆徒の豊田中坊《とよだちゅうぼう》と一乗院衆徒の井戸《いど》との間で合戦が起こったのである（大和永享《えいきょう》の乱）。井戸が頓称坊《とんしょうぼう》という僧侶を殺害したため、頓称坊の縁者である豊田中坊が敵討ちのために井戸を攻撃したのが発端であった。

七月三日、一乗院昭円は南都伝奏《てんそう》（興福寺など奈良の寺院と幕府を仲介する取次）の万里小《までのこう》路《じ》時房《ときふさ》を通じて、停戦を命じる文書を出してほしい、と幕府に要請した。しかし、時房から昭円の訴えを聞いた義教は、「文書を出すこともないだろう。大乗院と一乗院の雑掌《ざっしょう》（京都駐在官）を呼んで、口頭で幕府の意向を伝えれば良い」と述べた。義教は門主の監督責任を問い、大乗院が豊田中坊を、一乗院が井戸を制止すべきだ、と判断したのである。

同月十一日、大乗院経覚が使者を時房のもとに派遣した。「停戦せよという幕府の意向を豊田中坊と井戸に伝えたが、いまだに従わないので、幕府から文書を出してほしい」というのである。時房は満済と相談した上で、将軍御所に参り、足利義教に経覚の要請を伝えた。

義教は「経覚の要請に応えるべきだろうか」と時房に尋ねた。義教が煮え切らないのは、幕府が停戦命令を出したにもかかわらず、それが無視された場合、自分の権威に傷がつくと心配しているからだった。諸大名が出兵に後ろ向きな現状では、幕府にできることは〝口先介入〟に限られ、あまり実効性が期待できない。それならいっそ、大和の混乱を放置しておいた方が得策ではないか。世間の評判を気にする義教らしい発想である。

これに対し時房は「将軍の御命令に逆らう者などおりましょうか。仮に受諾されなかったとしても、何度でも御命令を出せばよろしいではないですか」と説得する。効果が薄い〝口先介入〟であっても、将軍が和平のメッセージを発することには意味がある。時房はそう考えていた。義教は時房の進言を容《い》れて、「戦闘を停止し、何か言い分があれば幕府に訴え出るよう、門徒たちに命じよ」という内容の文書を大乗院と一乗院に与えた。

大乗院・一乗院は幕府の文書を豊田中坊と井戸に示したが、両名は従わなかった。それどころか筒井・十市らが井戸を支援し、箸尾が豊田中坊に加勢するなど、紛争は拡大の様相を示していた。二十八日、両門主は再び万里小路時房を通じて幕府に支援を要請した。一乗院昭円は「もう一度停戦命令を出して下さい」と頼んだ。大乗院経覚は「もう一度停戦命令を出すだけでは解決は難しいでしょう。幕府から使者を派遣して下さい」と申し入れた。時房は二人の書状を持って将軍御所に赴いた。

ところが義教の反応は鈍かった。「大和の争いは全く収束する気配を見せない。制止しても無駄なので放任してはどうか」と言い放った。義教が使者派遣に逡巡《しゅんじゅん》するのは、使者を派遣しても事態が収まらない場合に自分のメンツがつぶれるという懸念もさることながら、幕府内の大和放任論の影響が大きい。だが時房は「紛争が拡大してから停戦させようとしても手遅れになります。今すぐ使者を派遣すべきです」と持説を曲げない。〝口先介入〟であろうとも、幕府が大和の争いに関与し続けることで、大和における幕府のプレゼンスを高めることができる。時房の戦略は極めて明晰《めいせき》なものであった。

義教は「管領の畠山満家と相談せよ」と述べ、時房はすぐに満家に謁見した。満家も時房と同じ意見であった。「大和の争いを放置してはならない。使者派遣は名案なので、誰が適任か検討する。今後も幕府は大和の争いを止めるために努力すべきだ」と言う。時房が満家の意見を報告すると、義教は使者の派遣を決定した（「建内記」）。

八月、幕府からの使者として飯尾《いいのお》・長沢《ながさわ》の両名が奈良に下向し、井戸と豊田に停戦を命じた。井戸は停戦に応じたが、豊田は「停戦に応じます」と返答したにもかかわらず撤兵しなかった。豊田の方が優勢だったからだろう。恥をかかされた義教は激昂し、豊田退治を言い出したが、九月に予定されている義教の春日社参詣を滞りなく進めるために討伐軍の派遣は延期された。

永享元年（一四二九。正長二年九月五日に改元）九月下旬、義教は奈良を訪れ、春日社に参詣した他、興福寺・東大寺などを巡礼した。義教の奈良滞在中はさすがに豊田たちも軍事行動を控えていたが、筒井が「将軍が京都に戻ったら、豊田は越智・箸尾の支援を受けて戦闘を再開するつもりです」と通報したため、義教の怒りは募るばかりだった。

十一月二十一日、義教は越智らに対し「勝手に軍事行動を起こした者は成敗する」と通告した。越智らは「承知致しました」と返答したが、これは虚偽であった。越智・箸尾・万《まん》歳《ざい》・沢・秋山らは豊田を助けると称して軍を動かし、筒井郷・十市郷に侵攻した。筒井は惨敗し、領内の拠点数ヶ所を焼かれ、本城を残すのみとなった。

同月二十四日、義教は「私の命令にそむく国民どもを退治するため、細川持之《ほそかわもちゆき》（細川勝元の父）と赤松満祐《あかまつみつすけ》を大和に向かわせる」と宣言し、畠山満家に対しても派兵を命じた。満家は「まずは遊佐《ゆさ》国盛《くにもり》（満家の重臣）を派遣して停戦させるというのはいかがでしょう」と、義教をなだめた。

遊佐の尽力によって停戦は成立したが、領内を越智・箸尾に荒らされた筒井・十市にしてみれば、越智・箸尾がお咎《とが》め無しでは納得できない。十二月、筒井覚順と成身院光宣が上洛し、越智らの討伐を願い出た。しかし畠山をはじめ諸大名は武力介入には否定的だったため、幕府軍の派遣は実現しなかった（「満済准后日記」）。

桜井英治氏が指摘したように、足利義教は「外聞」を極度に重視する性格だった。このため、当初は複雑な大和情勢に下手に首を突っ込んで失敗することを恐れ、大和放任論に傾いた。だが、いったん関与し始めると、自身の命令に逆らう者が許せないため、一転して強硬策を主張するようになる。義教は、〝口先介入〟によって状況をコントロールすべきという周囲の反対を押し切って武力介入に踏み切ろうとする。悲劇の幕は上がりつつあった。

成身院光宣の暗躍

永享二年（一四三〇）二月、将軍足利義教はなおも幕府軍の大和派遣にこだわっていたが、結局は沙汰止《や》みとなった。代わりに畠山満家が、越智や箸尾に「私弓矢《わたくしのゆみや》」を行わないよう誓わせた（「満済准后日記」）。そして幕府は大乗院経覚・一乗院昭円・興福寺学侶に豊田中坊の退治を命じた。二月十六日、衆徒・国民から成る討伐軍が出陣し、豊田中坊の館を焼き払った（「建内記」）。直接の軍事介入は避け、興福寺のバックアップに徹するという幕府の従来方針への回帰と言えよう。

また同年四月から六月にかけて、幕府は北畠氏と和平交渉を進め、北畠および沢・秋山を赦免した（「満済准后日記」）。北畠は罪を許された代償として、小倉宮を幕府に引き渡した。この交渉の立役者は三宝院満済と赤松満祐であった。

永享三年三月、幕府に反抗姿勢を示していた鎌倉公方足利持氏が、謝罪の使節を京都に派遣した。義教は使者との面会を拒んだが、畠山満家ら諸大名の諫《いさ》めを受け、七月に対面し、持氏の謝罪を受け入れた。

先述の通り、足利義持が亡くなった正長元年（一四二八）から永享元年にかけて各地で軍事的緊張が走ったが、畠山満家や満済が主導した穏健路線が奏功し、永享三年半ばに幕府はようやく落ち着きを取り戻した。

ところが永享三年八月二十四日、筒井が箸尾城を焼き討ちした。これに対する報復として、箸尾が大軍を率いて、まず筒井方の蓬莱《ほうらい》城を攻め落とし、ついで筒井城に向かった。二十七日に経覚から報告を受けた満済は「せっかく大和情勢が安定していたのに、再び混乱を招いた筒井の行動はとんでもない」と憤っている（「満済准后日記」）。

同月晦日、満済は将軍御所に赴き、大和で勃発した合戦について報告した。義教は「筒井の行動はまことにけしからんが、これまで幕府が援助してきた者を今さら見捨てるわけにはいかない。畠山満家・細川持之・山名時熙《やまなときひろ》・一色義貫《よしつら》（もとは義範。名前の読みが将軍義教と同じであることを憚《はばか》って改名した）・赤松満祐の大名五名を出陣させる」と言った。

しかし以前、畠山が出兵に反対したことが義教の頭にひっかかっていた。義教は満済を通じて、畠山・細川・山名に諮問した。案の定、三人は「室町殿（将軍御所）の建築など仕事が立て込んでいますので、今すぐには無理です。箸尾一人を討つことなど、いつでもできます。出兵は来春に延期するのがよろしいかと存じます」と意見を述べた。答申を受けた義教は「大和遠征は延期しよう。来春には畠山一人で箸尾を退治せよ」と命じた。だがその後、畠山が箸尾に働きかけ、撤兵させたため、箸尾討伐は中止になった（『満済准后日記』）。

永享四年九月二十四日、越智・箸尾がまたもや筒井を攻撃した。筒井は筒井城に逃げ込んだ。ちょうど義教は富士遊覧のため京都を離れており、そのタイミングを狙っての蜂起だった（『看聞日記』）。二十九日、帰洛した義教は越智・箸尾退治について、満済を通じて畠山の意見を聴取した。義教は、畠山満家が自分の意思にそむいて越智・箸尾をかばっているのではないかと疑っていた。

十月四日、満家は、誤解であると弁明するとともに、「永享二年の私戦禁止の御命令を私が通達して以来、箸尾はおとなしくしていました。去年、筒井が箸尾を攻撃したのが悪いのであって、箸尾に罪はありません」と説いた。

けれども義教は「箸尾は挨拶に来ていないではないか。去年、使節を派遣した際にも無礼な振る舞いがあったと聞いている。越智についても同罪である。大名二、三人に出陣を命じたい」と譲らない。もっとも義教にも迷いはあったようで、「遊佐を派遣すれば調停できるのではないか」とも考えていた。だが上洛した筒井覚順の必死の懇請により、義教の気持ちは越智・箸尾討伐へと傾いていった。義教の決意が固いと知った満家はそれ以上の抗弁はしなかった（「満済准后日記」）。

続いて、誰を派遣するかでもめた。当初、山名時熙の派遣が検討されたが、時熙は大内氏《おおうち》の内紛の解決に忙殺されており、大和問題に関わる余裕がなかった。代わりに赤松満祐の派遣が決定し、満祐が帯びていた侍所《さむらいどころ》の任務（京都の警備）は一色義貫に引き継がれた。しかし、満祐自身の出陣は好ましくないという話になり、満祐の弟である義雅《よしまさ》が出陣することになった。

大和問題に一貫して関わってきた畠山氏も出兵することになったが、義教は満家ではなく満家の嫡男である持国《もちくに》を大将に指名した。満家は「私に行かせて下さい」と願い出たが、許されなかった（「満済准后日記」）。大和派兵に否定的だった満家に任せたら討伐が進捗《しんちょく》しないと義教は考えたのだろう。

事態は、大乗院経覚や一乗院昭円ら興福寺上層部の望まぬ方向に進んでいた。同年十一月七日、経覚は上洛して満済と一夜雑談した。経覚は「今、大和では収穫の真っ最中です。幕府軍が大和に入ってきて合戦となれば、田畑が荒らされてしまい、年貢の徴収もままなりません。それに、幕府軍派遣の噂を聞いて越智・箸尾らが幕府に降参しようとしています。それでも討伐する必要があるでしょうか」と語った。

満済も出兵には反対だったので諫言《かんげん》したが、義教を不快にさせただけだった（「満済准后日記」）。十一月二十七日、畠山持国と赤松義雅の両大将が大和に向けて出発した。畠山勢は一三〇〇騎、赤松勢は八〇〇騎、雑兵《ぞうひょう》は二〇〇〇人であった（「看聞日記」）。

尋尊によれば、義教に派兵を決断させたのは、成身院光宣の申し立てであったという（「大乗院日記目録」）。この頃から光宣は興福寺六方衆の一員という立場を逸脱し、実家の筒井氏の利害を最優先して行動するようになる。後年、光宣と経覚は激しく対立するが、確執の種はこの時にまかれたと言えよう。

同月晦日、越智・箸尾は一戦も交えず城を焼いて遁走《とんそう》した。翌十二月三日、畠山持国は戦勝を京都に報告したが、義教は「潜伏先を探し出して退治せよ」と厳命した。結局、越智・箸尾の行方は杳《よう》として知れず、同月十九日、幕府・筒井連合軍は陣払いを始めた。その帰途、土一揆に襲われた。赤松義雅の奮戦により何とか撃退したが、被害は甚大だった（「看聞日記」「満済准后日記」）。この土一揆が越智・箸尾らに煽動されたものであることは明白だった。現有兵力で敵の掃討は不可能と判断した畠山・赤松は二十三日、京都に帰還した。

目に見える戦果に乏しい幕府軍の遠征であったが、越智・箸尾を威嚇《いかく》する効果は大きかった。翌永享五年の大和は小康状態を保った。しかし、懲りない筒井はまたまた騒動を引き起こす。

永享六年八月、筒井覚順の家臣だった片岡が越智維通《これみち》のもとに走った（「看聞日記」）。怒った筒井覚順は十四日、千二、三百人の武士と三、四千人の野伏《のぶし》（軽装の農民兵）を率いて越智討伐に向かった。対する越智維通の兵力は八〇〇人ばかりだったが、何と野伏を二万人も動員し、難所におびき寄せて、筒井勢を包囲殲滅《せんめつ》した。筒井方は、大将の筒井覚順と覚順の伯父である五郎が戦死するという壊滅的被害を受けた。経覚からの急報により事の次第を知った満済は「一昨年、幕府が援軍を送っても越智を倒せなかったのに、筒井だけで勝てるわけがないではないか」と、その軽挙妄動にあきれた（「満済准后日記」）。

一方、大勝で意気揚がる越智維通は、仲間の衆徒・国民である豊田・福智堂《ふくちどう》・小泉《こいずみ》に奈良の治安維持を命じた（「大乗院日記目録」）。これは興福寺の権限であり、越智は越権行為に及んだと言える。かくして事態は、衆徒・国民間での「私合戦」の範疇《はんちゅう》を超え、越智らによる興福寺・幕府に対する反乱へと発展した。

越智一派の専横を、筒井方も指をくわえて見ていたわけではなかった。永享七年四月、西大寺の僧侶だった成身院光宣の兄が上洛し、幕府から筒井氏の惣領《そうりょう》と認められた（「大乗院日記目録」）。筒井順弘《じゅんこう》の誕生である。この擁立劇をお膳立てしたのは光宣であろう。態勢を立て直した筒井氏は反撃に転じる。

同年九月、光宣の申し入れを受けて、義教は畠山持国を総大将とする大軍を大和に派遣した（「看聞日記」「大乗院日記目録」）。畠山満家も三宝院満済も既にこの世になく、義教を掣肘《せいちゅう》する人物は皆無であった。幕府軍は越智・箸尾勢を駆逐し、十二月には一部を残して京都に凱旋《がいせん》した。

ところが十二月二十九日、残留の幕府軍に越智らが夜襲をかけた。これに立腹した義教は、年が明けると、先年出陣した大名に一色義貫・武田信栄《たけだのぶひで》を加え、再び越智討伐を命じた（「大乗院日記目録」）。翌永享九年になると、義教は軍勢をさらに増派し、幕府の総力を挙げて越智・箸尾討伐に取り組んだ。

経覚の失脚

幕府の本格的な軍事介入により、興福寺は大和永享の乱の当事者から傍観者へと転落した。日を追うごとに戦火が拡大していく様を、経覚は苦々しく見つめていた。

永享三年（一四三一）八月に興福寺別当再任と大僧正《だいそうじょう》への昇任を足利義教から認められた経覚だったが、永享五年と翌六年には興福寺別当辞任を義教に申し出ている。戦乱の激化にともない、興福寺別当の職務が大きな負担になっていったのだろう。しかし、その度に義教に慰留され、永享七年にようやく辞任を認められた(「興福寺三綱補任《さんごうぶにん》」)。

ところが、後任の松洞院兼昭《しょうどういんけんしょう》は永享八年八月、義教の怒りを買って興福寺別当を解任され、同年十月には大安寺《だいあんじ》別当の地位も失った。兼昭は十一月三日に亡くなった。世間では餓死したとも自殺したとも言われた(「経覚私要鈔《しようしょう》」「大乗院日記目録」)。いずれにせよ不遇の死であることには変わりない。

兼昭の死は経覚の心に暗い影を落としたに違いない。以後も経覚は表面上、義教と良好な関係を保っていたが、破局は突然に訪れた。

永享九年十月、後花園天皇は将軍御所を訪問し、義教の歓待を受けた。二十二、二十三日の両日、舞御覧《まいごらん》があった。義教は先例に従って、摂関家や諸門跡に舞人への謝金を負担するよう求めた。大乗院経覚と一乗院教玄《きょうげん》にもおのおの五〇〇〇疋(五〇貫文)の銭を出すようにと命じた。教玄は奈良市内の一乗院管轄地域の住人から、地口銭《じぐちせん》(土地の間口の広さに応じて賦課する税金)を徴収して費用を調達したが、経覚は納付を断った。

これが義教の気分を害した。翌永享十年四月、経覚は上洛したが、義教は面会を断った。代わりに武家伝奏の中山定親《なかやまさだちか》が「なぜ払わないのか」と経覚を詰問した。これに対して経覚は、「今まで私が天下のためにどれだけ骨を折ってきたと思うのか。これ以上の負担には堪えられない」と反論した（「大乗院日記目録」）。義教が激怒したのは言うまでもない。

するると、大乗院門徒たちが経覚・尊範師弟の悪行を幕府に訴えた。確かに尊範入室の折に経覚がとった強引な手法については大乗院内でも批判はあったが、経覚は概して公正な門主だった。永享六年に一乗院昭円が義教の不興を買って失脚した際も、一乗院門徒たちが昭円の不正を幕府に訴えていたことを踏まえると（「満済准后日記」）、自発的なものではなく義教の意向をくむ形で提起された訴訟であろう。つまり、義教にウケの悪い門主を廃することで門跡の安泰を図ろうという「主君押込《おしこめ》」である。

八月三日、大乗院に幕府からの命令書が届いた。大乗院門徒の申請を受理して経覚・尊範師弟を追放する、という内容だった（「大乗院寺社雑事記」）。同月七日、経覚は興福寺を去り大安寺内の己心寺《こしんじ》に入るが、義教から「奈良近傍での隠居生活はまかりならん」との命令が下り、十二日、平群《へぐり》郡立野《たつの》（現在の奈良県生駒郡三郷町立野）の宝寿寺《ほうじゅじ》に移った（「後五大院殿御伝」）。供をする者わずか二人というわびしさだった（「大乗院日記目録」）。尊範も京都を経由して、もとの加賀国へ帰り、尋実《じんじつ》と名を改めた（「大乗院寺社雑事記」）。

幕府は新門主の選定を急いだ。当初は鷹司家の子息を候補に考えていたが、あまりに幼いため、九歳になる一条兼良《かねよし》の息子に白羽の矢を立てた。同月二十八日、大乗院の門徒たちは上洛し、新門主決定の御礼を義教に申し述べている（「後五大院殿御伝」）。

十二月八日、九歳の男児が大乗院に入室する。その二年後の永享十二年十一月に一一歳で出家した（「大乗院寺社雑事記」）。本書のもう一人の主人公、尋尊の誕生である。尋尊は翌十三年二月には院務始を行い、大乗院に対する九条家の影響力はここに一掃された。

四〇代半ばにして、経覚の人生は一挙に暗転した。だが、思いもよらない形で経覚に再起のチャンスが訪れた。嘉吉《かきつ》の変である。

第二章　応仁の乱への道

1　戦う経覚

嘉吉の変

前章で述べたように、大和永享の乱に最も深く関わった大名は、隣国河内の守護である畠山氏であった。だが、その畠山持国が失脚してしまう。

嘉吉元年（一四四一）正月当時、幕府は関東で結城氏朝《ゆうきうじとも》ら反乱軍の討伐を進めていた（結城合戦）。幕府軍は前年七月二十九日から下総《しもうさ》結城城（現在の茨城県結城市に所在）を取り囲んでいたが、一向に攻略の糸口が見えなかった。業を煮やした将軍足利義教は持国に関東への出陣を命じたが、持国が言を左右にしたため、義教の不興を買った。事態を憂慮した畠山氏の家臣団は、義教に対して持国の罷免を願い出た。これを受けて義教は持国を畠山氏の家督から外し、持国の異母弟である持永《もちなが》を新家督とした。持国は京都の屋敷を引き払い、分国河内へと落ちていった（「看聞日記」「建内記」）。経覚失脚と全く同じパターンであることが興味深い。

嘉吉元年四月十六日、結城城はようやく陥落した。五月四日には結城氏朝ら賊徒の首が京都に到着し、首実検が行われた。以後、公武の有力者たちは、競って将軍を招き、戦勝の祝宴を張った。そして六月二十四日、赤松教康《のりやす》が将軍義教を自邸に招いた。しかしこれは、赤松満祐（四〇頁）・教康父子の謀略であった。満祐らは義教を邸内で暗殺し、分国播磨《はりま》へと下っていった。

翌二十五日、管領の細川持之は諸大名を召集し、善後策を協議した（「建内記」）。会議の顔ぶれは不明だが、山名持豊《もちとよ》（のちの宗全《そうぜん》）、畠山持永、一色教親《のりちか》、赤松貞村《さだむら》あたりが参加したと考えられる。まず彼らは、義教嫡男の千也茶丸《ちやちゃまる》を将軍後継と決定した（のちの足利義勝《よしかつ》）。ただし千也茶丸はまだ八歳なので、管領の持之が政務を代行することになった。

そして諸大名は、義教に追放ないし処罰された人々に恩赦を出すことを決定した（「看聞日記」）。この決定の最大の焦点は、畠山持国の赦免にあった。失脚したとはいえ河内に隠然たる勢力を保つ持国を放置したまま、幕府軍が播磨に下れば、京都は危うくなる。だが、持国の復権は、会議の参加者である持永の不利益である。中華人民共和国の国連加盟問題のようなもので、たいへんな難題であった。

諸大名が、持国を赦免した後、どう処遇するつもりだったのか、残された史料からは判然としな

赤松氏略系図（数字は惣領の順）

則村─┬─則祐[1]─義則[2]─┬─満祐[3]─教康
　　　│　　　　　　　　　└─義雅─時勝─政則[4]
　　　└─貞範─顕則─満貞─貞村

畠山氏略系図

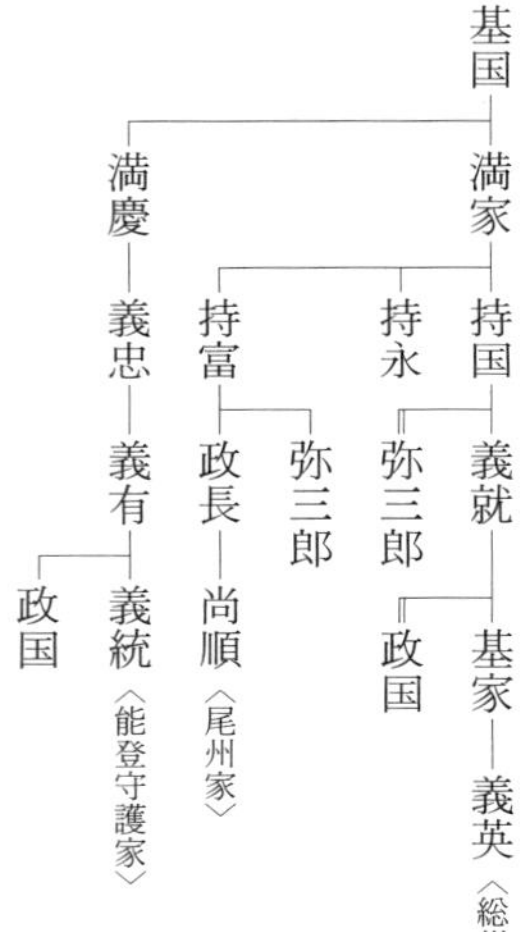

い。けれども持永の手前、持永を廃して持国を再び家督と認める、というところまでは踏み込めなかったと思われる。

実は、持国・持永の父である満家も、足利義満の不興を買って、謹慎させられていた時期があった。このため畠山基国《もとくに》が亡くなると、嫡男の満家ではなく、次男の満慶が家督を継いだ。しかし応永十五年（一四〇八）に義満が没すると、満慶は家督を満家に譲り、以後は満家の右腕として活躍した。諸大名は、かつての満家・満慶兄弟のように、持国・持永兄弟が和解してくれることを期待していたのではないだろうか。

ところが、持国追い落としを主導した持永の母、そして畠山氏家臣の遊佐勘解由左衛門《かげゆさえもんの》尉《じょう》・斎藤因幡《さいとういなば》入道は、河内の持国の屋敷に刺客を放った。襲撃は失敗に終わり、怒った持国は軍勢を率いて上洛する構えを見せた。

仰天した細川持之は、使者を派遣して持国の意図を問いただした。持国は「幕府に逆らうつもりも弟を討つつもりもない」と答え、ただし遊佐勘解由左衛門尉・斎藤因幡入道の両名には切腹してもらう、と語った。畠山持永の家臣の大半は河内の持国のもとに走り、進退きわまった遊佐・斎藤は嘉吉元年七月四日、持永を拉致《らち》して京都を脱出した。つき従う者はわずか五〇騎ばかりであった（「建内記」）。ここに持国の家督復帰が確定した。

同月十四日、越智維通の遺児である春童丸《はるどうまる》（のちの越智家栄《いえひで》）が蜂起した。幕府の命令によって、越智氏の家督は一族の楢原氏が継いでいたが、春童丸はこれを破り、家督を奪取した。この行動は畠山持国と示し合わせてのものだった（「大乗院日記目録」）。

義教に処罰された者たちの復活を目《ま》の当たりにして、経覚も動き出した。十月二日、経覚は謹慎場所の宝寿寺から上洛し、大乗院門主への再任を願った。しかし幕府は、奈良近郊の己心寺への移住は認めたものの、門主への復帰は許さなかった（「大乗院日記目録」）。

同月八日、経覚は「隠居」として己心寺に移ったが、これで満足したわけではなかった。翌十一月十五日、経覚は越智以下の国民を率いて禅定院《ぜんじょういん》（平家の南都焼き討ち以来、大乗院門主は禅定院を居所とした）に押し寄せ、力ずくで門主に復帰した。

万里小路時房は「『年少の尋尊を自分の弟子として養育する』と経覚が幕府に要請していれば、丸く収まったかもしれないのに、武力によって幕府の決定を覆すとは、智者にも過ちはあるということか」と批判している（「建内記」）。だがこれは、事情を知らない評論家の意見にすぎない。尋常の方法では門主に復帰できないと分かったからこそ、経覚は武力を用いたのである。

もっとも、武力行使には副作用もあった。経覚は固有の軍事力を持っていなかったので、同じく義教に弾圧された越智の力を借りた。失脚前の経覚は、衆徒・国民の争いに際して、特定の勢力に肩入れせず、調停者的立場を崩さなかった。だが、越智一派の軍事力を利用した結果、経覚は親越智・反筒井の旗を掲げることになった。経覚が争乱の渦中に飛び込んだことで、大和の政治情勢は新たな段階に進んだ。

筒井氏の内訌

一方、大和永享の乱の勝者である筒井氏は内紛を起こしていた。筒井氏の惣領は、成身院光宣が擁立した筒井順弘（光宣の兄）だったが、光宣のあやつり人形の立場に我慢がならず、光宣と対立する。だが嘉吉元年（一四四一）十月五日、順弘は光宣に敗北し、縁者の立野《たつの》氏を頼って落ちていった（「大乗院日記目録」）。

幕府にとって、筒井氏は大和で最も信用できる武士である。大和情勢を安定化させるためには、筒井の内紛を早期に収拾することが望まれる。幕府は、順弘でも光宣でもない、第三の人物に白羽の矢を立てた。京都相国寺《しょうこくじ》の僧侶となっていた順弘・光宣の弟である。十月八日、幕府は彼を筒井氏の惣領、そして官符衆徒に任命した。筒井順永《じゅんえい》の誕生である。光宣はこの措置に不満であったが、順弘に対抗するため、順永の家督継承を認めた（「大乗院日記目録」）。

経覚や越智・古市《ふるいち》ら反筒井勢力は、これを好機と見て筒井氏を圧迫した。興福寺は、兵《ひょう》庫津《ごのつ》の南と淀川に設けられていた五つの関所である「河上五ヶ関《かわかみごかせき》」（兵庫・神崎・渡辺・禁《きん》野《や》・淀）から関銭《せきせん》収入を得ていたが、幕府が筒井氏を河上五ヶ関の関務代官に任命したため、関銭収入の大半は筒井氏に流れるようになってしまった。この時期、代官を務めていたのは成身院光宣で、経覚は興福寺への未納を理由に光宣の解任を幕府に訴えた。ところが嘉吉二年十一月一日、光宣が手兵をもって南都七大寺（興福寺・大安寺・薬師寺《やくしじ》・西大寺・法隆寺《ほうりゅうじ》・法華寺《ほっけじ》・清水寺《きよみずでら》）を占拠したため、経覚はやむなく代官職を光宣に返還した。

だが筒井順弘もまた、五ヶ関務代官の地位を狙っていた。順弘は立野一族と共に、光宣のいる弥勒院《みろくいん》を攻める準備を進めていたが、十一月十一日、順永・光宣が逆に順弘の楯籠《たてこ》もる眉間寺《みけんじ》（現在の奈良市法蓮町にあった東大寺末寺。奈良の町の北の玄関口にあたる）を攻撃した。順弘らは敗走し、順弘らの救援に間に合わなかった南山城《やましろ》（現在の京都府南部）の木津《きづ》父子や狛下司《こまげし》（狛野荘《こまののしょう》の下司である狛氏）は般若寺坂《はんにゃじざか》（木津から般若寺を経て東大寺の北へ出る坂道）の辺りで討たれた。光宣方でも山村《やまむら》（古市氏の一族）や郡山辰巳《こおりやまたつみ》などが戦死した。

その後、山辺《やまべ》郡の豊田頼英《らいえい》も順弘方として北上したが、岩井川《いわいがわ》を挟んで光宣の軍勢と合戦になり、退却した。勝者となった光宣は代官職を維持し、興福寺内部の順弘派七名を処罰した。

翌嘉吉三年正月、筒井順弘は越智氏の助力を得て、筒井城に入った。光宣や順永は姿をくらました。だが翌月、順弘は一族・家臣らにそむかれ、殺されてしまう。光宣の謀略であろうか。光宣・順永は筒井城に戻った（「大乗院日記目録」）。

こうして筒井順永・成身院光宣は筒井氏分裂を克服したが、彼らにとって真の敵は、反筒井勢力を束ねる経覚であった。

経覚と光宣

嘉吉三年（一四四三）六月、経覚は上洛して、将軍足利義勝にお目見えした。これにより経覚は大乗院門主への返り咲きを正式に認められた（「経覚私要鈔」）。

成身院光宣から代官職を奪おうとして逆に追放された順弘派の「七人衆」は、豊田頼英を頼った。同年九月、豊田頼英が古市胤仙《いんせん》らと連携して奈良に攻め上がった。激しい合戦により、奈良の町は炎に包まれ、光宣は筒井城へ逃れた。その後、光宣は河内へと落ちていった。

経覚は筒井氏の庶流で順永と対立する筒井実順《じつじゅん》を筒井城に入れた。

光宣に押さえつけられていた興福寺の学侶・六方は、豊田らの勝利を見るや光宣を弾劾し、五ヶ関務代官職を没収した。経覚は、筒井順永に代わって小泉重弘《しげひろ》・豊田頼英・古市胤仙を官符衆徒の棟梁《とうりょう》（代表）とし、奈良の治安維持を命じた。

実は一連の動きの背後には、細川持之から管領職を引き継いだ畠山持国がいた（「大乗院日記目録」）。足利義教に弾圧され義教横死後に復権した持国は、自分と似た境遇の経覚に親近感を抱いており、経覚ら反筒井勢力を積極的に後押ししたのである。

翌嘉吉四年（二月五日、文安《ぶんあん》に改元）の正月、光宣の反撃が噂されるようになると、十九日、豊田頼英・古市胤仙が経覚に対して「興福寺を守るため、鬼薗山《きおんやま》に城郭を構えたい」と申し入れた。鬼薗山とは、現在、奈良ホテルの敷地になっている丘陵のことである。これに対して経覚は「城郭は確かに必要だが、鬼薗山は禅定院の頭上にある。別の場所に築いてもらいたい」と返答している（「経覚私要鈔」）。要するに経覚は、鬼薗山から見下ろされることを嫌ったのだ。経覚が大乗院門主としてのプライドをのぞかせた瞬間である。

同月二十一日、筒井順永・成身院光宣と筒井実順が合戦を行い、家臣の裏切りに遭った実順は敗れて切腹した。こうして光宣は筒井城を奪還した（「建内記」「経覚私要鈔」）。

焦った経覚は幕府を通じて、以前から要請していた治罰《じばつ》の綸旨《りんじ》の発給を催促し、ようやく獲得した（「大乗院日記目録」「建内記」「経覚私要鈔」）。治罰の綸旨とは、天皇による討伐命令のことであり、光宣治罰の綸旨が出た結果、光宣は朝敵、すなわち国家への反逆者と位置づけられた。

勢いづいた経覚は衆徒・国民一六人に筒井城攻略を命じた。のみならず、大乗院の北面《ほくめん》（大乗院門主の護衛）も投入した。しかし二月二十六日、越智春童丸・小泉重弘ら反筒井連合軍は大敗し、古市や豊田も自分の城に引きこもってしまった（「大乗院日記目録」「経覚私要鈔」）。

もはや光宣の南都乱入は避けられない形勢となった。光宣の報復を恐れた経覚は、身を隠すことにした。同月二十八日の明け方、経覚は板輿《いたごし》に乗って京都に向かった。筒井方に襲われる心配もあったから、北面に加えて奈良の武士たちに警護させた。経覚は、京都の西郊、嵯峨の教法院《きょうほういん》に到着した。ここは経覚の親類の坊舎なので、かくまってもらうには都合が良かったのだ（「経覚私要鈔」）。

その後、反筒井勢力が巻き返したため、経覚は四月十九日に禅定院に戻った。そして六月、ついに鬼薗山に城を築くことを決意した。奈良中から人夫数千人をかき集め、経覚の陣屋《じんや》、六方の陣屋、小泉重弘・豊田頼英・古市胤仙の陣屋を建て、それぞれに食糧蔵を設けた。水《みず》桶《おけ》も用意した。八月十日、経覚は鬼薗山城に移住し、臨戦態勢をととのえた。

翌文安二年（一四四五）三月、畠山持国に代わって細川勝元《かつもと》が管領に就任すると、幕府は光宣討伐の意欲を失っていく。同年九月、反筒井連合軍は筒井方に敗れた。経覚は筒井方に利用されないよう、鬼薗山城に自ら火をつけ、奈良からはるか南の葛上《かつじょう》郡の安位寺《あんいじ》に逃れた。なお、この時、経覚がせっせと書いていた日記の大半は焼失してしまった（「経覚私要鈔」）。このため、「経覚私要鈔」の文安以前の記事は、残念ながらほとんど残っていない。

成身院光宣は鬼薗山に再び城を築き、自軍の拠点とした。筒井順永は官符衆徒の棟梁に復帰し、光宣は再び五ヶ関務代官に任じられた。治罰の綸旨も取り消され、勅免の綸旨が出された（「大乗院日記目録」）。

鬼薗山のふもとにある禅定院は運良く焼け残った。戦火を避けて成就院《じょうじゅいん》にいた尋尊は、禅定院に戻ってきた。経覚に門主の地位を奪われていた尋尊だったが、ようやく自分の思う通りに、大乗院を切り盛りできるようになったのだ。時に尋尊、一六歳。奇《く》しくも、経覚が大乗院門主に就任した年齢と同じである。

とはいえ、尋尊には心配事もあった。これまでの大乗院門主とは異なり、前門主から必要な知識や作法を手取り足取り教えてもらえないのだ。尋尊と経覚との関係は疎遠で、経覚の日記「経覚私要鈔」すら閲覧を許されなかったのである。安田次郎氏は、尋尊が「大乗院寺社雑事記」という、他に類を見ない詳細な日記をつけた理由をこうした環境に求める。すなわち、自身のため、そして後継者のため、後から参照して役に立つ記録を作成したのである。

その後も筒井派と反筒井派の抗争は続いたが、筒井の覇権は揺るがなかった。文安四年四月、古市胤仙の招きを受け、経覚は奈良のすぐ南にある迎福寺《ぎょうふくじ》に入った（『経覚私要鈔』）。筒井方に緊張が走るが、経覚には尋尊―光宣を軸とした興福寺の新体制を覆すだけの力はなかった。

享徳《きょうとく》二年（一四五三）六月、反筒井派の中核であった古市胤仙が病没した。これを契機に、和解の気運が高まり、翌三年十二月には経覚と光宣が対面している（『大乗院日記目録』）。

かくして大和に平和が訪れるかに見えたが、新たな火種が生まれつつあった。畠山氏の分裂である。

2 畠山氏の分裂

京都での武力衝突

畠山持国は、弟の持富《もちとみ》を養子としていた。持永の同母弟である持富が持永ではなく持国を支持したことが、持国の復権に寄与したからと考えられる。だが文安五年（一四四八）十一月、これを撤回し、石清水八幡宮寺《いわしみずはちまんぐうじ》の僧侶にする予定だった一二歳の実子を元服させ、後継者に立てた。翌六年四月、足利義成《よししげ》（のちの義政《よしまさ》。本書では以下、義政で統一）から一字を与えられ、義夏《よしなつ》（のちの義就《よしひろ》。以下義就で統一）と名乗った。宝徳《ほうとく》二年（一四五〇）に義就は家督を相続し、幕府からも認められた。持富は兄の違約に反対せず、そのまま宝徳四年に没した。

しかし、義就の母親の身分が低かったこともあり、義就の家督継承に反対する家臣も少なくなかった。享徳三年（一四五四）四月、重臣の神保越中守《じんぼうえっちゅうのかみ》らが持富の遺児である弥三郎《やさぶろう》を家督にしようとする陰謀が発覚した。持国は遊佐国助《くにすけ》らに神保の屋敷を攻撃させ、神保親子は戦死した。椎名《しいな》・土肥《どひ》ら神保の与党も、京都から逃げ出した（『師郷記』）。

多数の家臣が持国・義就にそむいた理由については諸説ある。かつては神保と遊佐という、家臣同士の争いと考えられていた。だが近年は、持国の人事に原因があったと指摘されている。持国は、将軍足利義教の怒りを買った際、家臣たちが自分を見捨てたことを恨んでいた。そのため、河内に没落した時につき従った側近たちを重用し、古くからの有力家臣たちの反発を買っていたのである。足利義教の恐怖政治は、一五年近く経っても尾を引いていた。

もっとも、事態がこのまま推移していれば、持国・義就の勝利で終わっただろう。ところが、弥三郎は細川勝元に助けを求めた。勝元はライバルである畠山氏を弱体化させる好機と考え、家臣の礒谷四郎兵衛《いそがいしろうひょうえ》の邸宅に弥三郎をかくまった。弥三郎派の家臣たちはおのおの

細川勝元画像　龍安寺（京都府）蔵

の邸宅から離れて牢人《ろうにん》となり、山名宗全の庇《ひ》護《ご》を受けた（「康富記《やすとみき》」）。細川・山名という二大大名が弥三郎についたことで、畠山氏の家臣たちは雪崩《なだれ》を打って弥三郎派に走った。

同年八月二十一日の夜、弥三郎派の牢人たちが畠山持国邸を襲撃した。畠山持国は一族の畠山義忠《よしただ》の屋敷に逃げ込み、義就は遊佐国助の邸宅に入った。翌二十二日、義就は遊佐宅に火をかけ、遊佐国助・隅田《すだ》左京亮《さきょうのすけ》と共に京都を脱出した。二十八日、持国は建仁寺《けんにんじ》西来院《せいらいいん》に移り、隠居を表明した（「師郷記」「康富記」）。

足利義政の無定見

前述のように、この時期の将軍は足利義政であった。嘉吉三年（一四四三）、将軍足利義勝がわずか一〇歳で病没すると、義勝の弟の三春《さんはる》（八歳）が後を継いだ。文安六年（一四四九。七月二十八日、宝徳に改元）四月、三春は一四歳で元服し、征夷大将軍に任命された。これが足利義政である。

将軍就任当初は管領が政務を代行していたが、次第に義政は自分の政治的意思を発揮するようになる。細川氏が山名氏と提携すると、畠山持国は足利義政に接近した。このため、享徳三年（一四五四）に勃発した畠山氏の御家騒動において、義政は持国・義就を支持し、持国の求めに応じて弥三郎討伐の命令を出している。

足利義政画像　東京国立博物館蔵

ただ、義政の持国・義就支持は不徹底で、八月二十一日の武力衝突の際には、諸大名を動員して将軍御所を守らせただけであった。二十八日に持国が隠居し、弥三郎の勝利が確定すると、弥三郎と面会し、家督相続を認めた。また、弥三郎討伐の命令も撤回している（「師郷記」「康富記」）。義政は情勢に流される傾向があり、その優柔不断さが混乱に拍車を

山名氏略系図

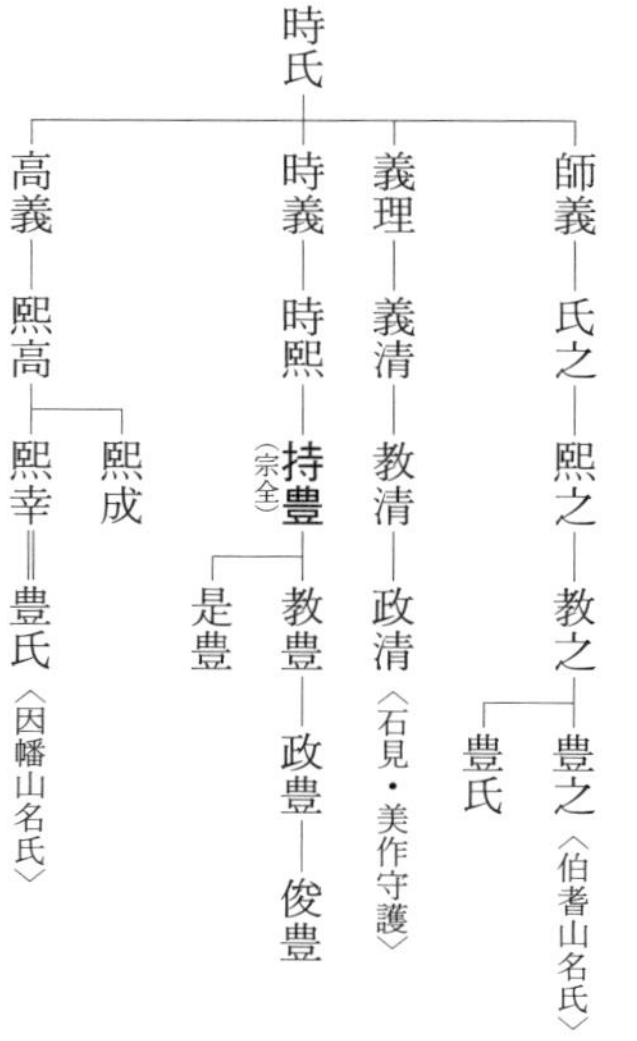

かけた。

とはいえ、自分が支持していた義就の没落は、義政にとって不本意であった。九月十日、持国が西来院から自邸に戻り、弥三郎を家督と認めると、その四日後、義政は勝元に命じて、弥三郎をかくまっていた磯谷を処刑させた（「師郷記」「康富記」）。

細川勝元は義政の措置に不満で、管領辞任を申し出た。この当時、家格や政治経験を考慮すると、管領を務められる人間は勝元の他にいなかった。あわてて義政は勝元邸に赴いて慰留した。

このため、義政の矛先は山名宗全に向かった。これには、義政の当時の側近が、赤松氏一族の有馬《ありま》元家《もといえ》であったことも影響している（「斎藤基恒《もとつね》日記」）。先年の赤松満祐討伐において大功を立てた山名宗全は赤松氏分国の大半を併呑《へいどん》しており、赤松氏の仇敵《きゅうてき》であった。十一月二日、義政は突如、諸大名を召集し宗全討伐を命じた。勝元のとりなしで討伐は中止となり、宗全は家督を嫡子教豊《のりとよ》に譲り、分国の但馬《たじま》に隠退することになった（「康富記」）。宗全が京都からいなくなると、義政は義就を呼び戻した。義就は五、六百騎の軍勢を率いて堂々凱旋した。弥三郎は没落を余儀なくされた（「師郷記」「康富記」）。持国は翌四年三月に没した。義政の一連の行動は、細川・山名に対する反撃と言えるが、畠山氏の内紛を一層複雑にしてしまったことも否めない。

畠山政長の擁立

畠山弥三郎は大和へ落ちのびた。かつて持国に苦杯をなめさせられた成身院光宣がいたからである。光宣が弥三郎を受け入れたことで、大和で再び戦乱が巻き起こった。享徳四年（一四五五）七月、畠山義就が弥三郎討伐のために大和に侵攻、弥三郎は大敗し、八月には筒井順永・箸尾宗信《むねのぶ》は敗走、光宣は鬼薗山城を捨てて姿をくらました。鬼薗山城は破壊された（「大乗院寺社雑事記」）。これによって越智・古市ら義就派が復権した。

光宣の没落は興福寺にとっても危機だったが、大乗院尋尊は一乗院教玄と連携して、幕府との関係を強化し、興福寺の権益を守った。隠居の身である経覚は傍観するしかなかった。

この間、細川勝元の動きは鈍かった。勝元は、舅《しゅうと》にして盟友である宗全の赦免を最優先課題としていたため、弥三郎を公然と支援して義政の機嫌を損ねることを恐れていたのである。

長禄《ちょうろく》二年（一四五八）六月、勝元の働きかけを受けて足利義政は宗全を赦免し、宗全は八月に上洛した（『在盛卿記《ありもりきょうき》』）。しかし政界復帰と引き替えに、宗全は赤松氏再興を了承させられた。宗全にとっては不満の残る決着で、細川勝元に対する不信感の端緒となった。

一方、畠山義就は「上意（将軍の命令）」と称して、南山城・大和で勢力拡大を進めていた。義就にしてみれば、勝元―弥三郎に対抗するための自衛措置であろうが、義政の目には無用の乱を招く行為と映った。

長禄三年正月、義政の乳母《めのと》で義就を支持していた今参局《いままいりのつぼね》が誅殺《ちゅうさつ》されると、義就の立場は一層悪くなった。同年五月、細川勝元の斡旋《あっせん》で、成身院光宣・筒井順永・箸尾宗信は赦免された（『大乗院寺社雑事記』）。七月には畠山弥三郎が赦免されたが、上洛後まもなく亡くなってしまう。そこで光宣は弥三郎の弟の弥二郎《やじろう》（のちの政長《まさなが》）を擁立した（『大乗院日記目録』）。畠山氏の家督問題に深く関わってしまった光宣は、今さら後に引けなかったのだ。大和の混乱は、畠山氏内訌《ないこう》と結びつくことで、拡大の一途をたどった。

3　諸大名の合従連衡

越前の長禄合戦

古市の迎福寺に隠棲《いんせい》していた経覚だったが、大乗院尋尊から多くの荘園をあてがわれ、そこからの収入で裕福な生活を送っていた。中でも重要な荘園が、越前国河口荘《えちぜんのくにかわぐちのしょう》の細呂宜《ほそろぎ》郷下方《しもがた》であった。河口荘（現在の福井県あわら市・坂井市）は九頭竜川《くずりゅうがわ》下流域に広がる大乗院領荘園で、その一部が経覚に与えられたのである。

経覚は細呂宜郷下方の経営を、越前守護代の甲斐常治《かいじょうち》に任せた。いわゆる「守護請《しゅごうけ》」である。もっとも常治自身が細呂宜郷に下るわけではなく、代官の甲斐八郎五郎が現地を治めた。経覚は側近の楠葉元次《くすばもとつぐ》（一三二頁）をしばしば越前に下し、甲斐との交渉を行った。元次の奔走もあって、年貢は比較的順調に、経覚のもとに届いていた。

しかし長禄二年（一四五八）七月になると、状況は一変した。越前守護の斯波義敏《しばよしとし》と甲斐常治との間で合戦が起こったのである。当初は甲斐方が優勢だったが、八月七日に義敏方の堀江利真《ほりえとしざね》が京都から越前に下ると義敏方が盛り返し、十一日には甲斐方の敦賀《つるが》代官である大《おお》谷将監《たにしょうげん》が切腹した。

翌九月十四日、楠葉元次が越前から奈良に戻ってきた。甲斐方の敗戦により、甲斐八郎五郎が加賀国に遁走してしまい、年貢を納めないのだという。同十六日には尋尊が経覚を訪ねた。河口荘の諸郷の公文《くもん》・政所《まんどころ》（現地管理人）が甲斐方の敗北によって姿を消してしまったため、善後策を講じに来たのである。具体的には、河口荘の名主・百姓が「義敏方が進出してくる前に、興福寺大乗院から代官を下していただきたい」と要請してきたことについて、どう返答すべきか、という相談だった。経覚は「ただちに代官を派遣すべきだ」と答えた。河口荘の諸郷は、これまで甲斐方に委任してきたが、興福寺大乗院の直接支配に切り替えよう、というのである。これを「直務《じきむ》」という。尋尊はさっそく幕府に働きかけ、直務を認めてもらった（『大乗院寺社雑事記』『経覚私要鈔』）。

ところが、使者に幕府の命令書を持たせて越前に派遣したところ、越前北部を実効支配していた堀江利真は「義敏様の御命令がなければ、河口荘への直務代官の入部は許可できない。我々が管理する」と拒絶した。これは尋尊・経覚にとって予想外の展開だった。

義敏方が幕府の命令に従わないのは、今回の合戦において、将軍足利義政が甲斐寄りだったからである。越前守護代の甲斐常治は、越前守護の斯波義敏の家臣である。家臣が主君に刃《やいば》を向けることは、理由はどうあれ謀反《むほん》に他ならない。にもかかわらず、義政は甲斐を支持した。

これは、甲斐氏の特殊な位置に由来する。甲斐氏は斯波氏の家臣でありながら、斯波氏を介さずに将軍から直接命令を受けることも少なくなかった。つまり、将軍の直臣に近い扱いを受けていたのである。室町幕府創設段階では、斯波氏は足利一門の中で家格・実力ともに将軍家に次ぐ位置を占めていたため、代々の将軍は甲斐氏を重用することで斯波氏を監視・牽制《けんせい》したのである。

義政もまた、その例外ではない。将軍権力の復活を目指す義政は大守護の勢力削減に努めた。畠山氏に対しては家督争いを煽《あお》るという手を用い、山名氏に対しては宿敵の赤松氏を復活させるという策を採ったが、斯波氏に対しては甲斐氏を支援する作戦で臨んだのである。

やむなく尋尊・経覚は、河口荘十郷のうち、五郷を直務に、残り五郷を守護請にするという妥協案で話をまとめた（「大乗院寺社雑事記」「経覚私要鈔」）。その後、斯波義敏と甲斐常治の争いは激しさを増していき、年貢収納はますます困難になっていった。これは大乗院にとって不幸なことだったが、交渉能力に優れる経覚が表舞台に復帰する契機にもなった。

河鍋合戦

長禄四年（寛正《かんしょう》元年、一四六〇）九月十六日、幕府政所執事で義政側近の伊勢貞親《いせさだちか》が、畠山義就家臣の遊佐弾正《だんじょう》・誉田祥栄《こんだしょうえい》を召し寄せ、義就は隠居し義就猶子の政国《まさくに》に家督を譲るよう命じた（「長禄四年記」）。義就と政長の双方の顔を立てる、義政苦心の折衷案であろう。

ところが同月二十日、義就は河内に下るに際して、京都にある家臣たちの屋敷を焼き払うことで義政の決定に対する不満を露骨に示した。入れ替わるように筒井勢が上洛した（「大乗院寺社雑事記」)。義就の行為に怒った義政は畠山政長を家督と認めた。

同年閏九月三日、足利義政は管領細川勝元以下の諸大名と畿内周辺の有力武士に畠山義就討伐を命じる。ただし、これらの軍勢は畠山義就が河内から出ないよう包囲するというのが現実で、積極的に義就方を攻撃する意欲を欠いていた。そして大和衆への出陣命令は、細川勝元から成身院光宣を通じて伝えられた(「大乗院寺社雑事記」)。今回の家督交替と義就追討を推進したのが細川勝元—成身院光宣のラインであることは疑いないだろう。

同月九日、畠山政長が京都から奈良に下向した。成身院光宣が宿を手配し、筒井順永が出迎えた。好奇心旺盛な経覚は軍勢見物に赴いている(「大乗院寺社雑事記」「経覚私要鈔」)。

同月十~十一日、畠山政長方の軍勢が大和国宇智郡に侵攻し、牧野城などを攻める。ただし政長本人は動かず、奈良に逗留《とうりゅう》していた(「大乗院寺社雑事記」「経覚私要鈔」)。この辺り、政長の慎重な性格がうかがわれる。

同月十四日、畠山政長方が宇智郡で勝利し、義就方は宇智郡から撤退した(「大乗院寺社雑事記」)。宇智郡は義就の本拠地である河内と隣接しており、宇智郡の占拠は河内への侵攻ルートの確保を意味した。

同月十六日、畠山政長が河内侵攻のため、成身院光宣らと共に大和国龍田《たつた》城(現在の奈良県生駒郡斑鳩町龍田南に所在)に陣替えした。義就治罰の綸旨も発給された。しかし、そこで政長方は足踏みしてしまう。軍勢が思ったほど集まらなかったためである。越智・番条《ばんじょう》・小泉・万歳らは「義就から御恩を受けてきたので、今さら裏切るわけにはいかない」と政長への協力を拒否した。政長の兵力は「経覚私要鈔」によれば二、三十騎と歩兵三〇〇、「大乗院寺社雑事記」によれば一〇〇騎ほどだという。経覚は「この程度の小勢で、幕府の威光だけを頼りに義就の大軍と戦おうとは、政長も哀れなものだ」と嘲笑《ちょうしょう》している。紀伊方面では政長方が押していたが、紀州の武士たちは河内侵攻には消極的だったので、あまりあてにはできなかった。

数に勝る畠山義就は、河内で迎え撃つのではなく逆に政長方を攻めるという積極策に転じた。十月十日の明け方、越智家栄らの軍勢五〇〇人が、政長が籠もる龍田城を攻撃、別働隊は平群郡の嶋《しま》氏の城を攻撃した。この時、成身院光宣は呑気《のんき》にも風呂に入るために禅定院にやってきていたのだが、筒井城の筒井順永から禅定院への急報を受けて、風呂に入らず、あわてて飛び出していった。

筒井勢は完全に虚をつかれ、初動が遅れた。だが、結果的にそれが幸いした。筒井順永の手勢五〇と成身院光宣の手勢が龍田城を攻める義就勢の背後を襲ったため、期せずして挟撃する形になったのである。義就方の越智家国《いえくに》・同彦三郎《ひこさぶろう》らは戦死し、義就方の残兵三〇〇人は河鍋山《かわなべやま》＝神奈備山《かむなびやま》（奈良県生駒郡斑鳩町神南にある三室山《みむろやま》の別称）に逃れるが、政長方が追撃し、遊佐国助・誉田金宝《きんぽう》・同祥栄・甲斐庄《かいのしょう》ら義就方の主立った将が戦死した。嶋城を攻めた別働隊も敗退した（「大乗院寺社雑事記」「経覚私要鈔」）。

義就本人は信貴山《しぎさん》に陣を構えていたが、先陣の崩壊を知って敗走した。翌十一日、筒井・十市ら政長方は河内に進出した。尋尊は日記に「一向筒井高名」と記している。筒井の奮戦というより、優勢であることに驕《おご》った義就の油断という気もするが、いずれにせよ大和から義就方が一掃された。

畠山義就の雌伏と斯波義廉の焦燥

畠山義就は南河内の嶽山城《だけやま》（現在の大阪府富田林市に所在）に楯籠もった。義就の抵抗は頑強で、幕府は細川勝元の一族である細川成之《しげゆき》、山名宗全の息子である是豊《これとよ》（九三頁）など多くの武将を投入したが、戦果ははかばかしくなかった。幕府軍の戦意が低かったからである。

結局、最も真剣に戦ったのは、成身院光宣・筒井順永・箸尾宗信ら大和衆であった。光宣や順永は、大和興福寺と河内嶽山を往復する日々を送った。寛正三年（一四六二）五月、順永は嶽山城の支城である金胎寺《こんたいじ》城を攻略した（「大乗院寺社雑事記」「経覚私要鈔」）。翌四年四月十五日、光宣の計略によって嶽山城は陥落し、義就は高野山《こうやさん》に逃れた（「大乗院日記目録」「経覚私要鈔」）。さらに光宣らの追撃を受け、義就は吉野へと逃れた。

寛正四年八月、足利義政の実母である日野重子《ひのしげこ》が死去し、十一月には百ヶ日供養が行われた。これにともない、罪人たちの一斉恩赦が行われ、義就も赦免された。とはいえ、政長が家督であることには変わりないため、そのまま吉野奥の天川《てんかわ》に潜伏した（「大乗院日記目録」）。不遇の義就を経済的に支えたのは、越智家栄であった（「大乗院寺社雑事記」）。一方、筒井順永は娘を政長家臣で河内守護代の遊佐長直《ながなお》に嫁がせるなど、政長に入れ込んでいく。

この時、義就と共に赦免された一人が、斯波義敏であった。斯波義敏は長禄三年（一四五九）五月に甲斐常治に敗れ、周防《すおう》の大内教弘《のりひろ》を頼った。斯波氏家督は義政によって剥奪《はくだつ》された。だが、寛正四年の恩赦により罪を許された。縁戚の伊勢貞親が足利義政に口添えしたのである。

これに驚いたのが、斯波氏の新家督となっていた斯波義廉《よしかど》である。義廉は渋川義鏡《しぶかわよしかね》の息子で、斯波氏重臣の甲斐敏光《としみつ》（常治の子）・朝倉孝景《あさくらたかかげ》らの支持を得て、斯波氏に養子入りした。

斯波氏略系図

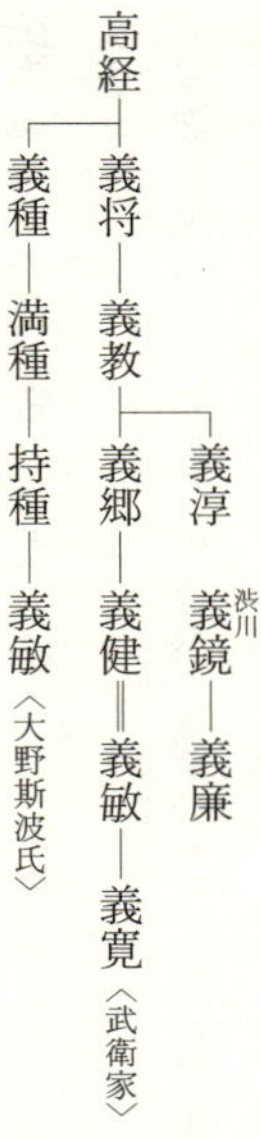

伊勢貞親ら義政側近が義敏の家督復帰を目指していることは、義廉にとって大きな脅威である。このため、義廉は宗全の娘を娶《めと》り、山名氏と提携することで義敏に対抗した。赤松

氏再興を進めた義政の側近グループを敵視している宗全にとっても、この縁談のメリットは大きかった。

斯波義廉は畠山義就との提携も模索した。寛正六年十一月、畠山義就が天川で旗揚げすると、朝倉孝景が義就に馬と太刀《たち》を贈って祝意を示している（「大乗院寺社雑事記」「経覚私要鈔」）。この頃になると、斯波義敏の家督復帰が現実味を帯びてきていた。一人でも多くの味方を得ようと、義廉は焦っていたのだろう。

文正の政変

寛正五年（一四六四）十二月、足利義政の弟の浄土寺義尋《じょうどじぎじん》が還俗《げんぞく》し、足利義視《よしみ》と名乗った。男子のいない義政が自身の後継者になってほしいと弟に頼んだのである。しかし、寛正六年十一月、義視の元服直後に、義政の実子（のちの義尚《よしひさ》。以下義尚で統一）が誕生したことで、事態は複雑化した。義政は義視→義尚という順での将軍継承によって解決しようとしたと見られるが、当時の幕政は義政の鶴の一声で動かせるものではなかった。

この時期、幕府には三つの政治勢力があった。第一は、伊勢貞親（六七頁）を中心とする義政の側近集団である。義尚の乳父《めのと》（養育係）である貞親は、義視の将軍就任には反対であった。義政が将軍を続け、成長した義尚が後を継ぐことこそ望ましい。

なお、一般には我が子を次の将軍にと願う日野富子《とみこ》が義視の排除を図ったと思われているが、義視の妻は富子の妹であり、両者の関係は必ずしも悪くなかった。富子は義尚成長までの中継ぎとしてなら義視の将軍就任を支持する立場であり、この時点では伊勢貞親と意見を異にしていたのである。

加えて、側近たちは斯波義敏の政界復帰を後押ししていた。家永遵嗣氏はその理由を足利義政・伊勢貞親の関東政策の転換に求める。すなわち、関東の足利成氏《しげうじ》討伐を強力に推進するためには奥州の武士たちに影響力を持つ義敏の協力が不可欠だったというのである。だが、末柄豊氏が近年指摘したように、それは副次的な目的であり、管領人事が焦点だったと思われる。細川派でも山名派でもない管領候補は、斯波義敏しかいなかったのである。

第二は、山名宗全をリーダーとする集団である。赤松政則《まさのり》を後押しする義政側近集団と敵対する宗全は、義視の将軍就任と義政の政界引退を望んでいた。また、管領には娘婿の斯波義廉を押し込もうと考えていた（管領に就任できるのは斯波・細川・畠山の三家に限られる）。将軍足利義視―管領斯波義廉が実現すれば、それは山名宗全政権に他ならない。

第三は、細川勝元をリーダーとする集団である。勝元は管領職を畠山政長に譲っていたが、勝元の支援で家督になれた政長は勝元の影響下にあった。勝元の政治的立場は、伊勢貞親と山名宗全の中間に位置する。勝元は、足利義視を排除する必要を感じていなかったが、一方で足利義政を隠居させる意図もなかった。足利義政→義尚という伊勢路線でもなく、足利義政→義視という山名路線でもなく、足利義政→義視→義尚という既定路線の維持が勝元の真意であったと考えられる。代々、穏健中道を歩んできた細川氏ならではの政権構想と言えよう。

これまで見てきたように、足利義政は討伐命令を出したかと思えば赦免し、あまつさえ家督をすげ替える、といった行為を繰り返した。義政が決定を二転三転させることが政治・社会の混乱を生んでいることは疑いなく、尋尊も「大乗院寺社雑事記」の中でしばしば批判している。しかし、義政の気まぐれで周囲の意見に流されやすい性格だけが朝令暮改の原因ではなく、より本質的な要因は、三つの政治勢力のせめぎ合いにあった。

伊勢・山名・細川。この三者鼎立《ていりつ》の構造がついに崩れる時が来た。文正《ぶんしょう》元年（一四六六。寛正七年二月二十八日に改元）七月、伊勢貞親や禅僧の季瓊真蘂《きけいしんずい》ら側近たちの申請に基づき、足利義政は斯波氏の家督を義廉から義敏に替えた。これに対して山名宗全は一色義直《よしなお》・土岐成頼《しげより》と共に義廉支持の動きを見せる。また貞親は、細川勝元と対立していた大内政弘《まさひろ》を赦免したため、勝元は隠居を願い出るなど不満の意を示した（「大乗院寺社雑事記」）。

尋尊は光宣からの楽観的な情報を信じ、義敏への家督交替はそれほど大きな波乱を生まないと高をくくっていた。だが朝倉孝景と連絡をとっている経覚は、山名宗全らがこのまま黙っているはずがないと予測していた。八月、足利義政が宗全の娘と義廉との婚姻を解消するよう命じると（「蔭涼軒日録《いんりょうけん》」）、宗全らは分国から軍勢を呼び寄せ、京都は緊迫した情勢となった（「大乗院日記目録」）。

そんな中、畠山義就が動き出した。義就が上洛するとの噂が奈良中を駆けめぐり、光宣らを震撼させたのである。八月二十五日、足利義政は斯波義敏に越前・尾張《おわり》・遠江《とおとうみ》の守護職を与えたが（「蔭涼軒日録」）、ちょうどその日、義就は天川から壺坂寺《つぼさかでら》（現在の奈良県高市郡高取町壺阪に所在）に進んだ（「大乗院寺社雑事記」）。

この義就の活動は、一般的には宗全の軍事行動に呼応したものと解釈されている。しかしタイミングを考慮すると、義就はむしろ貞親ら義政側近との連携を視野に入れていたのではないか。以前から側近集団は義就周辺に接触しており、斯波義敏を復権させた後は、畠山義就を取り込もうとしたと推測される。義就はそれに応じるつもりだったのだろう。

要するに伊勢貞親は、反山名の斯波義敏・赤松政則、反細川の畠山義就・大内政弘を糾合することで、山名・細川に対抗しようとした。従来、将軍側近と諸大名が対決する構図で語られてきたため、貞親の策動は無謀にしか映らなかったが、十分勝算が見込めるものだった。

けれども貞親には誤算があった。畠山義就・大内政弘が上洛する前に、山名と細川の共闘態勢が成立してしまったのである。九月五日の夜、「義視に謀反の疑いあり」との貞親の讒《ざん》言《げん》を信じ、義政は義視を誅殺しようとした。義視は山名宗全、ついで細川勝元に助けを求めた。翌六日、山名・細川ら諸大名の抗議により、伊勢貞親・季瓊真蘂・斯波義敏らは失脚した（『後法興院記《ごほうこういんき》』『大乗院寺社雑事記』『経覚私要鈔』）。これを文正の政変という。

文正の政変により、細川勝元邸に入った義視が事実上の将軍として政務を行い、山名宗全と細川勝元の二大大名が「大名頭《たいめいのとう》」として義視を支える暫定政権が成立した（『大乗院寺社雑事記』）。ところが十一日、義政は義視に害意のないことを誓った。義視は勝元に護衛されて自邸に戻り、勝元ら諸大名は義政に忠誠を誓った（『後法興院記』『大乗院寺社雑事記』）。義政は側近たちに全ての罪をなすりつけることで政務に復帰した。諸大名は貞親本人のみならず、弟の貞藤《さだふじ》、嫡子の貞宗《さだむね》ら伊勢一族の追放を決議した（『経覚私要鈔』）。

状況から判断すると、諸大名を説き伏せて義政の復権を主導したのは勝元である。義視を将軍にすえようという宗全の思惑は外れた。管領として長期にわたって幕政を動かしていた勝元は、政治的駆け引きの面では、宗全より一枚も二枚も上手であった。貞親という共通の敵が消えた今、異なる政権構想を抱く勝元と宗全の激突は避けがたいものになっていった。

畠山義就の上洛

再び畠山義就の動向に目を向けてみよう。義就は九月二日、壺坂寺を発って河内の金胎寺城に入った。義就は烏帽子形城《えぼしがた》（現在の大阪府河内長野市喜多町の烏帽子形山にあった城）を攻め、翌三日の晩にこれを落とした。義就方の勢いを止めるため、管領の畠山政長は重臣の遊佐長直を河内に派遣した（「大乗院寺社雑事記」「経覚私要鈔」）。

前述の通り、文正の政変で伊勢貞親が失脚すると、細川勝元は政変の拡大を望まず、事態の収拾に動いた。筒井順永に対しても、義就方との合戦を禁じ、河内情勢の安定化に努めた。だが順永は勝元の決定に不満で、協議のため上洛した（「経覚私要鈔」）。

右の事情を知らない尋尊は「順永が上洛する（大和を離れる）ということは、河内の情勢はそれほど深刻ではないのだろうか」と希望的観測を日記に記している。一方、古市胤栄《いんえい》（古市胤仙の子）を通じて義就方の動向を探っている経覚は、「河内の武士たちの多くは義就に味方したようだ」と義就有利の判断を下していた。

遊佐長直の軍勢は深田と広川《ひろかわ》（現在の大阪府南河内郡河南町弘川）に陣を構えていたが、九月十五日、義就方は攻撃を仕掛けた。十七日、両陣は突破され、政長方の嶽山城も落ちた。同じ頃、政長方の布施《ふせ》・高田《たかだ》は越智家栄の領内に攻め入ったが、撃退された（「経覚私要鈔」）。

けれども義就は上洛するのではなく、布施・高田を攻めるなど、大和への勢力拡大を進めた。貞親らとの連携構想が水泡に帰したことで、京都政界復帰の望みは断たれた。このため義就は、越智家栄の意思を尊重し、大和における反越智勢力の掃討を決意したのである。同月二十七日、光宣は上洛し、細川勝元・畠山政長に援軍を要請している（「大乗院寺社雑事記」）。

十月になると、大和・河内で両畠山の大決戦が行われる公算が大きくなった。尋尊は両陣営の構成を次のように記述している（「大乗院寺社雑事記」）。大和における義就方は越智家栄・吐田《はんだ》・曽我《そが》・高田・小泉・高山《たかやま》・万歳・岡《おか》など。細川勝元は義就退治のため、畠山政長・京極持清《もちきよ》・山名教豊らに出陣を命じた。大和における政長方は筒井順永・成身院光宣・箸尾宗信・布施・高田・多武峰などである。しかも、両派にいい顔をして、勝ち馬に乗って興福寺領荘園を侵略しようと企む不届き者も多い。尋尊の悩みは深かった。

十月十六日、畠山義就・越智家栄が布施城の堀を柴《しば》で埋め、城内に突入、布施城は落城した。高田も高田城を捨てて逃走し、義就方の曽我が城を占拠した。敗れた布施と高田は箸尾城に逃げ込み、筒井順永も箸尾城に入った（「大乗院寺社雑事記」「経覚私要鈔」）。一定の戦果を得た義就は河内に引き揚げた。

十一月、中立を守っていた大乗院方国民の十市遠清《とおきよ》の仲介により、筒井派（政長派）と越智派（義就派）の和睦が成立した。尋尊は「興福寺にとっても大和国にとってもめでたいことだ」と歓迎している。

話が逸《そ》れるが、こうした軍事情勢に関する経覚と尋尊の記述は対照的である。経覚は刻々と変化する戦況を事細かに記している。古市胤栄ら事情通から聞いた話をそのまま書き付けている印象があり、生々しい。一方、尋尊は情報を整理し、全体の状況を俯瞰している。記主たかも合戦の当事者であるかのように身を乗り出す経覚と、戦乱から距離をとる尋尊。記主の個性がはっきりと浮かび上がる。

ところで大和・河内で和平の動きが進んだのは、文正の政変で広がった政治的動揺を、細川勝元が巧みに封じ込めたからである。もともと畠山義就の軍事行動は京都政局の混乱に乗じたものであり、騒動が沈静化すれば矛を収めざるを得ない。勝元にも義就討伐を強行して戦乱を再発させる気はなかった。

だが宗全の考えは違った。勝元を中心として幕府が運営されていく現状に、宗全は満足していなかった。そこで宗全は義就に目をつけた。義就を引き込めば、形勢を挽回できるのではないか、と思った。

先述したように、宗全の娘婿である斯波義廉は、文正の政変以前から畠山義就とつながりを持っていた。宗全も水面下で義就と接触していたと思われる。しかし文正元年（一四六六）八月に、古市胤栄が斯波義廉の求めに応じて軍勢を派遣している一方で、筒井順永のもとにも援軍を送っている事実から分かるように（『経覚私要鈔』）、山名派への荷担と義就派（反政長派）への協力は政変以前には必ずしもイコールではなかった。宗全・義廉と義就との提携が寛正年間（一四六〇〜六六）から成立していたと説く先行研究には疑問を感じる。

細川勝元が畠山政長の後ろ盾である以上、畠山義就と手を結ぶことは、婿であり二〇年来のつきあいがある勝元との決別を意味する。文正の政変においても、勝元が宗全に同調したからこそ、貞親を失脚に追い込むことができたのだ。折しも宗全の養女である勝元の妻は懐妊中であった。勝元の後塵《こうじん》を拝することにはなるが、勝元の盟友という形で幕政に参与する方が、宗全にとっては安全確実である。

しかし、宗全は政権奪取を決意した。畠山義就に上洛を呼びかけたのだ。十二月二十四日、義就は義政の許可を得ないまま、河内から京都へ向かった（「大乗院寺社雑事記」）。応仁の乱は目前に迫っていたが、そのことを知る者は誰もいなかった。

第三章　大乱勃発

1　クーデターの応酬

御霊合戦

文正元年（一四六六）十二月二十六日、軍勢を率いて上洛した畠山義就《よしひろ》は、京都北部の千《せん》本釈迦堂《ぼんしゃかどう》（大報恩寺《だいほうおんじ》）に陣を構えた。義就の背後には山名宗全・斯波義廉がいた。畠山政長は義就に対抗すべく、屋敷の四方に矢倉を設け、赤松政則・六角政高《ろっかくまさたか》の軍勢と共に楯籠もった。また細川勝元・京極持清が政長を支援した（「大乗院寺社雑事記」「経覚私要鈔」）。

将軍足利義政は畠山義就の無断上洛に怒り、政長を支持した。翌文正二年の元日、管領畠山政長が将軍御所（花の御所）に参り、垸飯《おうばん》を義政に献じた。垸飯とは家臣が主君に食膳を供してもてなす儀式のことで、室町幕府では毎年元旦に家臣筆頭である管領が将軍に垸飯を奉った。政長が垸飯を勤めたという事実は、義政が政長を信任していたことを意味する。ただし義就方の動きを警戒して、政長や勝元の軍勢が道路を警備したという（「後法興院記」）。

ところが翌二日、足利義政は政長の屋敷への御成《おなり》を中止し、将軍御所で義就と対面した（「斎藤親基《ちかもと》日記」）。御成は貴人の外出を指す言葉で、室町時代には主に将軍の外出を表した。

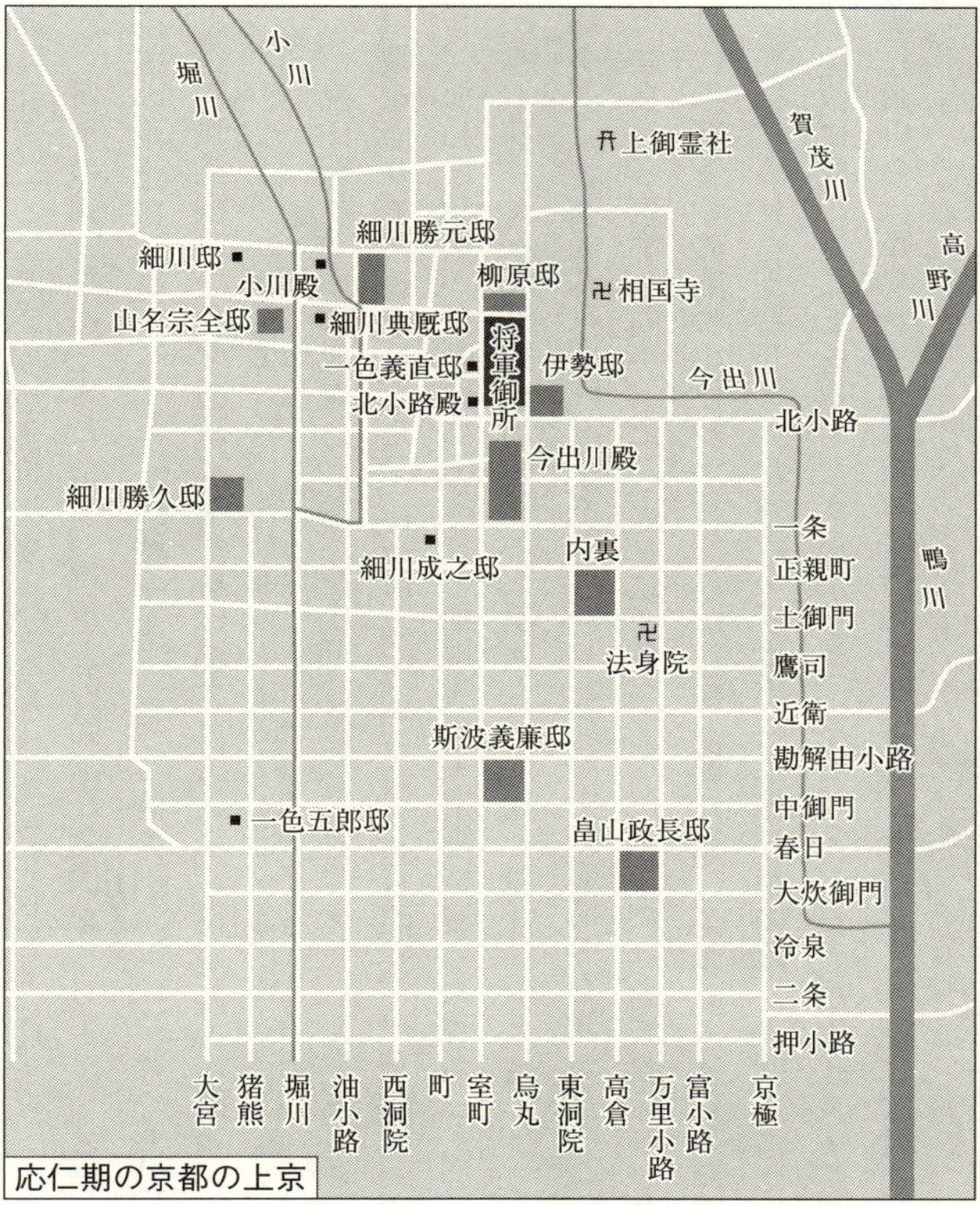

今谷明『日本の歴史9　日本国王と土民』所収の図を一部改変

毎年正月二日に将軍が管領邸で饗応《きょうおう》を受けるのは恒例行事であり、これを「御成始《おなりはじめ》」という。将軍の御成を迎えることは、将軍との緊密な関係をアピールする絶好の機会であるから、御成の中止は政長にとって大打撃であった。「両方引汲《いんぎゅう》」（政長・義就の双方を取り立てる）という無節操さを示す義政に、尋尊はあきれている（「大乗院寺社雑事記」）。

正月五日。この日は毎年、畠山邸への御成の日だった。だが足利義政は、畠山政長ではなく、畠山義就への御成を行った。畠山邸は政長に押さえられているため、義就は山名宗全の屋敷を借りて義政を迎えた（「後法興院記」「斎藤親基日記」）。足利義視や諸大名も義政に随行し、加わらなかったのは畠山政長・細川勝元・京極持清のみであった（「大乗院寺社雑事記」）。

翌六日、義政は政長を管領職から罷免し、屋敷を義就に引き渡すよう命じた（「大乗院寺社雑事記」「斎藤親基日記」）。なお、この日、政長不利の情勢を知った成身院光宣が手勢を率いて奈良から京都へ向かった（「経覚私要鈔」）。だが八日には斯波義廉が管領に任命され、十一日には新管領義廉の出仕始が行われた（「後法興院記」「大乗院寺社雑事記」「経覚私要鈔」）。

当初、政長を支持していた義政が義就支持に転じたのは、義就上洛によって山名方が軍事的優位に立ったことを悟ったからだろう。そこで十五日、畠山政長・細川勝元・京極持清・赤松政則らは軍勢を率いて将軍御所に押し寄せ、義政から強引に義就討伐命令を引き出そうと計画した（このような諸大名による将軍脅迫を「御所巻《ごしょまき》」という）。ところが、この企みは宗全の養女である勝元夫人から山名方に漏れ、山名宗全・斯波義廉・畠山義就が警備の名目で御所を占拠した（「経覚私要鈔」）。宗全らは軍事力を行使することで政局の主導権を握ったのだから、事実上のクーデターである。そこで勝元らは足利義視の擁立を図ったが、これも宗全に察知され、十六日、宗全は義視ら足利一族を将軍御所に移した（「大乗院寺社雑事記」「経覚私要鈔」）。

上御霊社　現在の正式名称は御霊神社

失脚した政長は京都から脱出する、と山名方は考えていたはずだ。第二章で見たように、将軍の信任を失った大名は分国で謹慎するのが通例だったからだ。しかし政長は十七日夜、屋敷に自ら火を放って北上、糺河原《ただすがわら》（賀茂川《かもがわ》と高野川《たかのがわ》の合流点に広がる河原。「鴨河原《かものかわら》」ともいう）を経由して、十八日の明け方には御所北東の上御霊社《かみのごりょうしゃ》（現在の御霊神社）に陣を取った。糺河原から東に向かって京都を出ると見せかけて、逆に西進して将軍御所をうかがう構えをとったのである。京極持清は御所の南に、細川勝元は御所の西に布陣し、宗全らが楯籠もる御所を包囲し

た（「後法興院記」「大乗院寺社雑事記」「経覚私要鈔」）。

合戦に巻き込まれることを恐れた足利義政は、山名・細川両名に対し両畠山への軍事介入を禁じ、義就と政長に一対一の対決をさせようとした（「大乗院寺社雑事記」「経覚私要鈔」）。勝った方を支持するという義政の態度は無定見の極みであるが、これまでの畠山氏内訌においても、義政は基本的に優勢な側の味方であった。おかしな言い方だが、情勢次第で方針を転換するという点では一貫しているのである。義政はある種の柔軟さによって畠山氏内訌を何とかさばいてきたのであり、今回も局外中立を保つことで戦乱の拡大を防げると判断したのだろう。

十八日の夕刻、畠山政長が布陣した上御霊社に畠山義就の軍勢が押し寄せた（「後法興院記」）。細川勝元は義政からの命令に従い、政長に加勢しなかった。けれども勝元の馬鹿正直さを嘲笑するかのように、山名宗全・斯波義廉は義就に加勢した（「大乗院寺社雑事記」）。政長は敗北し、光宣の計らいで勝元の屋敷にかくまわれた（「大乗院日記目録」）。山名方は政長の行方を把握できなかったようである（「経覚私要鈔」）。

山名宗全は首尾良く政権を奪取した。二十三日には幕府奉行人の飯尾為数《いいのおためかず》を通じて、大乗院（尋尊）・一乗院（教玄）に対して畠山政長とその家臣たちの捜索を命じている（「大乗院寺社雑事記」）。だが義就に援軍を送ったことは、その後の政権運営に大きな禍根を残した。勝元の恨みを買ったからである。山名勢の参戦によって、勝元は盟友の政長を見捨てた形になり、世間の評判を落とした（『大乗院寺社雑事記』）。これは単にプライドを傷つけられたという次元の話ではなく、勝元の派閥領袖《りょうしゅう》としての立場にも関わる問題であるため、勝元はどこかで汚名をすすがねばならなくなった。

これまでの戦績を考慮すると、おそらく畠山義就は単独でも政長に勝利できた。実際、朝倉孝景らの援軍が到着する前に義就は政長を破っており、孝景は敗走する政長を追撃しただけだった（『経覚私要鈔』）。一対一の戦いで政長が敗れたのならば、細川勝元も結果を受け入れただろう。山名宗全は義就の勝利を確実にするために加勢したが、その代償は高くついた。山名一派がわが世の春を謳歌《おうか》する中、勝元は着々と反撃の準備を進めていたのである。

細川勝元の反攻

御霊合戦の後、細川方・山名方の間で小競り合いが続くが、徐々に平穏を取り戻していった。三月五日、京都での戦乱（御霊合戦）という凶事が発生した文正という年号は縁起が悪いという話になり、応仁に改元された。四月十日、日野勝光《かつみつ》（日野富子の兄）の屋敷に後花園上皇・足利義政・同義視らが招かれ、和歌会が行われた（『後法興院記』『経覚私要鈔』）。同二十三日に足利義政が管領斯波義廉邸に御成し、日野富子・足利義視も随行した（『後法興院記」)。朝廷・幕府の儀式・行事は滞りなく進められており、人々は大乱の到来を全く予期していなかった。

ところが五月になると世情は騒然としてくる。全国各地で細川方が軍事行動を起こしたのである。赤松政則が山名宗全の分国である播磨（嘉吉の変以前は赤松の分国）に侵攻、斯波義敏が斯波義廉の分国である越前に侵入した（「大乗院寺社雑事記」）。山名氏の分国である伊賀でも合戦があったという（「経覚私要鈔」）。また軍記物『応仁記』には、細川方の土岐政康《まさやす》（土岐持頼の子。二七頁参照）が山名方の一色義直の分国である伊勢に討ち入り、細川方の若《わか》狭《さ》守護武田信賢《のぶかた》が国内の山名方勢力（隣国丹後《たんご》の守護が一色義直だった）を追い出した、と書かれている。尋尊は「東西南北、静謐《せいひつ》な国はない」と嘆息している。もっとも、これらの動きは陽動作戦の性格が強く、細川方の真の狙いは京都制圧にあった。

五月十六日、細川勝元の家臣の池田《いけだ》充正《みつまさ》が甲（正規兵）一二騎・野伏（農民兵）一〇〇〇人を率いて摂津《せっつ》から上洛した（「後法興院記」）。一方、二十日には山名宗全・畠山義就・一色義直らが管領斯波義廉邸に集まり、対策を協議した（「後法興院記」「後知足院記《ごちそくいんき》」）。

尋尊・経覚も、山名・細川の対立が京都での戦乱に発展するのでは、と危惧し始めた。『聖徳太子未来記』というあやしげな予言書を引用して仏法・王法の滅亡におびえる尋尊に対して、鈴木良一氏は「かえって彼の怖れのなお切実でないことが感じられる」と批判を加えた。要するに尋尊は浮世離れしており、現実に向き合っていない、というのである。

だが実際には、京都での戦乱発生を予測したのは、経覚よりも尋尊の方が早い。五月十八日、尋尊は経覚に「細川勝元らが再び軍を動かして、義政に義就討伐命令を強要しようとしているとの噂がある」と伝えたが、経覚は勝元らにそこまでの度胸はないと考え、噂を信じなかった（「経覚私要鈔」）。山名一派の勢いには勝元といえども抗し得ないと経覚は観測していたのである。尋尊と経覚、どちらの見通しが正しかったかは言うまでもない。

応仁元年（一四六七）五月二十五日の晩から京中の武士たちの動きが慌ただしくなり（「後法興院記」）、翌二十六日の午前中には武田信賢・細川成之が将軍御所の向かいにある一色義直の屋敷を襲い、屋敷に火をかけられた義直は山名宗全の屋敷に逃げ込んだ（「宗賢《むねかた》卿記」「大乗院寺社雑事記」「経覚私要鈔」）。この一色邸急襲の策を立てたのは、細川勝元と成身院光宣だという（「大乗院日記目録」）。将軍御所占拠に向けての布石であることは明らかだろう。

この戦闘を皮切りに、細川方と山名方は全面衝突に入った。光宣は援軍要請のため大和の箸尾・筒井に飛脚を送ったため、経覚もその日のうちに開戦を知った。

二十六日は終日、京都の各所で戦闘があり、所々に火が放たれ、鬨《とき》の声が上がり、双方とも戦死者・戦傷者は数え切れないほどであったが、決着はつかず、合戦は翌日まで持ち越された（「後法興院記」「後知足院記」）。双方の放火作戦によって京都北部（船岡山《ふなおかやま》以南・二条以北）の武家・公家の邸宅や寺院の多くが焼亡した（「大乗院寺社雑事記」）。

足利義政の選択

五月二十八日、将軍足利義政は細川勝元と山名宗全の両名に「ひとまず戦いをやめて指示を待つように」と命じた（「後知足院記」「経覚私要鈔」）。この停戦命令は功を奏したようで、二十八日以降は矢戦や放火がある程度で大きな合戦はなかった（「後法興院記」「後知足院記」）。軍記物『応仁記』の影響もあって、細川方が開戦後ただちに将軍御所を占拠し、将軍義政に強い圧力をかけたとみなす研究者が多い。尋尊が京都に派遣した部下からの報告にも「細川、公方に祗候《しこう》（細川勝元は将軍のお側にいる）」とあり（「大乗院寺社雑事記」）、右の理解を裏付けているかに見える。

だが足利義政は、正月政変の際、山名方に御所を乗っ取られたことを教訓にして、御所の門を固く閉ざし、近習を三隊に分けて交替で御所を警備させていた。大名が義政を訪ねてきても、軍勢を率いて御所内に入ることは許されず、本人しか入れない仕組みになっていた（「大乗院寺社雑事記」「経覚私要鈔」）。したがって石田晴男氏らが主張しているように、細川方の陣に囲まれているとはいえ、御所内には勝元らの兵は入っていなかったため、義政は一定の自立性を確保していたのである。

現に義政は、五月二十六日に畠山義就に御内書《ごないしょ》を送り、「今回のこと（細川勝元らの挙兵）は言語道断であり、許せないが、ひとまず河内に下って争いを避けてほしい」と説得を試みている（「畠山文書」）。義就が京都を出れば、勝元らも矛を収めざるを得ない、という判断だろう。義政は中立を維持し、両軍を和睦させようと努力していたのである。

ところが六月一日、細川勝元は足利義政に、将軍旗と山名宗全治罰の綸旨の拝領を願い出た。また足利義視を山名討伐軍の大将に任命してほしいとも要請したようである（「後知足院記」「大乗院寺社雑事記」）。文正の政変以降、義視は勝元に接近していたからである。

しかし義政側近の日野勝光が「将軍旗は将軍への反逆者を討つ場合に用いるものです。今度の合戦は細川と山名の私闘にすぎません」と反対した（「経覚私要鈔」）。正論に聞こえるが、これはタテマエにすぎず、実は勝光は山名宗全に通じていたのである（「後法興院記」）。日野勝光・富子の兄妹は、文正の政変後、足利義視の存在感が増大したことを警戒しており、義視―勝元を牽制するために山名宗全と提携していた。御霊合戦の前後において宗全が巧みに立ち回れたのも、日野兄妹のアシストがあったからだろう。

けれども結局、足利義政は六月三日に旗を細川勝元に与えた（「後知足院記」）。同八日には御所の四足門《しそくもん》に旗が掲げられた（「大乗院寺社雑事記」）。義政が態度を翻したのは、勝元らの圧迫もさることながら、弟である足利義視に押し切られた側面が大きいと考えられる。

後述するように、足利義視は山名宗全らに悪感情を持っていないにもかかわらず、山名方討伐に積極的だった。百瀬今朝雄氏は「義視は真面目で峻烈《しゅんれつ》な性格の人であったのであろう」と評しているが、単なる性格の問題ではあるまい。次期将軍たらんとする義視は、この大乱を自身の指導力を示す絶好の機会と捉えたのではないか。鈴木良一氏が指摘したように、この時期、足利義政は義視抹殺を企てた伊勢貞親を呼び戻そうとしていたので、義視にとって権威確立は焦眉の課題であった。

将軍である足利義政が中立性を失ったことで、戦争を調停する存在は消滅した。「賊軍」の烙印《らくいん》を押した山名方を速やかに鎮圧しない限り、戦争の早期決着は不可能になったのである。

2　短期決戦戦略の破綻

両軍の構成

さて、ここで両軍の陣容を確認しておこう。細川方の陣が将軍御所周辺に展開したのに対し、山名方は堀川《ほりかわ》を挟んで一条大宮《おおみや》一帯に陣を構えた。勝元らが東、宗全らが西に布陣したので、前者は東軍、後者は西軍と呼ばれた。以下、この呼称を用いる。ちなみに、現在の京

細川氏略系図

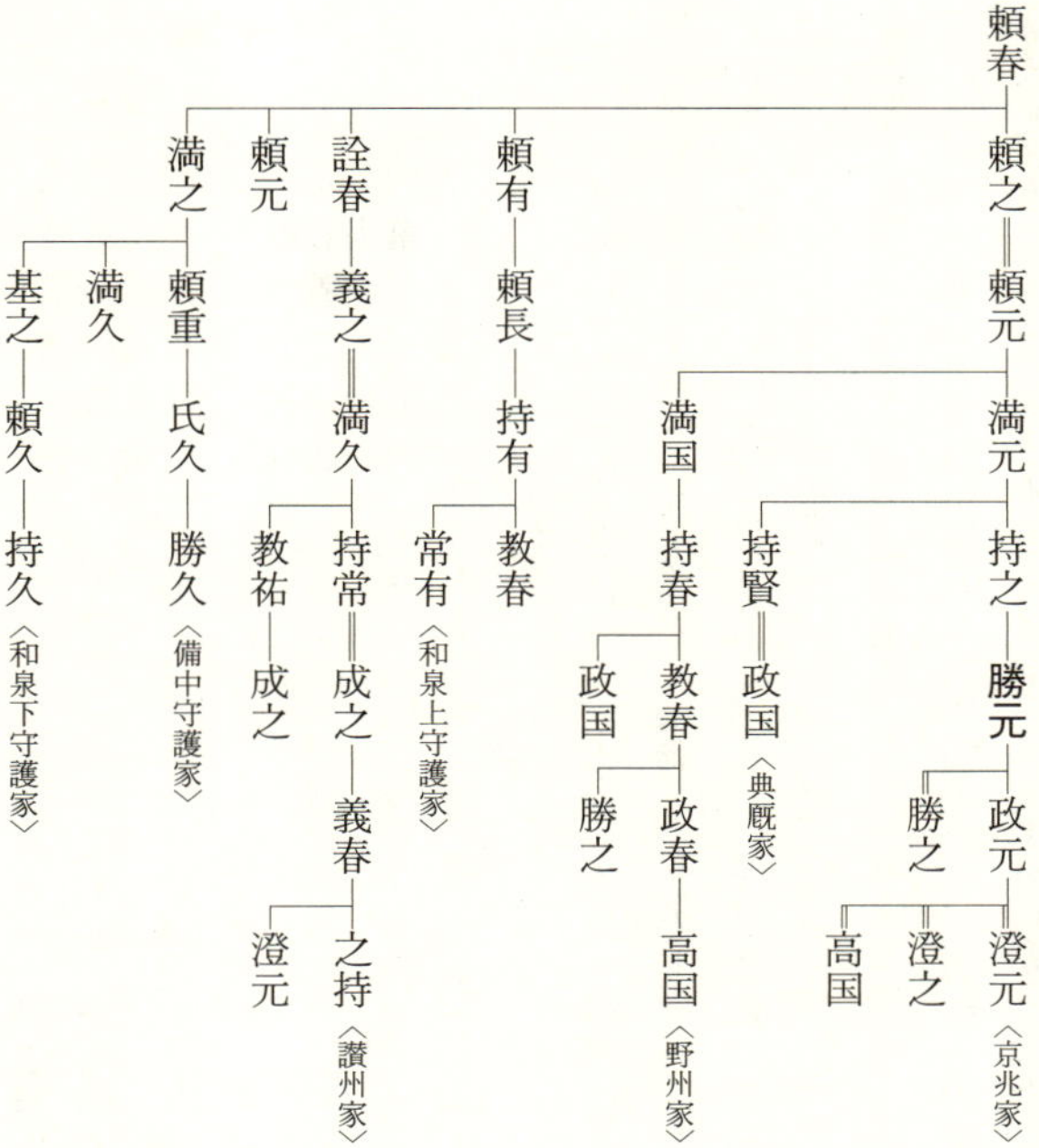

都市上京区の一条通以北の地域を西陣《にしじん》というのは、西軍の陣営があったことに由来している。

東軍に参加した大名は、細川勝元（摂津・丹波《たんば》・讃岐《さぬき》・土佐《とさ》守護）、細川成之（三河《みかわ》・阿波《あわ》）、細川成春《しげはる》（淡路《あわじ》）、細川勝久《かつひさ》（備中《びっちゅう》）、細川常有《つねあり》・持久《もちひさ》（和泉両守護）、畠山政長（河内・紀伊・越中）、京極持清（北近江・飛驒《ひだ》・出雲《いずも》・隠岐《おき》）、武田信賢（若狭・安芸《あき》分郡）、赤松政則（加賀北半国）、山名是豊（備後《びんご》）、斯波義敏である。

東西両軍の主な大名

西軍	東軍
山名宗全	細川勝元
畠山義就	畠山政長
斯波義廉	斯波義敏
一色義直	京極持清
土岐成頼	赤松政則
大内政弘	武田信賢

東軍の主力は細川一門と畠山政長、京極持清である。武田信賢は安芸国の佐東《さとう》郡・安南《あなん》郡・山県《やまがた》郡を領有しており、安芸守護の山名宗全とは競合関係にあった。赤松政則も旧領の播磨・備前《びぜん》・美作《みまさか》を山名一族から奪還するために東軍に加わった。斯波義敏は既述の通り、宗全の娘婿たる斯波義廉のライバルである。つまり勝元が細川一門と盟友の政長・持清、そして反山名派を糾合することで成立した軍が、東軍である（山名是豊は父の宗全と不仲だったので、応仁元年六月、西軍から東軍に寝返った）。

一方、西軍に参加した大名は、山名宗全（但馬・播磨・安芸守護）、山名教之《のりゆき》（伯耆《ほうき》・備前）、山名政清《まさきよ》（美作・石見《いわみ》）、山名豊氏《とようじ》（因幡）、斯波義廉（越前・尾張・遠江）、畠山義就（山城）、畠山義統《よしむね》（能登《のと》）、一色義直（伊勢・丹後）、土岐成頼（美濃《みの》）、六角行高《ゆきたか》（近江）、富樫政親《とがしまさちか》（加賀）である。後述するように、大内政弘（周防・長門《ながと》・豊前《ぶぜん》・筑前《ちくぜん》）が後から加わる。

西軍の主力は山名一族と斯波義廉、畠山義就である。軍記物『応仁記』には、嶽山《だけやま》合戦（七〇頁）での義就の奮戦に感心した山名宗全が、義就との提携を決断したと書かれているが、先述のようにこの叙述は史実ではない。文正の政変後、宗全が反細川の義就を自陣に引き込んだのであり、両者の関係は必ずしも密接なものではなかった。このことが、のちに西軍の足並みを乱すことになる。ちなみに畠山義統は弟の政国を義就の猶子としていた（六七頁を参照）。

一色義直は足利義政・伊勢貞親と親しく、山名との関係は希薄であった。文正元年（一四六六）末に畠山義就が上洛した際も、はっきりとした態度を示さなかった（「大乗院寺社雑事記」）。義直が最終的に西軍に与したのは、一色氏の旧分国である三河・若狭を細川・武田両氏から取り戻すためであろう（武田信賢の兄の信栄が義直の父の義貫を殺害したという遺恨もある）。

土岐成頼・六角行高（のちの高頼《たかより》。以下高頼で統一）には特段、山名宗全に荷担する理由はない。両人の勢力圏は細川勝元と親しい京極持清の分国である北近江と接しているため、彼らは京極に対抗すべく西軍に加わったのだろう。加賀守護の富樫政親は、赤松政則が加賀北半国の守護になって以来、政則と対立しており、政則が東軍に身を投じたため、西軍についた。

なお『応仁記』によれば、両軍の兵力は東軍一六万騎、西軍一一万騎だという。過大な数字であると言われることが多いが、畠山義就が大和・河内・熊野《くまの》の衆を集めて七〇〇〇騎という数字は、意外と実数に近いかもしれない。大和の義就党の中心である越智家栄の兵力が騎馬武者一五〇・歩兵二〇〇〇人、義就に荷担した熊野勢が千四、五百人なので（「経覚私要鈔」)、野伏などの雑兵も含めれば義就軍七〇〇〇人という数値はあり得る。他の諸将も同程度の兵力を有しているとしたら、西軍全体で数万人には達しよう。

ただし、これはあくまで総動員兵力であり、全軍が一斉に京都に集まったわけではない。部隊の補充・交替を念頭に入れる必要がある。永島福太郎は、開戦の時点では両軍合わせて五万にも達しなかったのでは、と算定している。西軍の兵力は一、二万といったところではないか。六月のはじめに山名方八ヶ国の軍勢が京都に向けて出発していることを考慮すると(「大乗院寺社雑事記」)、西軍は軍勢の召集に遅れをとり、京都で苦戦を強いられたようである。

足利義視の失脚

幕府軍の地位を得た東軍は応仁元年(一四六七)六月六日、作戦を協議し、八日に足利義視を総大将として西軍に総攻撃をかけることが決定した。けれども山名宗全の息子である是豊など、西軍の中から降伏を申し入れる者が現れたため、総攻撃は中止された。義政の意向に基づくものだろう。義政は西軍諸将に御内書を送り、降伏を勧告した。同日、一条大宮で西軍の山名教之と東軍の赤松政則が戦い、東軍が勝利した。総大将の義視が自ら首実検を行った(「大乗院寺社雑事記」)。戦乱の拡大を抑止しようとする義政と、戦功を立てようと張り切る義視。大乱に対する兄弟の姿勢は対照的である。

翌九日、土岐成頼・六角高頼・富樫政親の三人が東軍の細川成之を通じて降伏を申し入れてきた。足利義政は本心からの降伏かどうか疑い、宗全や義就に攻めかかるまでは対面しない、と返答した（「大乗院寺社雑事記」）。実際、富樫政親はこののち東軍に寝返るものの、土岐・六角は偽装降伏だった。

斯波義廉も東軍に降参しようとしたが、足利義政は「朝倉孝景の首を差し出さなければ許さない」と返答した（「大乗院寺社雑事記」）。朝倉孝景は斯波義廉の重臣であり、義廉軍の実質的な大将である。また、山名一族の増援部隊が京都に到着していない現状においては、朝倉軍は西軍の中核でもあった。とうてい義廉が飲める条件ではなかった。

足利義政は斯波義廉を管領職に留め置いたままにしており、義廉への悪感情は見いだせない。義廉に苛酷な降伏条件を突きつけたのは義政の本意ではなく、足利義視・細川勝元らの意見に押されたのだろう。勝元にしてみれば、他の武将はともかく、山名宗全・斯波義廉には打撃を与えなければ開戦した意味がない。義視も、めざましい軍功を挙げる前に戦乱の幕を引きたくはなかった。こうして終戦の道は閉ざされたのである。

足利義視は将軍御所を掌握し、山名方と縁戚関係もしくは親密な関係を持つ女房・近習をことごとく追放した。十一日には、西軍に内通した飯尾為数父子を処刑した（「大乗院寺社雑事記」)。

義視は三年前に還俗《げんぞく》したばかりで、固有の権力基盤を持たなかった。そのため、大乱という〝有事〟を利用して専権をふるい、次期将軍への足場を固めようとした。だが義視の行動は、わが子義尚を次の将軍にと望む日野富子の反発を招いた。結局、孤立した義視は将軍御所から退去し、自邸(今出川殿《いまでがわどの》)に戻った(「応仁記」)。

大内政弘の入京

東軍は兵力の面でも大義名分の面でも西軍に勝っていたが、畠山義就・朝倉孝景ら西軍諸将の徹底抗戦に手こずり、決定的な勝利を収めることができなかった。ぐずぐずしているうちに、西軍は兵力を増強していった。

応仁元年(一四六七)六月二十八日、安芸・石見・備前・但馬・備後・播磨の六ヶ国の軍勢が丹波を経由して京都に入った。東軍に属する西岡《にしのおか》(京都の西郊。一一三頁)の侍衆(武士たち)は、西軍の入京を阻止しようとしたが、衆寡《しゅうか》敵せず突破された。西軍の援軍は八万人だという。この情報を聞いた経覚は「八万は多すぎる」と不審に思った(「経覚私要鈔」)。軍勢の半分は丹波に待機したとの情報も入ってきたが、それでも四万人が上京したことになる。四万も眉唾だが、万を超す大軍が到着したことは事実と見て良いだろう。

しかし、西軍にとって何よりも大きかったのは、大内政弘の入京である。政弘東上の噂は既に二月の時点でささやかれており、細川勝元はその動向に注意を払っていた（「毛利家文書」）。和睦を模索する足利義政の意思に反してまで勝元が西軍の討伐にこだわったのは、政弘の軍勢が上洛する前に大きな戦果を挙げ、東軍の勝利を決定づけたかったからである。勝元の目には、西軍諸将の帰参願いは、政弘到着までの時間稼ぎにしか映らなかった。

大内政弘は五月十日に本拠地の周防山口《やまぐち》（現在の山口市）を発ったという（「経覚私要鈔」）。細川勝元らの挙兵より前である。勝元らの計画を事前に察知していたとも思えないので、正月のクーデターによって樹立された新体制を維持強化すべく、山名宗全に上洛を促されていたのだろう。

出発後、京都で合戦が始まったため、大内政弘の軍勢は海陸二手に分かれ、二ヶ月をかけて、ゆっくりと進んだ。京都の情勢を見極めるためだろう。七月十九日、大内の先発部隊が播磨室津《むろつ》（現在の兵庫県たつの市）に到着した。兵船は五〇〇艘《そう》という（「経覚私要鈔」）。翌二十日には政弘本人が兵庫に到着した（「大乗院日記目録」）。政弘は周防・長門・豊前・筑前・筑後・安芸・石見・伊予《いよ》八ヶ国の武士を従えており（「経覚私要鈔」）、その数は数万人と噂された（「大乗院日記目録」）。

東軍は大内軍到着の前に斯波義廉邸を攻略しようと、連日激しい攻撃を加えた（「応仁記」）。

だが、攻め落とすことはできなかった（「後法興院記」）。大内政弘は八月三日に兵庫を発ち（「大乗院日記目録」）、陸路での上洛を目指した。細川勝元は大内軍の上洛を阻もうとしたが、摂津の池田氏が寝返ったために失敗に終わった（「後法興院記」）。

大内政弘は同二十三日に三万の大軍を引き連れて上洛し、京都の南の玄関口にあたる東寺《とうじ》に陣を取った（「宗賢卿記」「経覚私要鈔」）。永島福太郎は三万は陣夫《じんぷ》など非戦闘員も含めた数で、戦闘員は一万余と推定している。二十日に大内軍接近を知った東軍は義廉邸の囲みを解き、二十三日には後花園上皇・後土御門《ごつちみかど》天皇を将軍御所に移した（「宗賢卿記」）。西軍に上皇・天皇を奪われないための措置である。

大内軍入京を知った足利義政の近習たちの中から西軍に内通しようとする者が現れた。激怒した細川勝元は将軍御所を包囲した。義政は内通者二〇人余りを御所から追放した。彼らは糺河原で細川勢に襲われ、三、四人が討たれ、残りは逃亡したという（「宗賢卿記」「経覚私要鈔」）。ちなみに二十三日の夜、足利義視が伊勢国に出奔した（「公卿補任」「経覚私要鈔」）。西軍の報復を恐れたのだろう。

大内の加勢で意気揚がる西軍は攻勢に転じ、武田勢がこもる三宝院義賢《ぎけん》（満済の後継者。二五頁）の邸宅（法身院《ほっしんいん》）を焼き討ちした。政弘も東寺から北上し、北野の船岡山に陣を取った（「経覚私要鈔」）。戦乱の激化を懸念した足利義政は九月八日、畠山義就に再び御内書を

相国寺

送った。「不本意ではあろうが、天下のために山名宗全と相談の上、おのおの分国に帰るように。河内国は義就と政長の二人で分け合うように」という内容だった（「畠山文書」）。

足利義政は依然として、大乱の根本要因を両畠山の争いに求めており、政長と義就を和睦させれば戦乱は収まると考えていた。何しろ東軍の大将である細川勝元と西軍の大将である山名宗全は、不倶戴天《ふぐたいてん》の仇敵どころか前年まで手を結んでいたのである。一〇年以上にわたって内紛を続けているのは畠山氏だけであり、畠山問題さえ処理できれば事態は解決に向かうと義政が判断したのも無理はなかった。

　だが、足利義政の講和案は時機を逸していた。大内政弘が入京した今、畠山義就が身を引く形で戦乱を終結させることは不可能だった。西軍は講和案を無視して東軍に猛攻をかけた。特に十月二〜四日の合戦は壮烈で、将軍御所の東に位置する相国寺《しょうこくじ》の伽藍《がらん》はことごとく焼け落ちて、将軍御所も半焼した

（「宗賢卿記」「後法興院記」「経覚私要鈔」「東寺長者補任」）。

西軍は劣勢から盛り返したものの、東軍に決定的な打撃を与えることはできなかった。相国寺合戦を境に、洛中（京都の中心部）で大きな合戦は起こらなくなり、戦線は膠着《こうちゃく》した。この時こそ和平の好機であったが、西軍の将軍御所への攻撃は足利義政を硬化させた。十月三日、義政の要請を受けた後花園法皇（大乱勃発に責任を感じ九月二十日に出家）は山名宗全治罰の院宣を下したのである（「経覚私要鈔」「大乗院日記目録」）。

西幕府の成立

東軍は先制攻撃をかけ、足利義政を抱え込むことで一気に勝負を決しようともくろんだ。西軍は大内政弘を呼び寄せて大反撃を敢行した。双方が切り札を使ったにもかかわらず、決着はつかなかった。短期決戦の試みは頓挫し、戦線は膠着した。年が改まってもだらだらと続く戦乱に倦《う》んだ義政は、今度こそ和睦を実現させたいと考えるようになった。

応仁二年（一四六八）八月、足利義政は使者を伊勢に派遣し、足利義視に上洛を促した。終戦に向けて、全ての利害関係者を京都に集める必要があったのだろう。義視は義政の要請に応じて上洛し、九月二十二日、東軍の陣中に入った。そして義視は義政に諫書《かんしょ》を送り、佞《ねい》臣《しん》たちを斥《しりぞ》けるよう訴えた（「碧山日録《へきざんにちろく》」）。そのうちの一人は、日野勝光だという（「後法興院記」）。

日野勝光は義尚派の筆頭であるから、彼の排斥は義視の主観では当然の要求であった。だが、義視の訴えは義政の不興を買った。義政は義視の訴えを聞き入れるどころか、かえって閏十月十六日、伊勢貞親を政務に復帰させた（「後法興院記」）。

大乱勃発以来、足利義政が今ひとつ指導力を発揮できなかったのは、伊勢貞親という右腕が不在だったからである。貞親の再登用は終戦工作を本格的に推進するための準備だろう。実際、義視が上洛した九月下旬から十一月上旬にかけて、京都では両軍の合戦が行われず、尋尊が「一天泰平《たいへい》の儀か」と平和の到来を予期するほどであった。もっとも尋尊は、一方で貞親の政権復帰により義政と義視の関係が悪化したことを憂えていた（「大乗院寺社雑事記」）。

尋尊の悪い予感は不幸にして的中する。十一月十三日、危険を感じた足利義視は庶民の姿に身をやつして京都を脱出、比叡山に逃れた（「後法興院記」）。同二十三日、義視は比叡山から帰京し、何と西軍の斯波義廉の陣に入った。翌二十四日には、大内政弘ら西軍諸将が馳《は》せ参じ、義視を将軍と仰いだ。これにより、事実上、二人の将軍が併存することになった。西軍は幕府を模倣した政治機構を整えた。これを西幕府という。

足利義視を京都に呼んでおきながら、義視を追いつめるような措置をとった足利義政の行動は、率直に言って理解に苦しむ。強いて義政の心中を推し量るなら、権力基盤を持たない義視を侮っていたのではないだろうか。細川勝元は義視に出家を勧めたというが（「大乗院寺社雑事記」）、それは義政の意向をくんだ提案でもあったはずだ。ついこの間まで東軍の総大将を務めていた義視が西軍に担がれるという事態は、義政にとって想定外だったと思われる。

足利義視は実績作りのために西軍討伐に意欲を示したこともあったが、実戦には参加していないし、山名宗全を嫌っていたわけでもない。家永遵嗣氏が解明したように、乱前の義視と宗全はむしろ親しかったのである。そして西軍にとって、義視を擁することで反乱軍という負い目が消える魅力は大きかった。義視と宗全の利害が一致したことで、親睦と打算による驚くべき結合が生まれた。

これまで見てきたように、足利義政は情勢に流されて東軍寄りの立場にいたが、西軍討伐には必ずしも積極的ではなく、むしろ和睦の可能性を探ってきた。けれども、西幕府の成立によって、義政の態度は一変する。十二月五日、義政の奏上により、朝廷は足利義視および義視に同調した公家たちの官位を剝奪した（「公卿補任」）。さらに足利義視治罰の院宣が発給され、義視は「朝敵」となった（「大乗院寺社雑事記」）。平和はますます遠のいてしまったのである。

3　戦法の変化

井楼の活用

両軍の当初のもくろみに反して戦乱が長期化した背景には、戦法の変化がある。まず、防御施設の発達が挙げられる。その代表が井楼《せいろう》である。井楼とは、戦場で敵陣を偵察するために材木を井桁《いげた》に組んで構築する物見櫓《ものみやぐら》のことである。もっとも、ただの見張り台ではなく、後述するように楼の上には武器が備えてあり、接近する敵を撃退することもあったようだ。いわゆる矢倉である。本章1節の冒頭で紹介した、畠山政長の矢倉がこれにあたる。

　井楼・矢倉の利用は応仁の乱から始まったわけではない。応永六年（一三九九）に発生した応永の乱では、和泉国堺《さかい》（現在の大阪府堺市）に楯籠もった大内義弘《よしひろ》が、幕府軍の攻撃に備えて「勢〔井〕楼四十八・箭櫓一千七百」を築いたという（「応永記」）。このため幕府軍は攻めあぐね、堺攻略に三週間を要している。

　しかし、応仁の乱で構築された井楼はより大規模なものだった。応仁二年（一四六八）四月十四日に西軍の山名宗全が築いた井楼の高さは、太極《たいぎょく》という禅僧の日記によれば七丈（約二一メートル）余りだという（「碧山日録」）。ただし経覚は、この井楼の高さを一丈二尺（約三・

六メートル）としている（「経覚私要鈔」）。現在の二階建て住宅の場合、地面から二階建ての軒桁までの高さが六メートル超である。一丈二尺は低い気もするが、七丈はさすがに高すぎるので、経覚の記述の方がまだ実態に近いと思われる。四月二十五日には大内政弘が相国寺鹿苑院《ろくおんいん》の東南に「大西〔井〕楼」を建てた（「碧山日録」）。五月二十七日、東軍も大井楼を設営した。上に登ると「諸軍営」が一望できたという（「碧山日録」）。

経覚によると、宗全が作った井楼の上には石や火矢が用意されていた。さらに興味深いのは、「細川城を攻めんがため」に築かれたという記述だ（「経覚私要鈔」）。つまり経覚は防御施設ではなく、攻城用の施設と認識していたのである。

考えてみれば、井楼は敵の城を攻撃するにも有用な建造物である。城の防壁と同じか、それより高い所から攻撃を加えるための攻城塔（攻城櫓）は、古代から洋の東西を問わず、盛んに用いられた。日本でも、先述の応永の乱において、幕府軍が最初の強襲策（突撃）が失敗した後、「勢楼・矢櫓」を用意して堺城を攻撃している（「応永記」）。また結城合戦（第二章冒頭を参照）でも、結城城を攻める幕府軍は「十余丈征〔井〕楼」を組んでいる（「鎌倉持氏記」）。「十余丈」も文学的誇張だと思われるが、城攻めに際して井楼を活用したのは事実だろう。応仁の乱の市街戦で攻撃側が井楼を利用した点は、従来あまり指摘されていないが、興味深い。

応仁の乱では攻城兵器も使われた。応仁二年の正月、東軍は大和国から工匠を呼び寄せ、「発石木《はっせきぼく》」を作らせたという（「碧山日録」）。要は投石機だろう。

この話を聞いた太極は「李密《りみつ》（隋末《ずいまつ》に反乱を起こした盗賊）は機発石という「攻城具」を作った」と中国の類似事例を紹介している。さらに時代を遡《さかのぼ》って「曹操《そうそう》は発石車で袁紹《えんしょう》を破り、その威力により霹靂車《へきれきしゃ》と呼ばれた」と蘊蓄《うんちく》を傾けている（「碧山日録」）。これは官渡《かんと》の戦いにおいて、袁紹軍の櫓を曹操軍が発石車（霹靂車）で破壊したという『三国志』の挿話を指す。中国では昔からある兵器で、とりたてて驚くほどではない、と太極は言いたいらしい。だが逆に考えれば、当時の日本では珍しい〝新兵器〟と認識されたということだろう。応仁の乱が戦術面での革新を促したことは疑いない。

御構の出現

前節でも少し触れたが、応仁の乱について記した日記には、「細川城」「宗全之城」（「碧山日録」）など、「城」という表現が散見される。この「城」とは何か。現実に攻城兵器が用いられている以上、単なる文学的修辞ではあるまい。

尋尊は西軍の布陣について「小路・大路を掘り切り、城構えとなす」と述べている（「大乗院日記目録」）。道路を掘って環濠《かんごう》としたのである。東軍も将軍御所を中心とする諸陣の周囲に堀を掘って要塞化した。当時の史料はこれを「御構《おんかまえ》」「東構」「東城」などと呼んでいる。この「御構」は、公家や武士の屋敷はもとより、数百もの庶民の住居をも包摂するものだった。

戦乱の進展につれて、京都のあちこちで「構」、すなわち要害が築かれていった。東西両軍は公家たちに堀の築造を手伝わせた。公家たちが自衛のために屋敷の周囲に堀を掘ることもあった。乱以前から、公家たちは土一揆の襲来や盗賊の横行など京都の治安悪化に対処すべく屋敷の四方を掘り下げていたので、乱の勃発により拡張工事を実施したと言えよう。高橋康夫氏が各種史料から京都の「構」を検出しているが、それによれば、主戦場となった上《かみ》京《ぎょう》(京都の二条通以北)には、武衛《ぶえい》構(斯波義廉邸周辺)・実相院《じっそういん》構・白雲《しらくも》構・田中《たなか》構・柳原《やなぎはら》構・讃州《さんしゅう》構(細川成之邸周辺)・御所東《ごしょひがし》構・山名《やまな》構・伏見殿《ふしみどの》構・北小路《きたのこうじ》構・御霊《ごりょう》構などがあった。

前著『戦争の日本中世史』でも指摘したが、元来、市街戦は短期間で決着することが多かった。鎌倉時代の都市鎌倉での合戦は一日か二日で終わっている。新田義貞《にったよしさだ》が鎌倉幕府を滅ぼした時も、鎌倉に侵入するまでは苦戦したが、市中に突入してからは一日で幕府軍を撃破している。南北朝内乱においてしばしば行われた京都争奪戦も、長くても半月ほどで勝敗がついた。

だが応仁の乱では、両軍が陣を堀や井楼で防御したため、京都での市街戦は実質的に〝攻城戦〟になった。敵陣＝敵城を急襲して一挙に攻略することは断念せざるを得ない。陣地の城塞化が進めば進むほど、互いに弓矢や投石機を使った遠距離戦を志向するようになった。

第一次世界大戦において、両陣営の首脳部・国民が戦争の早期終結を信じていたにもかかわらず、塹壕《ざんごう》戦によって戦争が長期化したことはよく知られている。応仁の乱においても、防御側優位の状況が生じた結果、戦線が膠着したのである。

足軽の誕生

こうした中、戦局打開のための新戦力として浮上したのが足軽《あしがる》である。足軽は、甲冑《かっちゅう》などを着けない軽装の歩兵である。応仁二年（一四六八）三月中旬、東軍は足軽を動員し、下《しも》京《ぎょう》（京都の二条通以南）を焼き払わせた。これは西軍の駐屯地・物資集積地に打撃を与え、兵力・兵粮の補給を阻害するための作戦だったという（「後法興院記」「後知足院記」）。この作戦を指揮した足軽大将が、『戦争の日本中世史』でも紹介した有名な骨皮道賢《ほねかわどうけん》である（「碧山日録」）。

骨皮道賢は応仁の乱以前には室町幕府の侍所（京都の治安維持を任務とする警察組織）に雇われ、「目付《めつけ》」と称していた。彼が登用されたのは盗賊の動向に詳しいためであるというが

真如堂で略奪を行う足軽　「真如堂縁起」より．真正極楽寺（京都府）蔵

（「碧山日録」）、彼自身が裏世界の住人であったのだろう。要するに、江戸時代の目明かし（岡っ引き）と類似の存在である。

応仁の乱前後の侍所所司《しょし》（長官）は京極持清であったが、いわばお飾りの名誉職であり、持清の重臣である多賀高忠《たがたかただ》が所司代として実務を取り仕切った。二木謙一氏の研究によると、高忠は治安維持のための軍勢を主君の持清から与えられず、京都の牢人・悪党らを雇い入れたという。その一人が骨皮道賢だったのであり、道賢が東軍に味方したのも、多賀高忠との縁によるものだろう。道賢は伏見《ふしみ》稲荷社《いなりしゃ》を拠点とし、三〇〇人の足軽を集め、西軍の糧道を断ったのである（「碧山日録」）。

事態を憂慮した西軍は、三月二十一日、大軍を派遣して稲荷山を包囲した（「碧山日録」「後法興院記」「後知足院記」）。もともとは骨皮道賢に協力した稲荷社の神官たちを成敗することが目的だったようだが、偶然、道賢も稲荷山に居合わせた。道賢は逃げようとしたところを畠山義就の家臣に捕らえられ、斬られた。神官たちの住居にも火が放たれたため、稲荷社は焼失してしまった。西軍びいきの経覚は道賢の最期を自業自得と論評しているが、尋尊は稲荷社を燃やした畠山義就を批判している（「経覚私要鈔」「大乗院日記目録」）。

道賢の死後も東軍は足軽を活用した。六月八日の夜、東軍の足軽は宗全邸の高楼を焼いて、細川勝元から恩賞を受けたという。もちろん西軍も足軽を雇い入れた。西軍の足軽大将の中で名が知られた者としては、御厨子《みずし》某がいる。彼は東福寺門前の住人であったが、武勇を好み家業を継がず、畠山義就に仕えたという。御厨子は足軽を集めて神出鬼没のゲリラ戦を展開し、東軍を苦しめた（「碧山日録」）。

前著でも紹介したように、近年の研究は足軽の跳梁を大都市問題として捉えている。すなわち、慢性的な飢饉《ききん》状況の中、周辺村落からの流入により新たに形成され、そして着実に膨張していく都市下層民こそが足軽の最大の供給源であった。また、足利義教期以降、将軍の恣意《しい》的な裁定によって多くの大名家が浮沈を繰り返したことも見逃せない。大名家の没落にともなって失職した牢人など武士層の参加によって、下層民・飢民は土一揆として組織化され、強大な戦闘力を持つに至った。

一方、多賀高忠や浦上則宗《うらがみのりむね》（赤松政則の重臣）に雇われ、土一揆を討伐する側に回る者もいた。そして応仁の乱の勃発により、彼らは足軽として組織化された。土一揆と足軽。名称こそ異なるが、参加者も行動（略奪・放火）も共通しており、両者は地続きの存在なのだ。

足軽に最も期待された役割は、敵の補給路の遮断、補給施設の破壊である。足軽たちは機動力を活かして略奪や放火によって敵軍を疲弊させた。しかし、略奪や放火は敵軍だけでなく、京都在住の公家・寺社・庶民にも大きな被害をもたらした。足軽の大量動員は、京都の荒廃に拍車をかけたのである。

補給路の争奪

応仁二年（一四六八）前半までは、京都の町中で合戦が行われたが、後半になると主戦場は東山《ひがしやま》・山科《やましな》・鳥羽《とば》など周辺地域に移っていった。これは自軍の補給路を確保すると同時に、敵軍の補給路を遮断《しゃだん》するためであった。

当時の京都は突出した大都市であり、膨大な人口を養うには外部から輸送される物資に頼らなければならなかった。嘉吉元年（一四四一）に発生した嘉吉の土一揆では、土一揆が京都の七つの出入り口（七口《ななくち》）を封鎖したため、「京都の飢饉もってのほか」（『公名公記《きんな》』）という惨状に陥り、幕府が土一揆の要求に屈して徳政令を出す一因となった。このことからも分かるように、敵軍に輸送ルートを押さえられてしまったら、京都に駐留する軍隊は飢えるほかない。応仁の乱の長期戦化にともない、京都近郊地域の掌握が戦況を左右するようになった。

山城国中西部に位置する乙訓郡《おとくに》(現在の京都府向日市と長岡京市の全域、乙訓郡大山崎町、京都市南区および西京区、伏見区の一部)と、葛野郡《かどの》(現在の京都市右京区および西京区の一部)を合わせた広範囲にわたる地域は、中世においては「西岡」と呼ばれていた。西岡には領主の異なる多くの荘園・村落が存在したが、桂川《かつらがわ》の用水利用を通じて村々は連携を深めていった。武士たち(当時は「侍」という)の連帯も強固で、「西岡衆」などと呼ばれた。

そして西岡は、西日本から西国街道《さいごく》や丹波道を経て京都へ入る際の通過地点であった。応仁の乱の勃発により、東西両軍が西岡を通ったため、西岡の侍衆は否応《いやおう》なく戦乱に巻き込まれることになった。

西岡衆の多くは乱前から細川氏に仕えていたので、乱が勃発すると東軍に属した。応仁元年六月に西軍の畠山政国が畠山義就援護のため河内・紀伊勢を引き連れて京都へと進軍した際、野田泰忠《のだやすただ》ら西岡衆はこれを阻止しようと迎え撃っている(「鎮守八幡宮供僧《ぐそう》評定引付」、野田泰忠軍忠状)。西岡には東寺の荘園である上久世荘《かみくぜのしょう》・下久世荘があったが、これらの荘園の百姓たちも侍衆に加勢して畠山政国軍と戦っている。このため西軍の斯波義廉は管領としての立場を利用して、東軍に協力しないよう、東寺に圧力をかけている(「東寺百合《ひゃくごう》文書」)。

応仁元年八月に大内政弘が兵庫から京都を目指した時も、西岡衆は摂津の神南山《こうないやま》（現在の大阪府高槻市にある神内山《こうないやま》）・芥川《あくたがわ》・入江《いりえ》に進出して、西軍と交戦している（野田泰忠軍忠状）。

とはいえ、西岡などの京都近郊には、山名宗全や畠山義就に仕えている者も数多くいた。そこで野田泰忠たちは、東軍の上洛に際し、西軍の妨害をくい止めながら、京都までの通路を確保するという役目も担った。この任務は当時の史料では「案内者《あないしゃ》」と表現されている（野田泰忠軍忠状）。

八月末になると、この年に収穫される米を狙って、東西両軍が動き出した。山名宗全は東寺に対し「上久世・下久世荘の今年の年貢を兵粮米として借用したい」と要請した。借用と言っても返す気はないので、実質的には徴収である。東寺は山名宗全に付け届けを送り、兵粮米の徴収を免除してもらった（「鎮守八幡宮供僧評定引付」）。

ところが、細川勝元の申請により、幕府は勝元に対して西岡からの半済《はんぜい》徴収を認めた。半済とは、戦時に荘園の年貢の半分を軍事費に充てることをいう。つまり、寺社や公家などの荘園領主に納められるはずの米の半分を、勝元が手にする図式である。幕命を受けた西岡の百姓たちは、年貢米を細川方の陣に運び入れ始めた。西岡にある細川方の陣に控えているのは、言うまでもなく野田泰忠ら西岡衆である。だから今回の半済で直接的な利益を得るのは、勝元ではなく勝元に従う西岡衆であり、彼らに対する恩賞の性格が強い。

このことを知った斯波義廉は激怒し、東寺の雑掌（渉外担当）を呼び出して厳重に抗議した。「上久世・下久世荘の百姓たちに対し、東軍の陣に兵粮米を運び入れないよう命じろ」と要求したのである（「鎮守八幡宮供僧評定引付」）。

東西両軍の板挟みに遭った東寺は、西岡の諸荘園のうち上久世・下久世荘だけは半済を免除してもらおうと考え、幕府奉行人に金品を送って免除のお墨付きを得た。しかし西岡衆は免除命令を無視して半済を徴収しようとした。上久世・下久世荘の代表者五名が西岡衆と交渉し、五〇〇〇疋（五〇貫文）を西岡衆に支払うことで半済免除を了承してもらうという妥協案が成立した。東寺は荘園現地に五〇〇〇疋を送るとともに、交渉にあたった五人にも手間賃を与えている（「鎮守八幡宮供僧評定引付」）。

翌応仁二年の収穫期には、年貢米をめぐって、より激しい争いが繰り広げられた。八月末、西軍が西岡を攻撃すべく準備しているとの報が伝わり、東軍は援軍を派遣し、西岡衆もこれに合流した（野田泰忠軍忠状）。東軍は戦闘に備えて西岡で兵粮米の徴収を始めた。このため、上久世・下久世荘は東寺への年貢納入を取りやめ、東寺を困惑させている（「鎮守八幡宮供僧評定引付」）。

十月には、いよいよ合戦となった。西軍が京都から下ってきて、西岡・鳥羽・下桂《しもかつら》などを攻撃したのである（「碧山日録」「後法興院記」）。西岡の中でも上久世荘は特に攻撃対象とされた。

なぜならこの時期、上久世荘の公文（現地管理人）を務めていたのが、讃岐国出身で細川氏の後押しを得て公文に就任した寒川《さんがわ》氏だったからである。十月九日、西軍の「足軽衆」が上久世荘に乱入して、家々に火を放ち田の稲を刈り取った。寒川氏は自ら館を燃やして逃亡したが、二十二日には上久世荘を奪還した（「鎮守八幡宮供僧評定引付」）。

一方、下久世荘では公文らが東寺に無断で西軍と交渉し、半済を納めることで西軍からの攻撃を回避した（「鎮守八幡宮供僧評定引付」）。戦乱の中でも人々はたくましく、そしてしたたかに生き抜いたのである。

第四章　応仁の乱と興福寺

1　寺務経覚の献身

四度目の寺務に

応仁三年（一四六九）、大乱は依然として続いていた。二月末、興福寺別当（「寺務」とも）の東門院孝祐《とうもんいんこうゆう》が辞意を表明し、後任人事が問題になった。権別当が別当に昇任するのが通例であるが、権別当の西南院光淳《せいなんいんこうじゅん》が「あと一、二年待ってほしい」と言い出した。そこで一乗院教玄の別当再任という案が出たが、教玄は断った。戦乱で興福寺の諸荘園から年貢が入ってこない現状では、興福寺の経営に責任が持てないというのである。大乗院尋尊の再任案も出たが、尋尊も断った（「大乗院寺社雑事記」）。平時ならば垂涎《すいぜん》の寺務職も、戦時下においては労多くして益少なきポストであり、興福寺の院主たちは押し付け合ったのである。

第一章でも見たように、この時代には興福寺人事に幕府も関わっていた。いつまでも興福寺別当が決まらないことは、幕府にとっても不都合である。この時期には足利義視を首班とする西幕府が成立していたから、なおさら速やかな新別当就任が望まれた。そこで窮余の策として、何と七五歳の経覚に別当を頼むことにした。

経覚は既に三度にわたって興福寺別当を務めている。最初は応永三十三年（一四二六）二月〜同三十五年三月、二度目は大和永享の乱（第一章を参照）が激化していた永享三年（一四三一）八月〜同七年十二月、三度目は嶽山城の戦い（第二章を参照）が行われていた寛正二年（一四六一）二月〜同四年六月である。経覚は常に困難な時期に寺務を頼まれており、「困った時の経覚頼み」といった趣である。

三月二十二日、南都伝奏の日野勝光（八七頁、九一頁）の内意を受けて、九条家（経覚の実家）の家臣である信濃小路兼益《しなのこうじかねます》が経覚のもとにやってきた。兼益は、勝光が経覚の別当就任を望んでいることを伝えた。興福寺別当を四回務めるとなると前例がないが、だからこそ名誉なことではないか、という論法で勝光は経覚を説得しようとした。

既に何度か言及しているように、経覚は一貫して西軍寄りである。西軍に属した越智家栄と親しく、東軍の成身院光宣と敵対しているからである。また、越前にある興福寺領荘園を保全するため朝倉孝景と交渉したこともあり、その後も朝倉とのパイプを維持していた。

応仁元年十月に、後花園法皇が山名宗全治罰の院宣を発給すると（一〇二頁）、これに対抗すべく西軍は諸将の連名で細川勝元を弾劾する書状をばらまいた。この書状を興福寺別当（この時点では孝祐）に送るにあたって、朝倉孝景は経覚に取次を依頼しており、両者の強い結びつきが知られる（「経覚私要鈔」）。日野勝光にとって、西軍びいきの経覚の別当就任は必ずしも望ましいことではないが、背に腹はかえられなかったのだろう。

さしもの経覚もこの時期の別当就任には尻込みした。天下大乱の最中で、興福寺領はあってなきがごとき有り様である。収入が乏しい現状では、法会も満足にこなせそうにない。加えて経覚は高齢で、別当の激務に耐えられるか不安が残る。経覚は断った。

ところが勝光は経覚の辞退を無視して、朝廷に働きかけた。結果、朝廷は三月三十日に経覚を興福寺別当に任命してしまった（第一章冒頭で説明したように、興福寺は官寺なので、形式的には朝廷が別当の任免権を有する）。四月四日、寺門雑掌（興福寺の京都駐在官）の柚留木《ゆるぎ》重芸《じゅうげい》が経覚のいる迎福寺にやってきて事情を伝えた。

経覚は「断ったのに、勝手に任命するなど言語道断である」と抗議したが、重芸は『今の難局は他の人では乗り切れない。ご老体にお願いするのは心苦しいが、天下のために一肌脱いでほしい』というのが朝廷・幕府のお考えです。これ以上名誉なことがございましょうか」と譲らない。経覚は「少し考えさせてくれ」と返答したため、重芸は退出した（「経覚私要鈔」）。

もっとも、「考えさせてくれ」という発言は体裁を取り繕うためのものであり、経覚は既に就任を心に決めていた。同日、経覚は尋尊に使者を送り、「先日、寺務就任を辞退したが、強引に任命されてしまったので、やむなく就任することにした。何事につけても、よろしくお願いする」と連絡した。尋尊は助力を約束した（『大乗院寺社雑事記』）。四月十日、経覚は柚留木重芸を呼び、日野勝光への返書を託し、上洛を命じた（『経覚私要鈔』）。経覚は親分肌で、熱心に頼まれると引き受けてしまうところがある。この点、冷静沈着で万事慎重な尋尊とは対照的である。

供目代人事の調整

興福寺別当は、手足となるスタッフを自分で任命できる。四月十日、経覚はさっそく人事に着手した。堂舎や橋の修理などに関わる修理目代《しゅりもくだい》には、成身院光宣を留任させた。経覚は光宣を快く思っていなかったが、東西両軍の勢力が伯仲している現況では、光宣ら筒井方を排除して興福寺を運営することは不可能だった。

その他の人選も順調に進んだが、思いがけず供目代《くもくだい》人事が難航した。供目代は法華会・慈恩会・三蔵会などの論義会において学侶の出欠を確認するなど、法会の執行に携わった。のみならず、学侶集会の取りまとめなど政治的に重要な役割も負っており、数ある目代職の中で最も格が高かった。経覚は専心《せんしん》を供目代に任命するつもりで、本人には内々にその旨を伝えていた。専心は諸法会で学功を積んで法用僧となっており、供目代に就任する資格を得ていた。

ところが学侶方から待ったがかかった。四月十日、学侶方を代表して経覚を訪ねた二人の使者は、経覚の寺務就任のお祝いを述べるとともに、専心の供目代就任に難色を示した。専心は番条氏の一族なので同意できないというのだ。

番条氏は大乗院に仕える衆徒である。大乗院の良家（八頁）である松林院兼雅《しょうりんいんけんが》が、荒蒔荘《あらまきのしょう》（現在の奈良県天理市荒蒔町）という荘園を担保に番条の長懐《ちょうかい》法師から金を借りた。けれども兼雅は金を返せず、質流れになってしまった。そこで学侶方が長懐に対し、兼雅の借金を肩代わりするので荒蒔荘を返してほしいと要求したが、長懐は拒否した（「経覚私要鈔」）。これにより学侶方と長懐は対立関係に入り、筒井順永の調停も失敗に終わった（「大乗院寺社雑事記」）。六方が長懐を支持したため、長懐が強気になったのだろう。ゆえに学侶方は専心の供目代就任に反対したのである。

学侶方の意見はもっともではあるが、経覚にしてみれば、寺務就任早々にケチがつくのは面白くない。経覚は既に十三日に任命式を行うと決めてしまっており、今になって延期しては寺務の権威を損ねてしまう。そこで経覚は「専心が供目代を長く務めるならば、寺務が番条方に肩入れすることになってしまうが、任命後すぐに辞任させれば問題なかろう」と提案した。

経覚の案が通り、十三日に専心が供目代に就任した。専心はすぐに辞任する予定だったが、後任候補の兼実《けんじつ》が「供目代になるための費用が準備できない」と辞退してしまった（『経覚私要鈔』）。供目代に就任すると、宴会を開いて周囲の人間をもてなしたり、お世話になった人にお礼の品を届けたりしなければならず、物入りなのである。結局、専心が「長懐に荷担しない」と誓うことを条件に、学侶方は専心の在任を認めた（『大乗院寺社雑事記』）。

四月二十日、藤氏長者の一条兼良から任命状が届き、翌二十一日に古市の迎福寺で受け取りの儀式が行われた。これで経覚は正式に寺務となったが、興福寺には戻らず、そのまま古市に滞在した。波乱を含みながら、経覚の四度目の寺務が始まった。

名字を籠める

学侶は番条長懐への懲罰として「名字を籠《こ》める」という措置を行っている。「名字を籠める」とは何か。植田信廣氏や酒井紀美氏の研究によれば、寺社に反抗した者の「名字」を紙片に書き付け、それをどこかに封印し、呪詛《じゅそ》する行為を意味するという。今のところ、興福寺・薬師寺・東大寺など大和国の寺院でしか確認されていない。ここでは興福寺の事例を扱う。

僧侶の名が籠められることもあるので、ここでの「名字」は苗字のことではなく、呪詛対象者を特定する名前を指す（元服・出家などの折に上位者に命名してもらうことを「名字を賜る」と表現する）。名字を籠める場所はまちまちであるが、手水釜《ちょうずがま》に入れたり内陣に籠めたり社頭に打ち付けたりしている。名を籠めた後に僧侶たちが南円堂《なんえんどう》に集まって大般若経を唱え、調伏《ちょうぶく》の祈禱《きとう》を行う。籠名と調伏はセットであり、両方を実行することで呪詛が完結する。

名字を籠める主体は、学侶、六方、学侶・六方共同のいずれかであり、たとえば門主が私的に名字を籠めることはできない。学侶や六方は「神水集会《しんすいしゅうえ》」をした上で名字を籠める。集会を開いて全員の賛同を得て、神水をくみかわして神に誓約する形をとらなければ、すなわち一揆を結ばなければ決定できないのである。よって、名字を籠めるという行為は私的制裁ではなく、学侶・六方という興福寺内の意思決定機関において一定の手続きに則って実施された公的な刑罰である。

名字を籠められる対象は主に衆徒・国民などの武士であり、百姓の名が籠められることはない。衆徒・国民らが興福寺の荘園支配を妨げた場合に、彼らを興福寺への敵対者（「寺敵」「仏敵」）と断定し、名を籠めるのである。

名を籠められた者には、発病・発狂・急死といった災いがふりかかる。この時代、悪病にかかって頓死することは珍しくないが、名を籠められた者が急死したら呪いのせいだと人々は考えた。つまり名を籠めるという行為は、神や仏の罰を恐れる中世人の信仰心を利用した宗教的制裁である。もっとも、拙著『一揆の原理』で論じたように、中世人とて神仏を絶対視していたわけではなく、宗教的恐怖心を強調しすぎるのは疑問である。名を籠めるにあたって、その事実が公示されたことに注目した植田氏は、呪術的な機能だけでなく、侍身分を剝奪する意味もあったと主張している。身分剝奪とまで言えるかどうかは議論の余地があるが、対象者を貶《おとし》める社会的な効果は期待されていただろう。

さて長懐の場合、その名字が「五社七堂」に籠められたという（「経覚私要鈔」）。五社は春日社本殿の四殿と若宮、すなわち春日社全体のことを指し、七堂は興福寺の七堂、すなわち興福寺全体のことを指す。興福寺およびこれと一体的関係にあった春日社の境内のあちこちに名が籠められたのだろう。しかし、興福寺の寺僧が一致団結して長懐を排斥したのではなく、六方（尋尊によれば六方の一部）が長懐を支持したため、宗教的・社会的制裁としては不十分なものになってしまった。

文明《ぶんめい》元年（一四六九。応仁三年四月二十八日に改元）五月末、筒井順永や古市胤栄の仲裁が実を結び、和解が成立した。長懐は起請文を学侶に提出し、荒蒔荘の返還を誓約した。そして学侶使節の三人が五社七堂に籠められていた名字を取り出し、呪いを解いたのである（「大乗院寺社雑事記」「経覚私要鈔」）。

八月、長懐から荒蒔荘を買い戻すための費用を集めるため、興福寺は奈良の住民から臨時税を徴収した。ところが筒井順永がこの金を着服したため、長懐が激怒し、和議が破れた。

十月、興福寺は荒蒔荘の百姓たちに対し「長懐が年貢徴収に来ても取り合わないで、学侶に年貢を納めよ」と命じた。隣の布留《ふる》郷（現在の奈良県天理市布留町）に対しても、もし長懐が力ずくで荒蒔荘の年貢を取ろうとしたら、布留郷五十余村が総出で荒蒔荘に出撃するよう命じた。布留郷が承諾したため、学侶は「良かった良かった」と無邪気に喜んだが、尋尊は冷ややかだった。「百姓の力を借りるなど、興福寺の権威を傷つけ下剋上《げこくじょう》を助長するだけではないか。何がめでたいものか」と日記に綴《つづ》っている。即効性よりも長期的影響を重視する尋尊らしい感想である。

この問題は文明元年末までもめるが、最終的にどうなったのかはよく分からない。幕府は「京都での戦乱が終わったら長懐を退治する」と言って学侶をなだめたが（『大乗院寺社雑事記』）、終戦の見込みが立たない以上、単なる口約束にすぎない。長懐がそのまま荒蒔荘を支配したのではないか。

ところで右の争いに関しては、大乗院門主の尋尊が解決に向けて奔走しており、経覚が積極的に関与した様子は見られない。世話好きの経覚にしては珍しいことである。松林院兼雅は大乗院の良家であり、番条長懐も大乗院の衆徒であるので、経覚は尋尊に遠慮したのだろう。

経営再建に失敗

寺務に就任した経覚がすぐさま取り組んだ課題が、興福寺の経営再建であった。前述のように経覚は柚留木重芸を京都に派遣し、日野勝光に対して寺務就任を承諾する旨を告げたが、その時に就任の条件をつけた。それは、経覚の経営改革に対する幕府の支援だった。

興福寺は多くの荘園を持つが、大部分は代官に経営を任せきりで、現地の状況を把握していなかった。代官が荘園からの年貢をきちんと興福寺に進納してくれれば問題ないが、戦争による混乱もあって、年貢が入ってこなくなった。この状況を改善するには、代官を交替するとともに、しばしば現地に調査官を派遣して現地の様子、代官の仕事ぶりをチェックする必要がある。このような代官任せではない、荘園領主による直轄支配を「直務《じきむ》」という（六六頁を参照）。だが、既得権を持つ代官たちは当然、抵抗する。この抵抗を排除して直務を実現するには、幕府の後ろ盾が不可欠だったのである。日野勝光の上申を受けた足利義政は「抵抗する者がいたら、幕府に報告せよ」と述べ、経覚の条件を飲んだ。

山城国狛野荘は寺務領だったが、経覚が三度目の寺務だった時、東北院俊円に預けた。以後の寺務も俊円の支配を認めてきたようである。そして今回の寺務交替を受けて、文明元年（一四六九）四月二十八日、俊円は引き続き狛野荘を経営したいと望んできた。

これに対し経覚は「以前に寺務になった時は、興福寺の経営が順調だったので、狛野荘をあなたに渡したのだ。今は多くの寺務領が有名無実になっており、神事や法会を行う費用にも事欠く有り様だから返してほしい。直務化の方針は幕府からも認められたことだ」という内容の書状を送り、俊円の要求をつっぱねた。

だが俊円は執拗《しつよう》に狛野荘を望み、ついには「それなら幕府に直訴します」と言ってきた。実は俊円は日野勝光（一一九頁）の大おじであった。足利義政が俊円に有利な裁定をすることは火を見るより明らかだった。五月二日、経覚はやむなく俊円の狛野荘支配を認めた。俊円はお礼に銭一〇〇〇疋（一〇貫文）を経覚に送り、後日さらに一〇〇〇疋を進上することを約束した（「経覚私要鈔」）。

次に経覚が目をつけたのは、龍門荘《りゅうもんのしょう》である。龍門荘はもともと龍門寺（奈良県吉野郡吉野町に存在した寺院）の荘園だったが、龍門寺が興福寺の末寺になると、興福寺別当が龍門荘を管理した。しかし応永年間（一三九四～一四二八）以降、興福寺は多武峰寺に龍門荘の経営を委託し、多武峰は興福寺に対し毎年銭一五〇貫文を上納するようになった。龍門荘は興福寺から遠いので、同荘の近くにある多武峰に管理を任せた方が効率的との判断であろう。

ところが寛正年間（一四六〇～六六）頃から年貢納入が滞るようになった。その一因は、多武峰寺の日明《にちみん》貿易参加を経覚が妨害した（と多武峰が思った）ことにあった。要するに経覚への恨みから年貢を横領したのである。経覚は幕府に支援を求めたが、中央政界の混乱や大和の戦乱もあって上手くいかず、経覚は問題を解決できないまま三度目の寺務を退任した。

四度目の寺務就任に張り切る経覚は、龍門荘の直務化に乗り出した。さっそく新しい代官候補を探していたところ、文明元年五月二十二日、岩坂狛源五郎という者が名乗りを上げた。彼は「私に龍門荘を任せて下されば、年貢は八〇〇石ほど入ってきます」と豪語した。大まかな目安として、米一石＝銭一貫が中世の相場である。八〇〇石から必要経費を引いても、多武峰寺が上納していた額の三〜四倍にはなろう。話がうますぎるので、経覚は「事実であれば結構なことだ」と日記に書いている。

多武峰寺に委託する直前、龍門荘は興福寺別当の松林院長懐によって管理されていた。そこで経覚は五月二十四日、松林院兼雅から、松林院に保管されている龍門荘に関する古い記録・文書を借りた。逆に言えば、これまでの興福寺別当は龍門荘について何も知らなかったし、知ろうともしなかったのである。

結局、龍門荘の代官には、小野《おの》と丸尾《まるお》の二名が選ばれた。六月十一日、両人は任命されたお礼のために経覚のもとに参上した。手土産《てみやげ》に酒樽《さかだる》と瓜《うり》を持ってきた。経覚の側近である畑《はた》経胤《きょういん》が応対したが、両人が退出する時には経覚も顔を見せ、小袖《こそで》を一つずつ与えた。これは異例の厚遇であり、龍門荘の直務化にかける経覚の意気込みが見てとれる。

その後も使者を現地に派遣するなど、経覚は龍門荘に関わり続けた。それでも年貢が無事に届くか不安だったようで、八月二十四日の夜には、龍門荘から松二本が届き、道場の東の辺りに植える夢を見た。経覚は「吉夢か凶夢かよく分からない夢である」と書き残している。経覚の不安は的中した。八月二十九日、龍門荘から連絡があった。年貢を興福寺に納めようとしたら、多武峰寺から「多武峰が元のように龍門荘の代官を務めるよう、興福寺に命じられた。急いでこちらに年貢を納めよ」と言われたというのである。報告を受けた学侶は「多武峰を代官に任命した事実はない」と返答した。この一件で学侶は疑心暗鬼になったようで、経覚に対しても「くれぐれも我々に相談せずに、代官任命を行わないで下さい」と念を押している。

経覚は学侶と連携して年貢を催促し続けたが、多武峰の妨害により、失敗に終わった(「経覚私要鈔」)。天下大乱という最悪の外部環境の前には、経覚の粉骨砕身も無力だったのである。

2　越前の状況

朝倉孝景と経覚

越前にある河口荘(六五頁)、そして坪江荘《つぼえのしょう》は、興福寺大乗院にとって重要な収入源であった。そのため尋尊・経覚は、越前の戦況については京都情勢に劣らぬ関心を寄せていた。経覚は乱前から朝倉孝景と交渉を持っていた。朝倉が越前にある興福寺の荘園を侵略したため、興福寺と朝倉との間で緊張が走ったが、経覚がこれを仲介したのだ。越前最大の実力者である朝倉と和解できたことで、興福寺は河口荘など越前の荘園から年貢を得られるようになった。

だが伊勢貞親が朝倉の主君である斯波義廉を廃して斯波義敏を家督にすえようとしたことで（文正の政変により失敗）、越前は再び大きく揺れた。応仁元年（一四六七）五月には、朝倉孝景が斯波義廉に付き従って上洛している隙《すき》をついて、斯波義敏が越前に侵攻した（八八頁を参照）。こうした混乱が続く中、経覚の隠居料である河口荘細呂宜郷下方からの年貢が滞るようになった。そこで経覚は応仁二年五月二十日、木阿《もくあ》を使者として細呂宜郷に派遣することにし、その途次、京都で越前守護斯波義廉および朝倉孝景との交渉も行うよう命じた。

木阿は経覚の同朋衆《どうぼうしゅう》である。同朋衆というと貴人の側に侍って楽しませる芸能者のイメージが強いが、身辺の世話をしているうちに側近的な役割を担う者が多い。木阿も茶の湯に通じていただけでなく、取次や使者としても活躍している。五月二十二日、木阿は京都で斯波義廉に一筆書いてもらい、二十四日にそれを持って越前へと下っていった（『経覚私要鈔』）。守護のお墨付きさえあれば、未納が続いている細呂宜郷の年貢を徴収できる。二十日の時点では経覚はそう考えていた。

だが、越前の状況は経覚が想定していた以上に深刻だった。五月二十二日、西忍《さいにん》が経覚のもとにやってきた。西忍は天竺人《てんじくにん》（インド人、ジャワ人、アラビア人など諸説ある）を父に持つ異色の人物である。以下、田中健夫氏の研究によりつつ、簡単に紹介しておく。西忍の父は来日して京都の相国寺に住んでいたが、相国寺住持で義満の信任厚い禅僧・絶海中津《ぜっかいちゅうしん》の推薦により、時の将軍足利義満に仕えることになった。国際貿易に関する知識を買われたものと考えられる。彼は天竺ヒジリと名乗った。

西忍は応永二年（一三九五）生誕で、経覚とは同い年である。幼名はムスルで、長じて天竺天次《あまつぐ》と名乗った。ヒジリは足利義満の後を継いだ義持から疎まれ、家族とも監禁された。ヒジリの死後、家族は許されたが、天次は京都を離れ、大和国に下って、立野に居住することになった。天次は母の出身地である河内国楠葉郷（現在の大阪府枚方市）の地名をとって、楠葉と改姓した。

楠葉天次は当地の国民である戌亥《いぬい》氏の娘を娶った。永享元年（一四二九）、長男の元次が生まれた。同十年、将軍足利義教の怒りを買った経覚が立野に移ってきた（四五頁を参照）。経覚と天次は親交を深め、天次は経覚の弟子として出家した。西忍という法名も、経覚がつけたという。経覚は、不遇の日々を慰めてくれた西忍に深い信頼を寄せ、復権後も側近として重用したのである。

さて、その西忍が耳にした噂によると、東軍の斯波義敏が西軍の朝倉方の勢力を破り、越前国内から追い出しているという。事実であるならば、朝倉に依拠していた河口荘・坪江荘の経営は絶望的である。あわてて西忍は木阿に確認したが、木阿は「そんな話は聞いていない」という。東軍びいきの者が流したデマと西忍は判断したが、経覚に念のため教えに来たのであった（「経覚私要鈔」）。

しかし、現実に越前情勢は西軍不利に傾きつつあった。応仁二年閏十月十四日、古市から尋尊のもとに情報がもたらされた。義敏が越前国の大半を制圧したため、朝倉孝景は自ら義敏を討つべく、越前に下るという。朝倉孝景が京都を離れることは西軍にとって大打撃だが、「子息の氏景《うじかげ》に手勢二〇〇ばかりを任せて京都に残し、明年三月には上洛する」と言って、孝景は西軍諸将を説得したらしい（「大乗院寺社雑事記」）。

同年十二月には、朝倉孝景が斯波義敏に降参したとの噂が流れた（「碧山日録」）。翌文明元年（一四六九）七月十日には、経覚のもとにも朝倉寝返りの情報が入ってきた。朝倉孝景が斯波義敏に味方したため、西軍方に残っている甲斐信久《のぶひさ》（常治の孫で、敏光の子）は孤立し、滅亡寸前だという。経覚は絶望した。だが二日後には、越前に派遣していた使者から「朝倉の寝返りはデマ」との情報がもたらされ、経覚は安堵《あんど》している。

不確かな情報に踊らされて一喜一憂する経覚は何やら滑稽である。けれども、自分の荘園の運命が朝倉の動向にかかっている以上、神経質になるのは仕方がないことであった。

楠葉元次の越前下向

寛正三年（一四六二）以降、禅住坊承棟《ぜんじゅうぼうしょうとう》という金融業者が興福寺と契約を結んで坪江荘の代官に就任し、現地を管理していた。しかし同六年に禅住坊は約束していた年貢額を集められずに辞任し、尋尊は後任に成身院光宣を推す（『大乗院寺社雑事記』）。だが、この案は実現せず、後任が決まらないまま時が過ぎていった。やむなく学侶は暫定的な管理人として使者を派遣したが、年貢を取ることはできなかった。

応仁元年（一四六七）になって楠葉元次が後任を望み、経覚も支持した。元次は先述した通り、西忍の長男である。この時期、元次は斯波義廉との交渉のために上洛するなど、老齢の父親に代わって経覚の手足となっていた。

経覚の人事案は学侶に反対された。経覚の側近である楠葉元次が学侶の命令に従わず、経覚の意向を最優先する危険性を感じたためであろう。文明元年（一四六九）九月、朝倉孝景が「早く後任を決めてほしい」と言ってきたので、寺務になっていた経覚は改めて元次を推薦した。経覚・楠葉元次・朝倉孝景が結託していることは明白である。経覚は元次に不信感を抱く学侶を何とか説き伏せ、元次の代官就任にこぎつけた。

十月五日、元次は奈良を発ち、京都を経由して同七日に越前へと下っていった(「細呂宜郷方引付」)。京都に一日逗留したのは、斯波義廉から一筆もらうためだったようだ。もっとも義廉はお飾りなので、義廉のお墨付きとは実質的に朝倉孝景のお墨付きである。バックに朝倉がついていると分かれば、百姓たちも年貢を納めざるを得ないだろう、と経覚は考えたのである。

ところが元次は、学侶が河口荘に派遣した使者である武友《たけとも》や在地武士の北方《きたかた》氏らの妨害に遭い、坪江荘から年貢を取ることができなかった(「大乗院寺社雑事記」)。

メンツをつぶされた朝倉孝景は激怒した。文明二年正月、興福寺に戻ってきた楠葉元次は朝倉の書状を学侶に示した。「興福寺が元次を支援なさらないのなら、私はもう興福寺にお仕えすることはできません」という内容だった(「経覚私要鈔」)。朝倉の協力がなければ、越前にある興福寺領荘園を維持することは不可能なので、これは興福寺に対する恫喝《どうかつ》に他ならない。

ただし、朝倉は怒りにまかせて右の書状を書いたわけではなく、おそらく経覚と示し合わせていたと思われる。楠葉元次の代官就任に反対する興福寺内部の勢力を黙らせるために、あえて強硬策に出たのだろう。

以後、この問題が興福寺内部で討議されるが、四月には楠葉元次の坪江荘支配が改めて承認された（「経覚私要鈔」）。経覚の狙い通りであった。

一方、尋尊は朝倉への過度の依存を憂慮していた。楠葉元次はともかく、強大な武力を持つ朝倉孝景は制御困難な存在である。孝景が坪江荘を乗っ取ろうとしているとの噂を聞いた尋尊は、もし事実なら「一庄滅亡」は避けられない、と嘆いた（「大乗院寺社雑事記」）。

荘園領主にとって有力武士との提携は諸刃《もろは》の剣《つるぎ》である。百姓を弾圧したり外部勢力の侵略を排除したりする上では有用だが、獅子《しし》身中の虫にもなりかねない。武士を積極的に利用しようとする経覚と、なるべく距離をとろうとする尋尊。両者の姿勢は好対照と言えるだろう。

3　経覚と尋尊

性格の違い

本書で折にふれて指摘しているように、経覚と尋尊の性格は正反対と言ってもいいものである。一言で表すなら、経覚は能動的、尋尊は受動的である。

尋尊の日記「大乗院寺社雑事記」が戦前に活字化されたのに対し、経覚の日記「経覚私要鈔」の刊行は最近ようやく完結した。このことも影響して、「上流階級は応仁の乱をどう見たか」という命題を考える際、研究者はもっぱら「大乗院寺社雑事記」を用いてきた。

歴史家が尋尊に向ける視線は冷ややかである。尋尊は応仁の乱を天魔のしわざと言ったり、武士が公家・寺社を敬わず荘園を侵略したがゆえの神罰だと言ったりしている。応仁の乱の原因に関して、説得力ある見解を示していない。このため「しょせん、旧支配階級の一員として、この世相を苦々しく感じていただけのことである」と一蹴されてしまう。

尋尊の態度が傍観者的であるのも批判された。応仁の乱中、奈良に戦火が及ばなかったこともあり、尋尊は戦争をどこか他人事《ひとごと》のように見ていた。京都で暮らす実家の一条家の人々については案じていたが、民衆の苦しみは視野に入っていない。彼の反戦意識は通り一遍のものである。すなわち「言葉はひどく激越だが、それだけ空虚であり、没論理が甚だしい」のである。

尋尊への評価が低いのは、戦後歴史学が階級闘争史観を基調としたことに一因がある。前著『戦争の日本中世史』でも論じたが、階級闘争史観とは、下の階級の者が上の階級の者に対して闘争を起こし、打倒することで歴史は進歩する、という歴史観のことである。この理論で応仁の乱を評価すると、尋尊は打倒される支配階級の側に回される。下剋上を嘆く尋尊は、武士や民衆の成長といった現実を受け入れられず愚痴をこぼすだけの無力な荘園領主の象徴にされてしまったのだ。

だが「経覚私要鈔」を読めば分かるように、全ての荘園領主がぼやいていたわけではなく、経覚のように主体的に行動し、自らの力で戦乱を乗り切ろうとする者もいた。尋尊の事例を敷衍《ふえん》して、没落しつつある貴族や僧侶の退嬰《たいえい》性を語る研究傾向には問題がある。

さらに言えば、経覚という比較対象を得ることで、尋尊の姿勢も再評価できるのではないか。第二章で論じた通り、経覚は大和における筒井方と越智方の対立において、はっきりと後者に荷担した。紛争から距離を置いた尋尊とは対照的である。けれども、経覚が首を突っ込んだことで、紛争は終息するどころか、かえってこじれたように見える。この問題に限らず、経覚の介入は必ずしも良い結果を生んでいない。

実際、大乗院尋尊は自分の前任者である経覚のやり方に批判的だった。経覚が門主時代に、将来のことを考えずに場当たり的に決定を下したせいで、大乗院領の大半が荘園としての実質を失ってしまい、年貢がほとんど入ってこなくなってしまったというのだ(「大乗院寺社雑事記」)。経覚の尻ぬぐいをさせられているというのが、尋尊の認識であった。

経覚の判断は前例にとらわれない柔軟さを持っている。だが、その反面、長期的展望に欠け、その場しのぎのところがある。越智や朝倉に入れ込んだのはその典型で、経覚個人は良いとしても、興福寺や大乗院にしてみれば、武士たちに振り回されている不満はあっただろう。

その点、尋尊は常に冷静沈着である。目の前で起こっている事象に対して軽々に判断を下さず、記録に当たり、過去の似た事例を調べた上で方針を決定する。その態度はひどく消極的に見えるが、大乗院が曲がりなりにも大乱を切り抜けることができたのは、門主である尋尊の慎重さのおかげだろう。

政覚をめぐって

経覚と尋尊は、尋尊の後継者への教育をめぐっても対立した。尋尊の後継者とは、次の門主になるべく大乗院門跡に入室した政覚《せいかく》のことである。

政覚は、享徳二年（一四五三）、二条持通《もちみち》の息子として生まれた。寛正三年（一四六二）四月末、将軍足利義政が京都滞在中の経覚に対し、二条家の若君を尋尊の弟子にしてはどうかと打診した。経覚に異論はなかったが、一つ問題があった。二条家は摂関家ではあるが、経覚の実家である九条家や、尋尊の実家である一条家と異なり、大乗院に子息を入室させたことが過去になかった。中世人は前例のないことを嫌う。

そこで経覚の提案により、二条家の若君を将軍義政の猶子とすることにした。太閤《たいこう》（元関白）の一条兼良の猶子にするという手もあったと思うが、大乗院の支配をめぐって一条家と九条家が対立する事態を避けるため、将軍猶子という中立的な案を出したのだろう。経覚は使者を奈良の尋尊のもとに派遣し、後継者決定を尋尊に伝えるとともに、上洛して将軍に御礼を述べるよう促した（「大乗院寺社雑事記」「経覚私要鈔」）。

五月五日、尋尊は上洛し、翌六日には将軍御所に赴き、義政と面会、御礼の品々を贈った。この時、経覚も同行し、二人は義政から「よく面倒を見て、節目節目の法会については指導してやるように」と命じられた（「経覚私要鈔」）。その後、尋尊と経覚は二条家に参り、持通や若君と会っている（「大乗院寺社雑事記」）。

十二月八日、若君は京都から奈良興福寺に下り、大乗院に入室した。一〇歳である。若君は翌年には出家し、政覚と名乗った。

以上の経緯から、経覚には、自分こそが政覚の後見人であるという自負があった。このため、政覚の指導をめぐって尋尊と対立したのである。応仁元年（一四六七）五月二十三日、経覚は尋尊に書状を送り、政覚の学問（法相宗《ほっそうしゅう》の経典などの勉強）が進んでいないことを非難した。そして、来月から寛尊《かんそん》と賢英《けんえい》という二人の僧侶に一日交替でおのおの十五日分、政覚に学問を教えるよう提案した。翌二十四日、尋尊から「おっしゃる通りに致します。私も同じことを考えておりました」と返事が来た（「経覚私要鈔」）。

ところが尋尊の五月二十三日の日記には、経覚からの書状についての記載はない。そして尋尊は二十四日・二十五日の日記に、政覚に来月から『成唯識論同学抄《じょうゆいしきろんどうがくしょう》』を読むよう命じたこと、また賢英に政覚の教育役を命じたことを記している（「大乗院寺社雑事記」）。経覚から指摘されて、あわてて政覚の教育に力を入れたという〝不都合な真実〟は書き残さなかったのである。

経覚は応仁三年四月二十六日にも、政覚に対し「学問に励まないのは、もってのほかである」と説教をしている（「経覚私要鈔」）。政覚はあくまで尋尊の弟子だから、経覚の介入は尋尊から見れば越権行為であった。尋尊は日記に度々「自分は経覚の弟子ではない」「経覚は隠居にすぎない」と書いており、何かと大乗院門跡内部のことに口を出す経覚への不満が見てとれる。

尋尊とて政覚の将来を考えていなかったわけではない。むしろ、次期門主として飾り立てるのに懸命だったと言える。貴種僧といえども、重要な法会での竪義《りゅうぎ》をこなしていかなければ、別当にはなれない。政覚は一六歳で方広会《ほごえ》竪義、一八歳で法華会《ほっけえ》竪義、そして一九歳で慈恩会《じおんね》竪義を遂げている。この政覚の経歴は一四歳で方広会竪義、一七歳で法華会竪義、二〇歳で慈恩会竪義を遂げた尋尊のそれとほぼ同じペースであり、尋尊が自身の先例を意識して政覚に修学させていたことが分かる。

第一章で述べたように、この時代の竪義は試験というよりは儀式であったが（二三頁）、そうであるからこそ尋尊は政覚の晴れ舞台の演出にこだわった。美しい装束・輿を用意するのは当然として、多数のお供が付き従い、華々しい行列を組んだ。「大饗《だいきょう》」という儀礼的な宴会も行われた。

これらに要する莫大な費用は、基本的に大乗院領の諸荘園にかける段銭《たんせん》によって賄われた。段銭とは、「田畑一反《たん》あたり銭何文」という形で百姓たちから臨時に徴収する税金のことである。

寛正三年に政覚を大乗院に迎えるにあたって、尋尊は入室段銭をかけたが、期日が来ても納入しない荘園が多く、衆徒・国民に武力討伐を命じた。衆徒・国民は出兵には後ろ向きだったが、筒井や十市らは配下を送って威嚇したらしく、ほとんどの荘園は支払った。応仁二年の政覚の受戒・方広会竪義に際しても、応仁の乱の最中であるにもかかわらず、段銭をかけた。この時も衆徒・国民の武力をちらつかせて納入させている。こうした記事を読んだ戦後の歴史学者が、尋尊に冷淡だったのはうなずける。

文明三年（一四七一）の政覚の慈恩会竪義においても、段銭が賦課されることになった。ただ、学侶・六方はこれに反対だった。慈恩会とは法相宗の宗祖・慈恩大師の忌日である十一月十三日に行われる法会のことで、興福寺「十二大会《たいえ》」の一つである。しかし、興福寺随一の法会である維摩会やそれに次ぐ法華会に比べれば格は低い。このため、段銭をかけてまで仰々しくやる必要はないのではないか、という批判が出たのだ。

これに対して尋尊は反論する。良家・住侶の慈恩会竪義と、いずれ門主となる政覚の慈恩会竪義とでは重みが全く違う、と。そして孝円・経覚・尋尊という歴代門主が慈恩会竪義を遂げた時にも段銭を徴収したのだから、今回もそうすべきだと主張した。「身分いやしきお前らごときと一緒にするな」と言わんばかりだが、尋尊の剣幕に押されたのか、学侶・六方は引き下がった。

とはいえ、この時も段銭徴収は難航し、衆徒・国民の力を借りねばならなかった。彼らに謝礼を支払う屈辱を尋尊は日記に書き記している。

尋尊が苦労に苦労を重ねて段銭を集めたのは、ひとえに政覚のためである。盛大な法会によって政覚の権威を高めようとしたのである。現代人の感覚では、民衆を苦しめる〝無駄な公共事業〟にしか見えないが、身分秩序の維持強化こそが社会の安定、平和につながるという尋尊の考えも分からなくはない。

応仁の乱で大和がほとんど戦場にならなかったのは、興福寺の権威が健在だったことと無関係ではない。筒井ら衆徒・国民は、小競り合いをすることはあっても、決して他国の軍勢を大和国に引き入れようとはしなかった。その理由の一端は、興福寺の法会や春日祭を無事に開催することにあったと考えられる。大げさに言えば、興福寺の存在が大和国を平和に保ったのである。

4　乱中の遊芸

一条家の疎開

応仁の乱が始まると、尋尊の父である一条兼良は、一条室町《むろまち》にある邸宅から、息子の厳宝《げんぽう》が門主を務めている九条の随心院《ずいしんいん》に移った。兼良の家族は尋尊を頼って奈良に逃れたが、彼自身は当時関白だったため、京都を離れるわけにいかなかった。そこで京都の外れに転居したのである。その後、一条室町の邸宅は、文庫桃華坊《とうかぼう》と共に焼けてしまった。

けれども戦乱の拡大により、九条付近も安全とは言えなくなった。兼良はついに京都を離れる決心をして、応仁二年（一四六八）八月、孫の政房《まさふさ》や女中・家来らを連れて奈良に下った（「大乗院日記目録」）。この頃になると、大乱の影響で朝廷も開店休業状態だったので、心理的抵抗もなくなっていたのだろう。まもなく随心院厳宝も奈良に疎開した。

尋尊は兼良たちの住まいとして、大乗院配下の院家である成就院を提供した。兼良の一族・奉公人は大人数であり、しかも居候だから慎ましい生活をするという発想は最上級貴族である兼良にはない。彼らの膨大な生活費を賄うために、尋尊は借金をしたり、大乗院領に段銭をかけたりした。

尋尊の経済力に支えられた兼良一家の疎開生活は、在京時の生活にひけをとらぬほど優雅で快適だった。この時期、鷹司房平《ふさひら》・政平《まさひら》父子、近衛房嗣《ふさつぐ》・政家《まさいえ》父子など多くの公家が戦火を避けて奈良に疎開していたので、遊び相手に事欠かなかったからである。

　まずは連歌《れんが》である。当代随一の文学者でもある一条兼良は成就院で頻繁に連歌会を開いた。尋尊は当然として、経覚が参加することも多かった。実は、乱前の経覚は上洛の折には、しばしば醍醐寺三宝院で三宝院義賢（一〇〇頁）や一条兼良と連歌を楽しんだ。以前からのつきあいもあり、気軽に成就院に遊びに行けたのだろう。他の公家や大乗院門徒も参加した。

　応仁の乱が始まる前、京都で生活する摂関家の人々と奈良興福寺の僧侶たちが一緒に連歌を行う機会は滅多になかっただろう。応仁の乱が期せずして生み出した文化交流は、双方に刺激を与えたと思われる。

　成就院では宴会もしばしば行われた。文明二年（一四七〇）二月三十日、一条兼良は鷹司房平・政平父子、一乗院教玄、経覚、尋尊などを招いた。兼良ら俗人は魚を食べ、経覚や尋尊などの僧侶は精進料理を食べたが（「経覚私要鈔」）、「終日大酒」というドンチャン騒ぎであった（「大乗院寺社雑事記」）。

　一条兼良は薪猿楽《たきぎさるがく》（薪能）にも興味を示した。文明二年二月、兼良

一条家略系図

兼良─┬─教房──政房
　　　├─**尋尊**
　　　└─厳宝

は経覚・尋尊に薪猿楽を禅定院に招いてほしいと頼んだ。興福寺の修二会《しゅにえ》に付随して、毎年二月上旬に興福寺南大門《なんだいもん》と春日若宮で猿楽が行われる。これとは別に二日間、興福寺別当が猿楽座を自分の僧坊に招いて演じさせる慣例があった。これを別当坊猿楽という。ただし、一乗院・大乗院の門主経験者もしくは予定者が別当の時だけ行われ、他の院主が別当の時には薪猿楽を召すことはない。この時の興福寺別当は前大乗院門主の経覚だから、大乗院門主の居所である禅定院で行うのである。

薪猿楽の興行は酒宴とセットになっており、多額の費用がかかるので、経覚は内心やりたくなかった。もともと別当坊猿楽は公式行事というよりは、別当のサービスに近い。しかし、兼良の要望とあっては断れない。経覚は興福寺の四目代（修理目代・通目代《つもくだい》・会所目代《かいしょもくだい》・公文目代）に費用を負担するよう命じたが、案の定、色々と理由をつけて払おうとしない。経覚は言い訳する四目代を叱責し、尋尊もまた払うよう四人に命じた。四目代は観念して、おのおの一五〇疋（一貫五〇〇文）を納入した。

当初、十一日に開催の予定だったが、雨が降ったので十二日に延期になった。別当坊猿楽は、興福寺の関係者ならば身分の低い者でも見物できるので、大勢が集まった。古市胤栄も一族・家臣を連れて見物に来た。特等席に座るのは、一条兼良、鷹司房平・政平父子、随心院厳宝などである。この年は金春座《こんばる》と宝生座《ほうしょう》の興行で、それぞれ優美であると人々は絶賛したという（「大乗院寺社雑事記」「経覚私要鈔」）。

また、禅定院で風呂を焚《た》く時には、一条兼良・随心院厳宝らが入りに来ることもあった。経覚・尋尊・厳宝が連れ立って己心寺の大湯屋に行ったこともある（「大乗院寺社雑事記」「経覚私要鈔」）。もともと奈良は風呂文化が盛んで、経覚や尋尊も風呂好きである。兼良や厳宝も奈良に来て、風呂の魅力にはまったのだろう。

古市での「林間」

古市の迎福寺で生活する経覚の楽しみの一つに、古市氏が行う「林間《りんかん》」があった。「経覚私要鈔」に登場する「林間」は、戦後間もない時期から注目された。堀内他次郎は、風呂から出た後に茶湯《ちゃとう》が供されることに注目し、「淋汗茶湯《りんかん》」と概念化した。

以後、「淋汗茶湯」の研究が進展するが、茶道史研究という観点から検討されてきたため、茶湯の方に関心が集中してしまった。近年、風呂と茶湯は必ずしも不可分のものではなく、茶湯はあくまで入浴後の趣向の一つにすぎないとの批判が提出されている。改めて「経覚私要鈔」の「林間」を史料に即して検討する必要があろう。

さて、経覚は日記に「林間」と記しているが、先行研究でも指摘されているように、これは「淋汗」のあて字と考えられる。「淋汗」は禅宗用語であり、禅宗寺院で夏に入る風呂を意味する。したがって、「林間」は基本的に風呂饗応と考えるべきである。

中世においては風呂を焚くことは、客をもてなす趣向の一つであった。だから古市氏だけが「林間」を行っていたわけではない。経覚は上洛の折、醍醐寺三宝院に立ち寄ることが多いが、そこで「林間」接待を受けている。

しかし、古市胤栄が行う「林間」は、世間一般の風呂饗応より、はるかに豪勢なものである。文明元年（一四六九）の実施例を見てみよう。この年は五月二十三日から開始された。経覚は自身が召し使っている者たちと胤栄の一族・家臣たちに、一緒に協力して風呂を焚くよう命じた。風呂には茶湯が用意されていた。茶は上等の宇治茶《うじちゃ》が入ったものと下等の椎茶《しいちゃ》が入ったものの二器が用意された。おそらく闘茶（利き酒ならぬ利き茶）を行うのだろう。白瓜二桶、山桃一盆もあった。また蓮《はす》の葉の上に素麺《そうめん》と塩が載っていた。この素麺は麺というより、そばがきに近いものかもしれない。酒の入った一斗樽が五つ置いてあった。

以上から分かるように、「林間」には茶湯だけでなく、食事や酒が伴う。風呂から上がった後、宴会を行うのである。七月十日の「林間」では、参加者全員が酒を飲み過ぎて酔っぱらってしまったという。

加えて、浴室は生け花、屏風《びょうぶ》、掛け軸、香炉などで飾り立てられた。古市郷の百姓たちが見物に来ることもあった。八月三日の「林間」では、湯舟ならぬ水舟の上に、錦で作った富士山を浮かべたという。何やら銭湯の富士山のペンキ絵が連想される。八月六日の「林間」について、経覚は「湯壺上ニ宝来山《ほうらいさん》ヲ作テ、亀ヲ頭ヲ西方ヘナシテ、亀口《かめくち》ヨリ酒ヲ吐《はく》様ニ巧ミ了《おわんぬ》、見事也《なり》、四足ヲ湯壺ノ四方角見了」と記す。古代中国の神話には、蓬萊山《ほうらいさん》と呼ばれる神聖な山を背負った巨大な亀（「霊亀《れいき》」という）が登場する。よって、湯壺そのものが亀に見立てられていると推測できる。亀の口からは湯ではなく酒が出てくるというから、まさに酒池肉林の世界である。

現在の祭りでも御輿《みこし》と並んで人形などの「造り物」が不可欠だが、中世においてはこれを「風流《ふりゅう》」または「造物《つくりもの》」と呼んだ。富士山や霊亀を模した細工物も、風流の一種だろう。こうした風流は一回使ったら壊してしまい再利用はしないので、手間と費用はばかにならない。

古市胤栄が企画したような豪華絢爛《けんらん》な「林間」は他に類を見ない。尋尊も風呂には入るが、「林間」を楽しんだことはない。胤栄の個人的趣味と見るべきだろう。その胤栄にしても、派手な「林間」を実施したのは文明元年の一年間だけである。どうやら古市郷での「林間」は、一過性の流行に終わったようだ。

それはともかく、応仁の乱のまっただ中に、このような豪壮な遊びが行われていた事実には驚かされる。経覚や古市胤栄にとって、京都での戦乱は対岸の火事だったのだろう。

第五章　衆徒・国民の苦闘

1　中世都市奈良

奈良の住民

本書は奈良で活動していた経覚や尋尊の視点を中心にすえて応仁の乱を描写しているが、そもそも奈良とはどのような都市で、どのような人々が住んでいたのか。安田次郎氏の研究に依拠しつつ、簡単に説明したい。

かつて平城京という都が置かれていた奈良は、京都の南に位置することから「南都」とも呼ばれた。第一章でも述べたように、平氏の南都焼き討ちにより、興福寺・東大寺は紅蓮《ぐれん》の炎に包まれた（六頁を参照）。大乗院も焼け、以後の大乗院門主は唯一焼け残った禅定院を居所とした。中世都市奈良は、南都焼き討ち後の復興の中から生まれてくる。

興福寺の周辺には数十の小郷が形成され、興福寺はこれらを束ねる上位の行政単位として七つの郷を設置した。南大門《なんだいもん》郷・新薬師《しんやくし》郷・東《ひがし》御門《みかど》郷・北御門郷・穴口《あなくち》郷・西御門郷・不開門《あかずのごもん》郷の七郷である。戦国時代の文献によれば、「南都七郷《しちごう》」と呼ばれた。他にも大乗院郷・一乗院郷・元興寺《がんごうじ》郷などがあったらしい。郷には寺社に所属する僧侶の他、寺社に奉仕する商工業者や芸能民が居住していた。彼ら都市民は「郷民」と呼ばれた。郷民は興福寺や東大寺、春日社、あるいは大乗院・一乗院（興福寺の院家）、東南院（東大寺の院家）など、南都の寺社のいずれかに所属していた。彼らは寺社から公人《くにん》・神人《じにん》・寄人《よりうど》といった身分を与えられ、その特権と引き替えに寺社に対して役を負担していた。たとえば、興福寺に燈油を納める代わりに、興福寺から油商人として商売する自由と権利を保証される、といった具合である。

そうした身分に付随する役とは別に、南都七郷は興福寺から役を課されていた。いわば住民税である。有名なものに、七郷人夫役がある。興福寺の別当が建築工事や法会の準備などのために七郷から人夫を動員するのである。

寛正六年（一四六五）十月、大乗院尋尊は時の別当である松林院兼雅に、七郷人夫を三〇人使わせてほしいと頼んだ。だが奈良の市政を預かる官符衆徒棟梁（五五～五七頁）である筒井順永は、七郷住民が人夫役で疲弊していることを問題視し、兼雅に対して「別当以外の人間に七郷人夫を使わせないで下さい」と通告した。しかし前に指摘したように、松林院は大乗院配下の院家である（一二二頁を参照）。兼雅にとって尋尊は主君であり、いくら別当の地位にあるからといって、尋尊の頼みを無下には断れない。やむなく兼雅は荒蒔荘など松林院の荘園から三〇人の人夫を集め、尋尊に提供したのである（「大乗院寺社雑事記」）。

筒井順永は文明二年（一四七〇）には自分の使う人夫を年間三〇〇人に限定し、同時に別当の分も定めたようである（「大乗院寺社雑事記」）。これらから分かるように、筒井順永は必ずしも興福寺の忠実な僕《しもべ》ではなく、奈良の郷民たちの評判も意識していた。都市民の支持なくして奈良という都市を治めることはできないのである。

おん祭り

現在まで続く春日若宮祭礼、いわゆる「おん祭り」は、一般には保延《ほうえん》二年（一一三六）に時の関白である藤原忠通が始めた祭礼とされる。しかし安田次郎氏はこの通説を批判し、興福寺が始めた祭礼であると説いた。本書では安田氏の見解に従いたい。

おん祭りの中核は、遷幸の儀と還幸の儀、すなわち若宮神を若宮本殿から御旅所《おたびしょ》に移し、翌日御旅所から本殿に戻すのである。若宮神の依《よ》り代《しろ》は榊《さかき》に取り付けられた鏡であり、宮司はその榊を抱いて御旅所へ向かう。宮司と同じように榊を捧《ささ》げた数十人の神官が幾重にも囲んで、神霊を守る。神官が発する「オーオー」という先払いの声、雅楽の演奏、薫《た》き物の香りが神秘的な雰囲気を作り出す。中世人は身の毛もよだつ感覚に襲われたという。

おん祭りには、興福寺の僧侶のみならず大和武士、すなわち衆徒・国民も流鏑馬《やぶさめ》十騎の奉納という形で参加している。また、おん祭りの挙行に際しては、大和国の東西南北の境に春日神人が派遣され、結界が張られる。大和国全体を聖域とするのである。おん祭りは大和一国を挙げての大規模な祭礼であり、興福寺による大和支配を象徴するものでもあった。

おん祭りは平安・鎌倉時代には九月十七日に行われていたが、十五世紀には原則として十一月二十七日に行われた。より詳しく述べると、十一月二十六日に遷幸の儀、二十七日に還幸の儀、二十八日に猿楽や田楽が行われた。応仁の乱の最中にも毎年欠かさず開催された。

流鏑馬は二十七日に行われた。流鏑馬が衆徒・国民に独占されるようになると（一〇頁）、長川・長谷川・平田・葛上・乾脇・散在の六党がローテーションを組んで流鏑馬を勤めた。すなわち、

一年目　平田　乾脇　散在
二年目　長川　長谷川　散在
三年目　平田　葛上　散在
四年目　長川　長谷川　散在
五年目　一年目に戻る。

という具合である。

このようなローテーションが確立する前には、流鏑馬の順番をめぐって、衆徒・国民の間でしばしば争いがあった。彼らにとって流鏑馬は自らの武芸を披露する晴れ舞台であり、何

番目に射るかは家の名誉に直結する問題だった。

ただし、ローテーションの確立と前後して、成人男性ではなく稚児《ちご》が流鏑馬を勤めるようになり、流鏑馬の性格も変化する。中世の稚児は一種のアイドルであり、美しい容貌の稚児が華やかな衣装に身を包んだ様に人々は熱狂した。衆徒・国民は射主ではなく願主人《がんしゅにん》（幹事）として流鏑馬に関わることになった。

なお古市氏は六党のいずれにも所属していない。一方で古市氏は大乗院家坊人の中では門主の前で出家することができる特別な家でもあった。本拠地が奈良に近いこともあり、古市氏は興福寺からの自立性が弱く、武士的性格よりも僧侶的性格がまさっていた。

武士として台頭したのは、古市胤栄の父である胤仙の時代であるが、その方法もいかにも古市氏らしい。胤仙は古市に経覚を招き、その権威を利用して勢力を伸ばしたのである（五八頁を参照）。とはいえ胤仙は必ずしも既存の支配階級に依存する守旧的な人物ではなく、興福寺の意思に反する「悪行」を繰り返した。胤仙の急死について、尋尊は「春日大明神の御罰が当たったのだ」とまで述べている（「大乗院日記目録」）。

それに比べると、次代の古市胤栄は旧体制に従順な印象を受ける。次項で述べるように、彼が主体性を発揮したのは、政治面ではなく文化面だった。

古市の盆踊り

盂蘭盆《うらぼん》、いわゆる「お盆」は、旧暦の七月十五日前後の数日間にわたって行われる、死者を供養する行事である。すなわち、先祖をはじめとする死者の霊を家に迎えてもてなし、またあの世へ送り返すのである。

盂蘭盆には、霊前にお供え物をして、お経を読んだり念仏を唱えたりした。だが十五世紀には、念仏風流《ふりゅう》といわれるものが全国各地で行われるようになった。これは念仏と様々な出し物を組み合わせた行事で、中核となるのは念仏を唱えながら踊る「踊り念仏」である。他にも「造り物」（一四九頁）を駆使した華やかな仮装行列や、素人の相撲《すまい》・猿楽・獅子舞などが行われた。

お盆の念仏風流は奈良で大流行したが、長禄三年（一四五九）に六方が夜間の念仏風流を禁止した。尋尊は「もっともなことだ」と賛意を示している。寛正五年（一四六四）には昼間の念仏も禁止になった。文明元年（一四六九）にも筒井順永ら官符衆徒が奈良での念仏風流禁止令を出した。尋尊は風流の禁止には賛成だが、念仏まで禁止することには疑問を抱いている。

尋尊が念仏の禁止に反対なのは、子供たちの声や法螺貝《ほらがい》・鐘の音が聞こえず静まりかえった盂蘭盆は不気味であるという考えによるものだった。一方で風流禁止論を唱えたのは、風流の行列が興福寺の嗷訴《ごうそ》に似ているからである。秩序を重んじる尋尊にとって、風流や嗷訴の騒擾は唾棄すべきものだったのだ。

六方や衆徒はなぜ念仏風流を禁止したのだろうか。安田次郎氏は「治安維持」を挙げている。確かに多くの庶民が参加する祭りにおいては、人々が興奮し、喧嘩などのトラブルも発生しやすい。これに加えて興福寺は、下級僧侶たちが風流にかまけて法会の準備を疎かにすることも問題視していた(「大乗院寺社雑事記」)。

古市で風呂が盛んに焚かれたことは前章で指摘したが、文明元年七月、古市の風呂釜が壊れた。修理には三〇〇〇疋(三〇貫文)もの大金が必要だという。資金をどう調達するかが問題だが、古市胤栄は、つい先日、奈良で念仏風流禁止令が出たことを思い出した。そして、踊れなくて残念に思っている奈良や近郊の住民たちに、踊りの場を提供しようと考えたのである。

古市胤栄は小屋を仮設して、その中で踊れるようにし、入場料を取った。安田氏は「日本で最初の有料ダンス・ホール」と評している。しかも胤栄は、まず古市郷の百姓たちに対し家ごとに人を出すよう命じ、大勢の男女を踊らせた。要はサクラである。噂を聞いて奈良などからやって来た人たちは、人々が楽しそうに踊っている様子を見て小屋に吸い込まれていく。南北の入口に人を置いて、一人あたり六文の入場料を取ったという。また茶屋も二軒建てたという。経覚は桟敷《さじき》から人々が踊る様子を見物した（『経覚私要鈔』）。なお、風流に否定的な尋尊は見物には行かず、奈良に留まっている（『大乗院寺社雑事記』）。

古市胤栄の興行は大成功で、三〇〇〇人もの人が集まったとのことである。彼らから六文ずつ取り立てたとすると、一八貫文となる。茶屋からの収入もあっただろうから、計算通り、風呂釜の修理費のほとんどを賄えただろう。前章の「林間」といい、胤栄は文化的な催しを企画する才に長《た》けていたようである。

古市胤栄はわずか九歳の時に盆風流で囃子手《はやして》を見事に務めるなど、根っからの遊び人であった。有料盆踊りも金儲け以上に、自分が楽しみたかったのだろう。そもそも風呂釜じたいが娯楽施設であり、応仁の乱の最中に大金を投じて風呂釜を修理するという発想は、普通の人間には出てこない。

2　大乱の転換点

成身院光宣の死

文明元年（一四六九）七月末、一昨年の大乱勃発以来、京都で東軍方として活動していた成身院光宣が奈良に戻ってきた。醍醐までは細川・赤松の軍勢が護衛し、醍醐からは迎えに来ていた大和衆五〇〇人が護衛したので、光宣は道中で危険な目に遭うことはなかった（「大乗院寺社雑事記」）。光宣は応仁の乱の初期には東軍の中心人物として活躍していたが、その後、東軍の増援部隊が続々と入京したため、東軍内での存在感を低下させていたと考えられる。態勢を立て直すため、いったん光宣は本拠地の奈良に戻ったのであろう。

十月末、光宣は軍勢を率いて宇治の真木嶋《まきしま》氏の館に向かった。そこから再度上洛を目指したようだが、体調不良のためか、京都へ向かわず奈良に戻った。そして十一月二十日、光宣は八〇歳で亡くなった（「大乗院寺社雑事記」）。筒井順永の次男である順宣《じゅんせん》が成身院を継いだ。

光宣に対する尋尊の感情は複雑である。光宣は長年にわたって六方衆として興福寺に尽くしてきたし、春日社の神事や興福寺の法会などの費用調達にも協力してきた。尋尊は光宣の功績を「大正直の者なり」と讃《たた》えている。

一方で尋尊は「今度の一天大乱は、一向此《こ》の仁《じん》計略す」と述べており、光宣を応仁の乱の元凶とみなしていた。光宣が僧侶の身でありながら戦乱に積極的に参加したことには批判的で、「まるで平清盛（出家後も政治の実権を握り、専横を極めた）のようだ」と日記に書いている。

尋尊の光宣評については、光宣の役割を過大視していると批判する研究者もいる。奈良にいる尋尊は、京都で繰り広げられている応仁の乱の全貌を把握できているわけではない。どうしても光宣ら興福寺関係者からの情報を頼りに戦況を推測することになる。いきおい、光宣が応仁の乱の仕掛け人、東軍の参謀であるという過大評価に陥ってしまう、というのである。

確かに尋尊は光宣の行動を特筆大書したきらいがあるが、光宣が応仁の乱のキーマンであるという事実は動かないと私は思う。応仁の乱が勃発した要因は複数あるが、直接の引き金になったのは畠山氏の家督争いである。それは、将軍足利義政が畠山問題の解決を通じて大乱を終わらせようと努力していたことからも明らかである（九一頁、一〇〇〜一〇一頁を参照）。そして畠山氏の家督争いがこじれにこじれたのは、義政の無定見だけが原因ではない。弥三郎・政長兄弟を一貫して支援し、義就《よしひろ》に徹底的に抗戦した成身院光宣・筒井順永の存在が大きい。軍事的に弱体だった政長は筒井氏の援助がなければ、義就に対抗することは不可能だったはずで、その意味で「光宣こそが大乱を招いた張本人」という尋尊の評価は的を射たものである。

もっとも、光宣の活躍は応仁元年（一四六七）の一年間にほぼ限定される。乱の大規模化・長期化にともない、せいぜい数百の軍勢しか動員できない光宣の出番は減っていった。京都での戦乱は、もはや光宣の手に負えるものではなくなってしまったのである。仮に光宣がもう少し長生きしたとしても、乱の帰趨《きすう》を左右することはなかっただろう。

とはいえ、大和国一国に限れば、光宣の死は大きな衝撃をもたらした。光宣を失った筒井順永の政治力の低下は覆いがたく、以後、大和の東軍方は苦境に立たされることになる。

朝倉孝景の寝返り

文明元年（一四六九）には、畠山義就が西岡を制圧し、大内政弘が摂津国に進攻するなど、西軍の攻勢が続いた。応仁二年（一四六八）十一月の西幕府成立後、明確に東軍支持を打ち出していた将軍足利義政―政所執事伊勢貞親は、情勢打開のため西軍の弱体化を画策する。

そもそも応仁の乱が一向に終戦の兆しを見せないのは、東西両軍の戦力が拮抗《きっこう》しているからである。均衡を破るには、西軍の一角を調略で切り崩す必要がある。

狙い目は斯波義廉軍である。斯波義廉はお飾りで、朝倉孝景が義廉軍の指揮をとっていた。しかも越前では斯波義敏方が優勢となり、孝景は苦戦を強いられていた。孝景が東軍に寝返ってもおかしくない状況が生まれていたのである。

足利義政の朝倉孝景への勧誘は応仁二年から始まっているが、本格化したのは文明元年からのようである。文明元年七月二日の伊勢貞親書状には「御方《みかた》に参り、忠節を致さるべきの由、御申し、誠にもって神妙《しんみょう》に候」とある（『朝倉家記』）。これによれば、朝倉孝景は東軍への寝返りを了承したことになる。

だが、朝倉孝景は一向に具体的な軍事行動に移らなかった。どうやら越前の孝景は、京都近郊で西軍が優勢であることをつかんだらしく、西軍との決戦に後ろ向きになったようである。伊勢貞親は十二月八日の書状で「急ぎ戦功を抽《ぬき》んぜらるべし」と、孝景に出陣を催促している（『朝倉家記』）。

朝倉孝景と関係の深い赤松政則、政則の重臣である浦上則宗（一一一頁）も孝景の説得に動いた。これに対して孝景は、越前守護職への任命を要求したらしい。現職の越前守護は、東軍の斯波義敏であり、義敏から越前守護職を取り上げて孝景に与えることは到底不可能である。だが、どうしても孝景を味方につけたい足利義政・細川勝元は、文明三年五月二十一日、「後日、越前守護に任命する」という内諾を与えて孝景を引き抜いた（『朝倉家記』）。

同年六月八日、京都に残っていた朝倉孝景の嫡男の氏景（一三三頁）が、東軍の細川成之の屋敷に駆け込んだ。氏景は同十日には将軍足利義政に目通りを許された（「経覚私要鈔」）。越前の朝倉孝景も、今立《いまだて》郡河俣《かわまた》（現在の福井県鯖江市上河端町）に出陣した（「東国御陣之次第」）。これにより、朝倉孝景の東軍帰参は誰の目にも明らかになった。

朝倉孝景を討伐すべく、西軍の甲斐敏光（七一頁）が越前に下った。足利義政の「越前守護に任ずる」という約束が守られなかったこともあり、朝倉孝景は苦戦する。八月五日、尋尊のもとに朝倉の敗報が届いた。それによれば、朝倉孝景は越前国司と称して、立烏帽子《たてえぼし》・

狩衣《かりぎぬ》などを着て、まるで貴族のように振る舞い、その思い上がりに憤った越前の武士たちが離反したので甲斐方に敗れたという（「大乗院寺社雑事記」）。

尋尊は朝倉孝景の傲岸不遜《ごうがんふそん》を批判しているが、大薮海氏の研究によれば、孝景の国司僭称《せんしょう》は東幕府から一向に越前守護の辞令が出ないための苦肉の策だという。しかし、既に形骸化していた国司という肩書きに武士たちを引きつける力はなく、西軍の越前守護代である甲斐敏光に惨敗を喫したのである。

立烏帽子や狩衣を着たという噂はいかにも作り話めいているが、その真偽はともかく、尋尊が朝倉の台頭を苦々しく見ていたことは間違いない。朝倉のような身分の低い者が成り上がり、身分秩序を乱すことは、最上流階級に位置する尋尊にとって我慢ならないことだった。

こうした尋尊の守旧性は、昔から研究者によって指摘されてきた。しかし一方で、朝倉孝景の東軍帰参によって、越前にある興福寺大乗院領坪江荘（一三〇頁）からの年貢収納が好転しそうだと尋尊が喜んでいるのも、また事実である。現金な奴と言ってしまえばそれまでだが、尋尊は決して観念的なだけの生活無能力者ではなく、むしろ現実的判断に富んだ人物であることを忘れてはならないだろう。

さて次章でも述べるように、朝倉孝景は態勢を立て直して甲斐氏を破り、越前を平定する。越前は京都への重要な補給路であり、ここを東軍が押さえたことで、東軍の優位が確立した。

朝倉孝景の寝返りが戦局の転換点であったことは学界でも共通認識となっており、義政の見通しの正しさがうかがわれる。

西軍の南朝後胤擁立

応仁の乱が長期化する中、南朝皇子の末裔《まつえい》たちが混乱に乗じて動き出した。文明元年（一四六九）十一月、南朝後胤《こういん》の兄弟が、一人は大和国吉野の奥で、もう一人は紀伊国熊野で蜂起したのである（「大乗院寺社雑事記」）。

後南朝勢力の蜂起に、西軍は深い関心を寄せた。西軍は足利義視を擁立したものの、しょせん義視は将軍の弟にすぎず、しかも後花園法皇から「朝敵」の烙印を押されていた（一〇四頁）。西軍は大義名分の面で依然として東軍に劣っていたのである。このため、南朝皇族の血を引く後裔を天皇として推戴することで、東軍の天皇・将軍の権威に対抗するという構想が生まれた。このアイディアを最初に思いついたのは、越智家栄だったようである。家栄の亡父である維通は、大和永享の乱において後南朝勢力と連携しており、家栄は後南朝に親近感を持っていたのだ。

しかし、この「南帝《なんてい》」推戴案には畠山義就が難色を示した。新たに天皇を擁立するとなると、新天皇に領土を献上する必要がある。その場合、後南朝勢力の中核たる楠木氏の勢力圏である紀伊・河内両国を差し上げることになるが、両国は畠山義就の分国であった。自分の領地を割譲したくなかったので、義就は反対したのである。だが、足利義視や西軍諸将の説得を受け、畠山義就も同意した。

熊野で挙兵した南朝後胤（弟）は、畠山義就の支援を受けつつ紀伊国海草《かいそう》郡の藤白《ふじしろ》（現在の和歌山県海南市）に進出した。吉野で挙兵した南朝後胤（兄）は、越智氏ゆかりの壺坂寺（七五頁）に入った。文明二年の後南朝勢力の活発化は、成身院光宣の病没にともなう大和の東軍方の退潮に起因すると思われる。

文明三年八月、南朝後胤（兄）は壺坂寺を出て古市を経由し、ついに京都に入った。西軍はこの「新主上《しんしゅじょう》」（新天皇）を北野松梅院《しょうばいいん》（北野天満宮の院家）に迎えたが、その後、警備の問題から、西陣近くの安山院という尼寺に移した。この寺の住持が、山名宗全の実妹だったからである。南朝後胤（弟）も上洛して同居した（「大乗院寺社雑事記」）。閏八月には、さらに二条家に移り、いずれは内裏《だいり》に入る予定になっていた（「経覚私要鈔」）。

この「南帝」の素性については、当時諸説が飛び交っていたらしく、尋尊は後村上《ごむらかみ》天皇（後醍醐皇子、南朝初代天皇）の末裔だとか、小倉宮の息子だとか、色々な噂を書き留めている。一番信憑《しんぴょう》性が高いのは、小倉宮（二六頁）の末裔で、岡崎《おかざき》前門主の子息という情報だろう（「大乗院日記目録」）。年は一八だという。

妹のいる尼寺を提供したことを考えると、南帝擁立に最も積極的だったのは山名宗全だったのだろう。ところが、当初擁立に賛成していた足利義視が、南帝を京都に迎える段になって反対に回った。入京した南帝に西軍諸将が臣下の礼をとる中、義視は無視したらしい（「大乗院寺社雑事記」）。

義視の心変わりの理由は何か。一番大きいのは、朝倉孝景の裏切りによって東西両軍の均衡が崩れたことではないか。義視は西幕府の今後を悲観し、兄義政との和解の道を探り始めたのだろう。そんな中での南帝擁立は、義視にとって百害あって一利ない愚策であった。

南帝擁立には尋尊も批判的で、「公家《こうけ》滅亡の基」と評している。南朝―西幕府という体制の成立は、北朝―東幕府の権威を真っ向から否定するものであり、室町時代の社会秩序を根底から覆す恐れがあった。歴史に詳しい尋尊が、南北朝内乱の悲劇を想起したであろうことは、想像に難くない。

西軍びいきの経覚も、南帝擁立を憂慮した。「いよいよ東西両軍の争いを終わらせることは難しくなるだろう」と嘆息している。応仁の乱はもともと幕府内の権力闘争であったが、南帝の擁立によって、新たな段階に進んだ。それは、「北朝の軍隊」として「室町の平和」を守るという、室町幕府の役割が失われたことを意味した。

3　古市胤栄の悲劇

家臣たちの離反

文明二年（一四七〇）七月十九日、大内政弘軍は京都近郊の勧修寺《かじゅうじ》を攻撃し、東軍の逸見《いつみ》弾正は自害した（「大乗院寺社雑事記」「経覚私要鈔」）。さらに大内勢は醍醐・山科に進撃した（「大乗院寺社雑事記」「経覚私要鈔」）。七月末には細川勝元に服属していた「山城国十六人衆」の大半が大内政弘に降伏し、残る狛氏・木津氏も行方不明という有り様だった（「大乗院寺社雑事記」「経覚私要鈔」）。

木津（現在の京都府木津川市木津）から興福寺までは徒歩で一時間半にすぎない。奈良と指呼の間にある南山城が大内氏の支配下に入ったことは、興福寺や大和武士たちを震撼させた。大内勢の大和侵攻を避けるため、興福寺の学侶方は筒井・箸尾ら細川方の大和衆に奈良からの退去を命じ、奈良の防御は豊田・豊岡《とよおか》・古市らに委ねられた（「大乗院寺社雑事記」）。ただし筒井はそのまま奈良に居座った。

こうした大内政弘の活躍は、西軍方の古市胤栄にとって勢力拡大の好機のはずだったが、胤栄には大内軍の快進撃を喜んでいる余裕はなかった。足元で大騒動が起こっていたからである。

文明二年六月、古市の家臣たちが、古市から伊勢へと運ばれる荷物を差し押さえた。これは、自領からの物資輸送を禁止する経済封鎖のことで、当時「荷留《にどめ》」と呼ばれた。戦国時代、今川氏真《いまがわうじざね》が武田信玄《たけだしんげん》を苦しめるため、駿河《するが》から甲斐《かい》への塩の輸送を禁じた事例が有名である。

今回の「荷留」は、興福寺の命令によるものだった。伊勢北畠氏の家臣が興福寺の利権を侵害したため、興福寺は伊勢への通路を封鎖し、北畠氏に圧力をかけることにしたのである（「大乗院寺社雑事記」）。興福寺から命令を受けた古市胤栄は、家臣や百姓たちに実行を任せた。家臣たちは略奪許可を得たと喜び、伊勢に向かう財物を手当たり次第に没収していった。

ところが古市の家臣たちは、誤って胤栄が伊勢に送った荷物も押収してしまった。憤激した胤栄は首謀者の二人を斬首した。すると、三〇人の一族・家臣が逃亡した。

逃げた三〇人は、胤栄の処罰を恐れたというより、斬首という苛酷な処罰に抗議する意味で集団で逃亡したものと思われる。要はストライキである。

三〇人もの一族・家臣に去られては、古市氏の弱体化はまぬがれない。これによって胤栄の態度も軟化するかと思われたが、胤栄は逆に依怙地《いこじ》になってしまった。胤栄は「許してやってはどうか」という尋尊のとりなしにも耳を貸さず、彼らを勘当してしまった。

翌七月、三〇人のうち二一人が出家して高野山に隠遁した。この時代の寺院はアジール

（避難所）としての性格を持っており、世俗の権力の介入を許さなかった。したがって、胤栄は高野山に駆け込んだ者たちには手出しできない。つまり、この二一人は、胤栄に許しを乞うのではなく、胤栄との絶縁を宣言したのである。かくして事態は長期化の様相を示した。

経覚は胤栄と交渉し、事件に関与して胤栄に拘禁された百姓六人の釈放に成功した。しかし一族・家臣の赦免に関しては、胤栄が頑として首を縦に振らないため断念した。

尋尊や経覚の調停をあくまで拒絶する姿から、胤栄の強力な家臣団統制を説く研究者がいるが、そういう問題ではないと思う。毅然《きぜん》たる態度というより、かんしゃくを起こしただけだろう。

この騒動は翌文明三年四月、胤栄が一族・家臣の謝罪を受け入れて赦免するという形で落着する。時間の経過によって、胤栄の怒りもようやく収まったということだろう。

それにしても、最終的に和解したとはいえ、三〇人もの家臣が大挙して主君を見限るなど、ただ事ではない。直接の契機は「荷留」事件だったが、前々から家臣たちは胤栄に不満を持っていたと見るべきだ。

これは私の憶測だが、古市胤栄の文化志向が反発を買っていたのではないだろうか。前章で紹介した「林間」や本章の1節で示した念仏風流など、胤栄は文化事業に力を入れており、それは応仁の乱の最中でも変わらなかった。その負担は当然、家臣たちにのしかかってくる。

文明元年七月に古市で大規模な「林間」が行われたことは既述の通りだが、この年には行われていない。それどころではなかったからだろう。だが逆に考えると、もし家臣の集団逃亡事件が起きていなかったら、昨年と同規模、あるいはそれ以上の「林間」が行われていたのではないだろうか。なお盆風流は例年通り行われたが、古市城で行うだけで経覚のところに風流が来ることはなく、いつもより規模が小さかったと思われる。

文化好きの専制君主というと足利義政が有名だが、古市胤栄もこのタイプの人物だったと見られる。大乱を尻目に享楽にうつつを抜かす胤栄が家臣たちの支持を失ったのは、至極当然と言えよう。

経覚に頼る

そもそも古市胤栄の応仁の乱への対処には疑問符がつく。斯波義廉—朝倉孝景や越智家栄との結びつきから、先行研究は古市胤栄を西軍方とみなしてきたが、一方で胤栄が西軍として軍事行動を起こすことが少なかったことをも指摘している。

この点について先学は「京都の合戦に深入りせず、筒井氏の手薄に乗じて奈良地方で勢力を伸ばす」と評価している。これは、内乱を利用して成り上がるという「下剋上」史観、ひいては階級闘争史観に依拠した見解だろう。だが、胤栄の行動を素直に見ると、そのような高度な戦略に基づくものかどうか、甚だ疑わしい。

古市というと反筒井のイメージが強いが、それは先代の胤仙の話である。応仁の乱が勃発する前、古市胤栄と筒井順永の関係は良好だった。文正元年（一四六六）七月、病気の胤栄のところに順永がお見舞いに来ているし、同年八～九月には順永からの要請を受けて胤栄は援軍を派遣している（七九頁を参照）。応仁の乱直前の応仁元年（一四六七）四月には、胤栄と順永は一緒に鶏合《とりあわせ》（闘鶏）を行っている（「経覚私要鈔」）。一方で古市胤栄は越智家栄とも親しかったから、古市の立場は中立的と言えよう。

応仁の乱が勃発すると、西軍は古市胤栄に対して再三上洛を促すが、胤栄はなかなか動かなかった。尋尊から西軍への参加を思いとどまるよう言われたことも理由の一つだろうが（「大乗院寺社雑事記」）、それ以上に東軍の筒井氏との関係悪化を恐れて、西軍への参戦に踏み切れなかったものと思われる。ようやく応仁元年九月に古市勢は上洛するが、胤栄自身は古市に残ったままだった（「経覚私要鈔」）。その後、胤栄が大和で軍事活動を積極的に展開した徴証はないので、深い考えがあったわけではなく、単純に戦争に関わりたくなかっただけだろう。

むしろ、越智とも筒井とも仲良くやっていこうと思っていた古市胤栄が、曲がりなりにも西軍に参加した要因を考察すべきである。この点については、経覚の影響が大きかったとする酒井紀美氏の指摘が興味深い。

京都の朝倉孝景や畠山義就から古市胤栄に使者が送られてくると、胤栄は逐一それを経覚に報告し、戦況に関する情報を共有している。当時二九歳の胤栄は、別に親切で経覚に情報を教えたわけではなく、老練な経覚の助言を求めていたのだろう。

これまでにも縷々述べてきたように、経覚は反筒井であり、また朝倉孝景との関係が深い。当然、経覚は胤栄に西軍、特に斯波義廉軍への参加を強く勧めただろう。実際、上洛した古市勢は朝倉勢に合流した（四〇日後、奈良に帰還）。

優柔不断な古市胤栄は、未曽有《みぞう》の大乱を前に、自分の進路を決めることができなかった。大事な決断を他人に任せてしまう胤栄は、およそ乱世向きの人物ではない。

山田宗朝に頼る

胤栄が頼ったのは、経覚だけではなかった。この時期の胤栄は、しばしば山田宗朝《やまだそうちょう》なる人物と行動を共にしている。

山田宗朝の出自について検討した研究は見当たらないが、大乗院家坊人で国民の山田氏と考えられる。この山田氏は乾脇党のメンバーで、おん祭りでは願主人として流鏑馬の頭役を勤めた。宗朝も長禄元年（一四五七）に願主人になっている（「経覚私要鈔」）。本拠地は大乗院領上山田荘・下山田荘（現在の奈良県天理市山田町）だろう。つまり山田宗朝は独立した大和武士であり、越智氏や古市氏と同格の存在である。

一方で、古市胤栄が一九歳で結婚した時、山田宗朝は胤栄の妻となる窪城順専《くぼのじょうじゅんせん》の娘を迎えに行っている（「経覚私要鈔」）。よって宗朝は、胤栄の家臣ではないが、胤栄に従属する立場だったと考えられる。織田信長《おだのぶなが》と徳川家康《とくがわいえやす》の関係のようなものだろうか。

文正二年（一四六七）二月、越智家栄が山名宗全・畠山義就に助太刀するために兵を率いて上洛する際、万歳満阿《まんあ》入道や山田宗朝らも同道した。彼らの軍勢は総勢三〇〇騎だった。古市胤栄は万歳氏の求めに応じて騎馬武者二〇騎を派遣した。山田宗朝が畠山義就―越智家栄に積極的に加勢したのに対し、胤栄は尻込みしたことが分かる。同年四月、宗朝は胤栄に親越智の狭川《さがわ》氏を紹介しており（「経覚私要鈔」）、胤栄を越智派に引き込もうとしていたことがうかがわれる。

胤栄が最終的に西軍に属したのは、経覚だけでなく宗朝の働きかけによるところが大きいのではないか。事実、宗朝は乱中も活発に軍事行動を起こしている。宗朝は大乱に乗じて東山内《ひがしさんない》（現在の大和高原）一帯を制圧したのである。

文明二年（一四七〇）九月、大内政弘の南山城進攻に反撃するため、東軍の伊賀守護仁木《にっき》氏らが山城に出陣した。これに対抗して西軍方の国民である狭川氏が木津に布陣した。

翌十月、古市胤栄は山城国下狛《しもこま》（現在の京都府相楽郡精華町下狛）を押さえるべく、一族の長田家則《おさだいえのり》率いる軍勢を派遣した（「大乗院寺社雑事記」「経覚私要鈔」）。

古市胤栄にしては珍しく積極的な軍事行動だが、実は山田宗朝の出陣と連動していた。この時、宗朝は七〇の兵を率いて木津を目指しており、途中まで両軍は行動を共にしたのである（木津から京街道を北上して木津川を渡ると狛に着く）。おそらく熱心な西軍方である宗朝に引きずられる形で胤栄は出兵したのだろう。

筒井順永は古市・山田の軍事行動を阻止しようとするが、何者かの仲介により、通過を許した（「経覚私要鈔」）。筒井と古市のつながりは乱後も維持されていたのである。ただし、この作戦は失敗で、西軍の敗北に終わった。狭川氏は木津陣から撤退し、山田宗朝も大損害をこうむった。古市軍も撤退したものと推測される。尋尊はいたずらに軍事的緊張を高めた狭川氏の軽率さを批判している（「大乗院寺社雑事記」）。

戦乱の激化にともない、古市胤栄は難しい政治的・軍事的判断を迫られるようになり、一六歳年長の山田宗朝への心理的依存を強めていった。家臣たちが胤栄の器量に不安を抱いたのも無理はない。

もっとも、胤栄にも同情すべき点はある。古市春藤丸《はるふじまる》、のちの胤栄は永享十一年（一四三九）に生まれた。享徳二年（一四五三）、古市氏を一代で大和の有力武士に成長させた父の胤仙が病死すると、春藤丸が古市氏の家督を継いだ。康正《こうしょう》元年（一四五五）九月には、筒井氏の没落（六三頁）を受けて官符衆徒棟梁の一人となる。だが弱冠一七歳の春藤丸に官符衆徒棟梁の重責が務まるはずもなく、古市一族の山村胤慶《やまむらいんけい》が代行した。おそらく古市氏の家政も代官の胤慶によって運営されたのだろう。

古市春藤丸は寛正六年（一四六五）八月に出家して胤栄と名乗った。同年十月には河内に出陣して初陣を飾った。大和国の衆徒・国民の出家は成人の通過儀礼であり、他地域の武士の元服に相当する。二七歳での元服というのは異様に遅い。代官の胤慶が実権を胤栄に譲りたくなくて、胤栄の出家＝元服を先延ばしにしていたのだろう。長年にわたって頭を押さえつけられてきた胤栄は不満を蓄積させていたはずだ。

案の定、翌文正元年七月、古市胤栄と山村胤慶は対立し、胤慶は追放された（「大乗院寺社雑事記」）。胤栄は応仁の乱の直前に、ようやく家督としての実権を掌握したのだ。当然、家臣たちを束ねて大規模な軍事作戦を展開する権力などない。いきなり応仁の乱という難局にぶちあたった新米リーダーが、家臣団をまとめ切れず指導力を発揮できなかったことを責めるのは、あまりに酷というものだろう。経験不足の胤栄は、経覚や山田宗朝に助言を仰がざるを得なかったのである。

胤栄の引退

文明三年（一四七一）六月、前述の通り、朝倉孝景が東軍に寝返った。朝倉との縁で西軍に参加した古市胤栄にしてみれば、梯子《はしご》を外されたようなものである。

同年閏八月五日、山田宗朝は赤痢のため四九歳で亡くなった。尋尊は「古市にとって、これほど気落ちすることはないだろう」と記している（『大乗院寺社雑事記』）。経覚も、山田宗朝と古市胤栄との親密な関係に言及し、胤栄の心中を慮《おもんぱか》っている（『経覚私要鈔』）。

ただし前述したように、山田宗朝と古市胤栄との交流は乱前にはあまり見られない。宗朝が胤栄の婚儀に協力した程度である。胤栄は昔から宗朝と親しかったわけではなく、京都で細川方と山名方との対立の構図が明確になってくる文正二年（一四六七）＝応仁元年以降に宗朝に急接近したのである。

同年十一月、山田宗朝の一五歳の遺児は古市で元服した（『大乗院寺社雑事記』）。これは、古市胤栄が宗朝遺児の後見人となったことを意味する。胤栄が宗朝をいかに大事に思っていたかがよく分かる。

文明七年五月十四日、奈良へと進軍する大内政弘軍に呼応して、古市胤栄は越智勢らと共に出陣し、奈良の新薬師寺で成身院順宣（一六〇頁）ら東軍方と合戦した。筒井氏と正面切っての対決を避けてきた胤栄にとって、思い切った決断である。出家してから一〇年、やっと胤栄にも家督としての威厳が備わり、積極的な軍事行動に出ても大丈夫だという自信が生まれたのだろう。

ところが越智勢が戦おうとしなかったため、西軍方の惨敗に終わった。古市勢の戦死者は一族五人、家臣一三人にものぼり、胤栄と一三歳年下の弟である澄胤《ちょういん》、山田宗朝子息の三名はかろうじて生き残るという有り様だった（『大乗院寺社雑事記』）。

その五日後、古市胤栄は引退を宣言し、後事を長田家則らに託した。家則は慰留したが、胤栄の意志が固かったため、家臣らの協議により澄胤を後継に定めた。同年七月には澄胤が六方衆を辞任し、古市氏の家督を継いだ（『大乗院寺社雑事記』）。

古市胤栄の突然の隠居の理由を、尋尊は「仏道修行に専念するため」と記している。だが現実には、胤栄は大敗の責任を一族・家臣に追及され、家督の座を降りざるを得なかったのだろう。胤栄には軍事的成果を挙げることで自らの権力を強化する思惑があったはずだが、完全に裏目に出てしまったのだ。

戦乱の世でなければ、古市胤栄は文化人として名を馳せたであろう。時代の巡り合わせが悪かったと言うほかない。

第六章　大乱終結

1　厭戦気分の蔓延

疫病の流行

文明三年（一四七一）七月、京都では疱瘡《ほうそう》が大流行した。十四日に経覚が一条兼良に聞いたところによると、烏丸季光《からすますえみつ》、武者小路種光《むしゃのこうじたねみつ》、日野勝光の息子などが疱瘡によって死去したという。疱瘡は地方にも広がり、人々は恐怖におおのいた。お札に「麻子瘡之種我作」と書いて背中に貼れば疱瘡にかからないというおまじないの存在を知った経覚はさっそくお札を作って、周囲の人間に配っている（「経覚私要鈔」）。

同二十一日には後土御門天皇が疱瘡にかかり、治癒の祈禱が行われた（「親長《ちかなが》卿記」「宗賢卿記」「内宮《ないくう》引付」）。翌八月には足利義尚が病に倒れた。この頃、足利義政・日野富子夫妻は喧嘩をして、義政が小川《こかわ》の細川勝元邸に、富子が北小路殿《きたのこうじどの》に移っていたが、息子の重病を知ってあわてて室町殿（将軍御所）に戻っている。しかし、この二人も流行病にかかったらしく、腹を下している（「経覚私要鈔」「宗賢卿記」）。

同時期、奈良でも疫病が流行し、六〇〇人が亡くなったという。尋尊は疱瘡にかかり、政覚（一三九頁）は腹を下した（「大乗院寺社雑事記」「経覚私要鈔」）。経覚は疫病を鎮めるため、薬師如来の図絵を掛けて法会を行った（「経覚私要鈔」）。しかし疫病は勢いを増す一方で、閏八月には山田宗朝が赤痢で亡くなり（一七七頁）、古市胤栄も陣中で病に倒れて古市に帰還した。経覚の側近で古市胤栄に随行していた畑経胤（一二九頁）も赤痢にかかり、同じく古市に帰還した。

この年の赤痢・疱瘡の大流行は、旱魃《かんばつ》と戦乱のダブルパンチによるものだろう。飢饉と軍事徴発によって食糧は不足し、人々の体力は奪われていった。大量の餓死者や戦死者は都市衛生を悪化させ、疫病の大流行を招いた。

本来、為政者は疫病の撲滅に努めなくてはならない。だが応仁の乱の真っ最中ということもあり、朝廷・幕府の対策は除病の祈禱に限られたため、実効性はなかった。平癒したとはいえ将軍足利義政にも直接の影響を与えた文明三年の疫病は、戦乱の早期終結の必要性を義政や両軍首脳部に強く意識させたであろう。

和睦の模索

明けて文明四年（一四七二）正月、山名宗全と細川勝元との間で和睦交渉が始まった。二十五日、足利義政が東軍の赤松政則に対し「和睦が成立したので構《かまえ》から出るように」と命じた。構とは、将軍御所を中心とする東軍の陣地のことである（一〇八頁を参照）。そこから出ろということは、赤松の陣を解散し、臨戦態勢を解除せよということである。

赤松政則は「かしこまりました」と返事して、軍勢を率いて陣を出て、将軍義政に謁見した。政則は最低限の兵だけ残し、余分な手勢は糺河原《ただすがわら》に駐屯させたという。糺河原の東は洛外、すなわち京都の外であるので（八五頁）、洛中から赤松勢を退去させて休戦状態にするという象徴的意味合いを持つ。もっとも、この話は古市経由で経覚が聞いた噂にすぎないので、本当かどうか疑わしい。とはいえ、和睦を実現するには赤松政則を説得する必要があるという認識が広がっていたことは興味深い。この点は後述する。

その後、経覚のところに別の情報が入ってきた。和睦の成立を受けて西軍の畠山義就《よしひろ》と大内政弘が「お互いに決して見放さない」と誓い合って、一揆を結んだというのだ。この一揆締結は、山名・細川間の和睦を認めず戦闘を継続することを意味するので、京都は騒然となった。しかしのちに誤報と分かり、京中の騒ぎは収まった。それどころか、そもそも和睦の成立が誤報と判明した。翌二十六日には山名宗全逝去の報が入り経覚は仰天したが、これもデマであった（『経覚私要鈔』）。

同様の噂は尋尊の耳にも入っており、尋尊の正月二十五日の日記には、山名宗全が二十一日に亡くなり、山名一族と大内政弘が将軍足利義政に降参したとの情報が記されている。尋尊は虚報とも知らずに「これで大乱は終わり、平和になるだろう」と喜んでいる（『大乗院寺社雑事記』）。

以上の噂はみな虚報だったが、両軍に終戦の気運が高まり、結果的に失敗したとはいえ、和平工作が試みられたことは、おそらく事実だろう。そしてそれは、西幕府が東幕府に降伏するという形で進められたと思われる。将軍足利義政と後土御門天皇を擁し、朝倉孝景を取り込んだ東軍は、正統性の面でも軍事力の面でも西軍に勝っているのだから、当然のことである。山名宗全逝去の噂も、宗全が継戦意欲を失って和睦を熱望していたことを反映しているのではないだろうか。

和睦の雰囲気を生んだ最大の要因は、士気の低下である。この年の正月、西軍の「構」で一色義直の家臣たちと畠山義就の家臣たちが毬杖《ぎっちょう》で遊んでいた。毬杖とは、木製の杖《つえ》をふるって木製の毬《まり》を敵陣に打ち込む正月の遊びである。ところが、その勝敗をめぐって喧嘩になり、双方合わせて八〇人の死者・負傷者が出たという。長期在陣のストレス発散のためにゲームをやったのだろうが、逆効果になってしまったわけで、厭戦《えんせん》気分の蔓延《まんえん》をうかがわせる（『経覚私要鈔』）。彼らを率いる大名たちが出口戦略を考えるのは当然と言えよう。

もともと山名宗全と細川勝元は不倶戴天の間柄ではない。勝元が宗全と決別したのは、宗全が畠山義就に荷担して勝元盟友の畠山政長を攻撃したからだが（八六頁）、逆に言えば畠山問題さえ棚上げしてしまえば、両者の和解は可能である。

従来の研究では山名宗全と畠山義就の絆《きずな》が強調されてきたが、その理解は軍記物『応仁記』の叙述に負うところが大きい。現実の宗全は自らの政略のために義就を引き込んだにすぎず、西軍の劣勢が明らかになった以上、義就と運命を共にする義理はない。六九歳という老境に入り、自分の死後の一族の行く末が気になる宗全にしてみれば、義就を切り捨ててでも勝元と和解したいところである。

一方、細川勝元を頂点とする細川一門は応仁の乱後も分国をほぼ維持しており、彼らが失ったものは少ない。山名宗全が足利義政に降伏するという形で戦争が終結すれば、細川勝元の面目は立つので、和睦は渡りに舟である。

終わらぬ、大乱

文明四年（一四七二）二月十六日、山名宗全は西軍諸将にそれぞれ使者を派遣し、東軍との和睦を提案した。京都から帰ってきた柚留木《ゆるぎ》重芸《じゅうげい》から尋尊が聞いた情報によれば、諸将は賛成し、畠山義就と大内政弘は特に歓迎したという（「大乗院寺社雑事記」）。

けれどもこれは誤報、ないしは早期終戦を切に願う尋尊の誤解だろう。経覚ほどではないが、尋尊にも耳に心地よい噂を信じたり、自分に都合良く情報を解釈する傾向がある。

なぜなら前後の経過を見る限り、畠山義就と大内政弘こそが熱心な戦争継続派だからである。そもそも彼らには和睦に応じる動機がない。東軍優位の状況での和睦となると、畠山氏家督の地位は政長の手中に落ちる。それは義就の許容するところではない。政長との対戦を続ける義就には終戦という選択肢はないのである。

大内政弘の場合、和睦を受諾しても直接的な損害はない。その政弘が和睦に反対したのは、末柄豊氏が指摘するように、細川勝元の覇権を阻止するためだろう。勝元と長年提携してきた宗全と異なり、勝元と政弘は瀬戸内海の制海権をめぐって競合関係にあった。和睦の受諾は勝元の幕政掌握につながり、長期的には政弘の不利に働く。

大内氏は元来、幕政には深く関わらず、分国経営に力を注ぐ地方独立型の大名である。だが政弘は応仁の乱への参戦のため上洛すると、そのまま京都に居座った。政弘の中央志向は息子の義興《よしおき》に受け継がれ、のちに義興は足利義尹《よしただ》（義視の嫡男）を将軍に擁立して幕政に強い影響力を行使することになるが、そのいきさつは本書の範囲を超えるので割愛する。

尋尊の日記によれば、既に文明二年六月の段階で西軍諸将は戦争継続に消極的で、積極的に戦っていたのは畠山と大内の両人だけだったという。尋尊は畠山・大内両軍の放火作戦によって京都・東山・西山の神社仏閣はことごとく焼け落ちたと慨嘆し、「前代未聞の悪行、仏法・神道の敵人」として二人よりもひどい者は存在せず、いずれ天罰が下るであろうと、口を極めて罵《ののし》っている（「大乗院寺社雑事記」）。

東軍では赤松政則が和睦に反対だった（「親長卿記」「大乗院寺社雑事記」）。赤松政則は赤松氏旧領の播磨・備前・美作の三ヶ国を山名氏から奪還しつつあった。しかし山名・細川両氏の主導で和睦が実現すれば、播磨・備前・美作は山名氏分国になるだろう。それでは何のために東軍に参戦したのか分からなくなる（九四頁を参照）。政則が反対するのは当然である。

文明四年四月、山名家臣の太田垣《おおたがき》が京都で西軍方として活動していた畑経胤のもとに書状を送ってきた。それによると山名宗全は錯乱状態で、狐《きつね》にとりつかれたのではないかと家臣たちが懸念しているという（「経覚私要鈔」）。また尋尊は、翌五月に宗全が切腹しようとしたが家臣たちが阻止したため一命をとりとめたという噂を記している（「大乗院寺社雑事記」）。

真偽は不明であるが、宗全が正常な精神状態ではないという噂が流布することじたい、宗全の求心力低下を如実に物語っている。特に家臣の太田垣が主君の病状を触れ回っているのは異常である。山名家臣団は宗全を引退させることで細川氏との和睦を実現しようと画策したのであろう。いわゆる「主君押込」である。

同じ頃、細川家中においても事件があった（「大乗院寺社雑事記」「経覚私要鈔」）。細川勝元・勝之《かつゆき》親子が本鳥《もとどり》を切り、家臣たち十余人もこれにならったという。隠居の意思表示であろう。勝元は細川野州《やしゅう》家から勝之を養嗣子に迎えていたが、今回の件で勝之は後継者の地位を失った。事実上の廃嫡である。これにより、勝元の正室、すなわち宗全の養女が生んだ聡明丸《そうめいまる》（のちの政元《まさもと》）が細川氏の家督に定まった。桜井英治氏が推測するように、この事件は宗全に送った手打ちのメッセージだろう。宗全の外孫が細川氏当主の座を占めれば、山名氏と細川氏は強い結びつきを持つことになるからである。宗全も八月に家督を孫の政豊《まさとよ》に譲り、ここに両軍の総帥は共に引退したのである。

両人は開戦の責任を取る形で隠居した。これによって、山名と細川の間のわだかまりは解消されたと言える。だが両軍の首脳が表舞台を去ったことで、諸将を束ねる存在が失われた。宗全と勝元が真になすべきだったのは、諸将を説得して正式な講和交渉を始めることだったが、彼らはおのおの政権を投げ出す形で辞任してしまった。諸将は思い思いに戦闘を続け、大乱はだらだらと続いたのである。

2　うやむやの終戦

細川・山名の単独和睦

西軍から東軍に寝返ったものの、文明三年（一四七一）七月二十一日の緒戦で敗退した朝倉孝景（一六三頁）は、すぐに態勢を立て直した。孝景は足利義政から越前守護に任命してもらい西軍の斯波義廉に対抗しようとしたが、守護職補任の約束が果たされなかったため計算が狂った。やむなく越前国司を名乗ったが、主君の斯波義廉に反逆した不忠者という汚名をすぐには至らず、越前武士たちの支持を得られなかった。そこで孝景は主家を乗り越える「下剋上」を断念し、東軍の斯波松王丸《まつおうまる》（義敏の子。のちの義寛《よしひろ》）を主君と仰ぐことにした。これにより孝景は大義名分を獲得、翌八月二十四日に西軍の甲斐方と戦い、大勝利を収めた（『朝倉家記』）。

翌文明四年八月、朝倉孝景は越前の中心地で甲斐方の本拠地である府中《ふちゅう》を攻略し、ついに越前を平定する。甲斐敏光は加賀に逃れた（「大乗院寺社雑事記」「経覚私要鈔」）。尋尊が「大内以下《いげ》西国の兵粮、越前を以《もっ》て通路となす」と記しているように、西軍の主要な輸送路は、山名・大内の分国がひしめく山陰地方から日本海を渡って越前に入り琵琶《びわ》湖《こ》水運を利用して京都へと食糧を運ぶルートであった。この補給路が寸断されたことで西軍は兵站《へいたん》の維持が困難になった。

また東軍の赤松政則が大山崎《おおやまざき》の天王山《てんのうざん》を押さえた。のちに羽柴秀吉《はしばひでよし》と明智光秀《あけちみつひで》が山崎の戦いにおいて争奪した、あの天王山である。山陽地方の物資は瀬戸内海を通って大坂湾に入り、淀川《よどがわ》を舟で遡上《そじょう》して京都に運ばれる。これによって西軍は瀬戸内海からの補給路も失った。

さらに東軍の京極政経《まさつね》（持清の子）の重臣である多賀高忠（一一〇頁）が、東国からの補給路の要地である近江を制圧した（「大乗院寺社雑事記」「経覚私要鈔」）。西軍の土岐成頼の重臣である斎藤妙椿《みょうちん》が何とか近江を奪回したものの、西軍の劣勢は覆いがたい。

文明五年三月十八日、山名宗全が七〇歳で他界した。すると同年五月十一日、細川勝元も四四歳の働き盛りで死去した。死因はよく分からないが、心労がたたったものと思われる。尋尊は勝元の死を「神罰なり」と切り捨てている（「大乗院寺社雑事記」）。もっとも、尋尊は基本的には東軍を支持しており、東幕府が西幕府を飲み込む形で戦争が終結することを望んでいた。将軍も天皇も東軍が抱えているという大義名分を重視していたからだろう。

同年八月二十八日、細川政元が幕府に出仕し、正式に細川氏家督と認められた（「親長卿記」「親元《ちかもと》日記」）。政元はまだ幼かったので、細川典厩《てんきゅう》家の細川政国《まさくに》が後見した。

同年十二月十九日、足利義政は息子の義尚に将軍職を譲った（「公卿補任」「親元日記」）。だが義尚はまだ九歳であり、幕府の長としての役割は引き続き義政が担った。乱前の義政は義視を中継ぎとして義尚を将軍職に就けるという構想を持っていたので、義尚の将軍職継承は義視の排除を意味していた。遠からず西幕府を屈服させることができるという義政の自信が見てとれる。

翌文明六年二月、講和交渉が再開された。東軍では赤松政則が不同意で、西軍では畠山義就が反対した。義就は西軍の士気を高めるため、足利義視と相談の上、諸将を召集したが、大内政弘がやってきただけで、他の大名は欠席した。政弘もすぐに帰ってしまい、義就は狼《ろう》狽《ばい》したという（「大乗院寺社雑事記」）。

同年四月三日、山名政豊と細川政元の会談が実現し、和睦が成立した（「東寺執行日記」「東院年中行事記」）。京都の商人たちが東陣を訪れ、お祝いを述べたという。だが西軍の大内政弘・畠山義就・畠山義統・土岐成頼・一色義直は和議に応じず、陣を解散しなかった。東軍の畠山政長・赤松政則も臨戦態勢を解かなかった。結局、山名・細川の単独和睦となり、西軍と東軍の和議には至らなかった。同月十五日、山名政豊の子息である俊豊《としとよ》が将軍足利義尚に拝謁し、東幕府への帰参が正式に認められた。

山名一族が東幕府に降伏したことで、西軍の主力は畠山義就・大内政弘に移行した。四月二十三日、京都室町で山名政豊の軍勢は、つい先日まで盟友だった畠山義就の軍勢と対戦している（「東寺執《しぎょう》行日記」）。翌月には一色義直の子である義春《よしはる》も東幕府への帰参を許され、本国丹後の領有を認められた。ただし東軍の武田国信《くにのぶ》（信賢の弟）・細川政国は丹後の引き渡しを拒否した（「大乗院寺社雑事記」「親長卿記」）。義政の権威低下を感じさせる。

さて尋尊は大乱の最大の要因を畠山氏の内紛に求めている（「大乗院寺社雑事記」）。右の経緯を見ると、その分析は的を射ていると言えよう。応仁の乱は、山名宗全が畠山義就を抱き込んだことで始まった。山名宗全と細川勝元という両軍の総帥が没し、山名・細川両氏の間で和議が成立したにもかかわらず大乱が続いたのは、あくまで畠山政長打倒を目指す畠山義就が反細川の大内政弘を巻き込んで徹底抗戦したからである。

山名宗全の決起は、足利義政親政の打破を目的としていた。だが、山名一族降伏後の西軍は反細川の色彩を強めていく。ここに応仁の乱は新たな局面を迎えた。

終戦工作の展開

この頃、西軍において急速に発言力を高めていたのが、持是院《じぜいん》こと斎藤妙椿であった。妙椿は僧侶であったが、美濃守護代であった兄の斎藤利永《としなが》が亡くなると、その子利藤《としふじ》（妙椿の甥《おい》にあたる）の後見人として政界に進出し、美濃守護土岐成頼の重臣になった。応仁の乱が始まると、近江・伊勢・尾張などに進攻し、その武名を轟《とどろ》かせた（一八九頁を参照）。

山名一族の脱落にもかかわらず、畠山義就・大内政弘が継戦を決意できたのも、妙椿の支持が得られたからである。尋尊は「東西の運不《うんぷ》は持是院の進退によるべしとうんぬん。希有《けう》の事なり（東西両軍のどちらが勝つかは、妙椿の動向によって決まる。あり得ないことである）」と嘆いている（「大乗院寺社雑事記」）。

尋尊の「希有の事なり」という発言には、大乱の帰趨が守護の家臣ごときに握られている下剋上の世相への反感が込められている。こういうことを言うから、尋尊は戦後の歴史家から、旧体制を懐かしみ現実から目を逸らす斜陽族とみなされてきた。

けれども、面白くないと思いつつも、尋尊は朝倉孝景や斎藤妙椿の動きに注意を払っているし、彼らと連絡もとっている。また尋尊は文明四年（一四七二）正月の日記に両軍の構成を記しているが、諸大名の名前のみを列挙した応仁元年（一四六七）六月の日記とは異なり、東軍に朝倉孝景・多賀高忠、西軍に斎藤妙椿・甲斐党の名を書き加えている。守護代層が応仁の乱のキーマンへと成長したことをしっかり把握している尋尊を、現実逃避タイプと評価することはできない。

文明六年閏五月、越前に進攻した甲斐勢は朝倉勢に撃退された。甲斐敏光（二六三頁、一八八頁）は上洛し、主君の斯波義廉と面会した。敏光は義廉の越前下向を望んだようだ。義廉を表に立てて斯波氏の分国である尾張・遠江の武士を総動員し、越前に攻め入ろうという壮大な作戦であった。しかし西軍の諸大名の反対で中止になった。その代わりに六月、斎藤妙椿が数千騎を率いて越前に入り、甲斐と朝倉を和睦させた（「大乗院寺社雑事記」）。

このように斎藤妙椿の活躍によって、西軍は東部戦線を保つことができた。とはいえ、さしもの妙椿も、上洛するほどの余裕はない。西軍諸将は京都の諸所で散発的に放火作戦を行う程度で、完全に手詰まりになってしまった。尋尊は「公方（義政）は大酒を飲み、諸大名は狩りをしている。まるで戦争が終わったかのような呑気さだ」と非難している。東幕府にしてみれば、そろそろ終戦に持ち込みたいところである。

終戦工作を担ったのは、新将軍足利義尚の母方の伯父、日野勝光であった（一一九頁を参照）。尋尊は勝光を「新将軍代」と呼んでいるが、政治の実権は依然として足利義政が握っており、勝光は実質的には義尚ではなく義政の代官であった。義政の最側近であった伊勢貞親は文明三年四月に失脚し、同五年正月に既に没していた。また細川勝元も既述の通り、今やこの世の人ではない。義政が頼れるのは勝光の他にいなかったのである。勝光は大内政弘や畠山義就と接触するが、足利義視の処遇が決まらないこともあり、交渉は進展しなかった。西軍諸将は義視を擁立した手前、彼を見捨てて降参することはできなかったのである。

文明七年二月、西軍の甲斐敏光が降伏し、足利義政から遠江守護代に任命された（『大乗院寺社雑事記』）。甲斐の主君である斯波義廉も同年十一月に尾張に下った（『和漢合符』）。義廉のその後の動静は不明である。かくして越前は完全に東軍の手中に落ち、西軍は一層不利に陥った。西軍の降伏は間近かと思われたが、文明八年六月に日野勝光が死去し、終戦工作は暗礁に乗り上げた。

文明八年九月、足利義政は大内政弘に御内書を送り、終戦への協力を求め、受諾を得た（内閣文庫所蔵「古文書」、「黒岡帯刀《くろおかたてわき》所蔵文書」）。政弘の在京は一〇年近くに及んでおり、さすがに本国が心配になってきていた。十二月、おそらく大内政弘の進言に基づき、足利義視は義政に対して「西軍への参加は謀反の意思によるものではなく、伊勢貞親に命を狙われていたがための自衛行動です」と釈明し、許しを乞うた。義政はこれを受け入れ、伊勢貞親の讒《ざん》言《げん》を信じたことを詫びた。死人である伊勢貞親をスケープゴートにする形で、兄弟はようやく和解のきっかけをつかんだのである。

以後、講和交渉を担ったのは、日野勝光の妹にして足利義政正室たる日野富子である。富子が交渉役に立ったのは、足利義視と縁戚関係にあったからだろう（七三頁を参照）。文明九年閏正月、義視は富子に対して義政への口利きを依頼し、見返りとして三〇〇〇疋（三〇貫文）を贈ることを約束した。ただし義視には支払うだけの財力はなかったので、五月、大内政弘が肩代わりして三〇〇〇疋を富子に納入した。政弘自身も富子に仲介を頼んでおり、五〇〇〇疋を支払っている（『親元日記』）。

このように書くと、いかにも富子が私腹をこやす「悪女」のように見えてしまうが、この時代、幕府や朝廷の人間に「礼銭」という名の賄賂を贈ることは一般的なことであり、富子が格別がめついわけではない。桜井英治氏が説くように、富子の利殖活動が悪化の一途をたどる幕府財政を支えていたことも、また事実なのである。

富子の蓄財と言えば、諸将に軍資金を貸し付けたり兵粮米を売りつけたりしているという尋尊の指摘が有名である（『大乗院寺社雑事記』）。永原慶二は「畠山左衛門佐、先日千貫借用申」という尋尊の記述を「畠山義就が日野富子から千貫文借りた」と解釈し、東軍に属する身でありながら敵の西軍にまで資金を供与する富子を「死の商人」と非難している。けれども、義就の官途は右衛門佐《えもんのすけ》であって、左衛門佐ではない。

このため義就ではなく、西軍の畠山左衛門佐義統が金を借りたと考える研究者もいる。しかし尋尊は畠山左衛門督《さえもんのかみ》政長のことを、しばしば誤って「左衛門佐」と記しているので、この時に富子から金を借りたのは東軍の畠山政長であろう。富子が東西両軍に金を貸して戦乱の拡大を促したという理解は当たらない。先述の通り、むしろ富子は終戦に向けて努力していたのである。

西幕府の解散

大内政弘の降伏が秒読みとなり、強気一辺倒だった畠山義就も身の振り方を考えざるを得なくなった。政弘が帰国したら、京都における軍事バランスは完全に東軍に傾き、義就が包囲殲滅されるのは必至である。

文明九年（一四七七）八月六日、木津に陣を構える東軍の仁木氏から尋尊のところに手紙が届いた。畠山義就が大和に進出してくるというのだ。義就の軍勢が大和に入ってきたならば、大きな戦闘は避けられない。尋尊にとって憂慮すべき事態であった。

ただし義就が大和ではなく河内に下る可能性もある。義就の行き先は大和か、河内か。尋尊は情報収集に神経を尖らせることになる。

同月十四日、義就が大和に来たら、筒井・成身院は窮地に陥るだろう、と尋尊は推測している。また「義就は当世最強の武将であり、彼に敵対することなど考えられない」とも記している。この尋尊の発言から、義就の勇猛を無邪気に讃える緊張感のなさを読み取る研究者もいるが、そこまで単純な話ではあるまい。仮に義就が大和に進撃してきても、東軍の筒井らが敵対せずに逃亡すれば、大和が戦火に包まれることは避けられる。そういう展開を願っているのだろう。事実、次節で述べるように、尋尊の読みはほぼ的中した。

九月九日、畠山義就が越智・古市に対し、大和と河内のどちらに進んだらいいか相談したという噂を尋尊は耳にした。十二日には、「昨夜、義就が妻子を越智の屋敷に避難させた。古市澄胤が護衛をつけた」という情報に接した（『大乗院寺社雑事記』）。

そして同月二十一日、ついに畠山義就は京都の陣を引き払った。行き先は畠山政長の重臣である遊佐長直が守る河内若江《わかえ》城（現在の大阪府東大阪市若江南町）である。騎兵三五〇、歩兵二千余という大軍であった（『大乗院寺社雑事記』）。

東軍諸将は、撤兵する畠山義就の軍勢を追撃しようとしなかった。おそらく足利義政から追撃禁止の命令が出ていたのだろう。義政は大乱の勃発当初から、義就を京都から出すことで、幕引きを図ろうとしていた(第三章を参照)。虎に翼を付けて野に放つようなものだが、義政はともかく京都での戦闘だけでも終わらせたかったのである。この義就退去には、大内政弘が大きく貢献したようで、足利義政は朝廷に対し、大内政弘に従四位下左京大夫の官位を与えるよう要請している(「兼顕卿記」)。この時点で政弘の帰降は既定路線となっていた。

ただし義就撤退後も、西軍は京都の下京に布陣していた。山崎に駐屯していた東軍の赤松政則がこれを攻撃する構えを見せたが、義政が制止した。

足利義視は自分の処遇が確定しない中で、畠山義就が去ってしまったことに不安を抱いた。義視は義就の抜けた穴を埋めるべく斎藤妙椿に上洛を要請し、十月、妙椿は尾張・美濃・近江三ヶ国の軍勢三〇〇〇騎を率いて上洛した（『大乗院寺社雑事記』）。

だが十一月三日、ついに大内政弘が東幕府に降参する。政弘は周防・長門・豊前・筑前四ヶ国の守護職をはじめ所々の知行を安堵されるという破格の厚遇を受けた（「黒岡帯刀所蔵文書」『長興宿禰記《ながおきすくねき》』）。もっとも政弘は足利義政とは対面せず、伊勢貞宗（七六頁）を通じてお礼を申し上げたというから、完全に警戒を解いたわけではなかったようである。

同月十一日、大内政弘は京都の陣を引き払って周防への帰途についた。土岐成頼・畠山義統ら西軍の諸大名は自陣を焼き払って、それぞれ本国に下った。この際、故後花園法皇が住んでいた御所が類焼したが、土御門内裏《つちみかど》（現在の京都御所の地）は無事だったという。京都の住民は平和の到来を喜び、西軍の陣地跡を見物に行った（「親長卿記」「実隆《さねたか》公記」「兼顕卿記」「長興宿禰記」）。

足利義視は土岐成頼と共に美濃に下ることになった。義視は足利義政から正式な赦免を受けていないため、京都に残れなかったのである。文明九年七月には義視の娘が義政の猶子となっていることを考慮すると、足利義政・日野富子夫妻は義視を厳罰に処すつもりはなかっただろう。だが義視と息子の義材《よしき》（のちの義尹、義稙）が将軍足利義尚の地位を揺るがしかねない潜在的脅威であることには変わりない。このため義視問題はなかなか決着しなかった。

大内政弘も義視の面目が立つよう努力したが、最終的には自己の利益を優先し、義視を見放す形になった。結局、義視・義材父子に最も同情的だった斎藤妙椿が彼らを引き取ることになったのである。

かくして西幕府はなし崩し的に解散し、応仁の乱は形の上では終わった。とはいえ、畠山義就や土岐成頼らは足利義政に降伏したわけではなく、京都から去っただけである。尋尊にしてみれば、畠山義就が大和に攻めてくるかもしれない状況はちっともめでたくないどころか、大乱中よりもかえって悪い。京都に駐在する柚留木重芸が「他の公家・寺社のように、戦勝祝いのために上洛なさっては」と提案してきても、尋尊が腰を上げなかったのは、あまりに空虚な「終戦」「戦勝」だったからだろう。

一一年にもわたる大乱は京都を焼け野原にしただけで、一人の勝者も生まなかった。しかも戦乱の火種は完全に消えたわけではなかったのだ。

3　それからの大和

経覚の死と尋尊

経覚は応仁の乱の決着を見届けることができなかった。

経覚が波乱の生涯を閉じたのは、文明五年（一四七三）八月二十七日のことである。七九歳であった。前述のように、この年には山名宗全・細川勝元の両名も亡くなっているが、彼らの死を経覚がどのように受け止めたかは分からない。経覚の日記は文明四年九月までしか残っていないからである。

「天魔の所行」「寺社滅亡の基《もとい》」などと頻繁に乱世を嘆く尋尊と異なり、経覚は応仁の乱という戦争全体に関する感想を記すことはなかった。経覚の関心は政治や社会情勢ではなく、もっぱら自分と親交のある人々の動向に向けられた。

文明四年八月、朝倉孝景が甲斐方を撃破して越前を制圧した（一八八頁）と聞いた経覚は、「長年の知己である朝倉が勝利したのは本当にめでたい」と我が事のように喜んでいる（「経覚私要鈔」)。これまで指摘してきたように、経覚は西軍びいきであり、朝倉孝景は西軍から東軍に転じたのであるが、そんなことは経覚には関係のないことだったのだ。越前での合戦のせいで、河口荘からの年貢が入ってこないのではないかと心配する尋尊とは対照的である。

晩年は体調不良のことばかり書いている経覚だが、何ヶ月も寝たきりになったりはしなかった。文明五年七月には、お盆恒例の古市の念仏風流(一五七頁)を尋尊らと共に見物している。八月十一日にも一条兼良・尋尊らと共に猿楽を鑑賞している(「大乗院寺社雑事記」)。

ところが八月二十一日、経覚が突如、病に倒れる。古市から駆けつけた楠葉元次に事情を聞いた尋尊は医者を手配し、自身も見舞いに行った。しかし経覚は既に口もきけない状態だった。

尋尊は経覚の回復を願って、興福寺の僧侶たちに命じて大般若経を読ませたり念仏を唱えさせたりしたが、そのかいなく経覚は亡くなった。亡くなる直前、尋尊は経覚の身体を己心寺に移した。葬儀は己心寺で行われた。取り仕切ったのは、もちろん尋尊である。新しい寺務には西南院光淳(一一八頁)が就任した。光淳の初仕事は、処刑される予定だった盗人を恩赦により釈放することであった。

経覚が亡くなって一一日後の九月九日、経覚が書き残した日記などの諸記録を、尋尊は取り寄せた。この時代の公家や僧侶の日記は、心覚えのための私的なものではない。自身の後継者が儀式や行事、所領支配などを滞りなく進めるためのマニュアルとしての性格をも有していた。だから本来なら経覚は後任の大乗院門主である尋尊に自分の日記を見せてあげなくてはならなかったのだが、経覚と尋尊との関係は微妙で、経覚はそうしなかった（五七頁を参照）。尋尊はノウハウを伝授されることなく、独学で門主として必要な知識を習得せざるを得なかった。

経覚が没した時、尋尊は既に四四歳であった。多くの記録を調べ上げ、大乗院の歴代門主の中でも随一と言って良いほどの博識となった尋尊にとって、今さら経覚の日記から学ぶことはほとんどなかっただろう。それでも経覚の記録を即座に入手する尋尊の学究心には感心させられる。

しかし尋尊にとって不運なことに、経覚の日記は文安二年（一四四五）以前のものが欠けていた。文安二年に筒井勢が経覚のいる鬼薗山城に攻め寄せた時に、日記がほぼ焼けてしまったのである。尋尊も康正二年（一四五六）からは日記を書き始めているので、尋尊にしてみれば古い記録の方がより重要である。にもかかわらず、経覚の古い日記が失われていることに尋尊は落胆したことだろう。

経覚は日記だけでなく、厄介なものも尋尊に残した。借金である。楠葉元次が尋尊に報告したところによると、経覚の債務は五〇貫文ほどだという。債権者たちは、尋尊に返済を要求した。返さないのなら大乗院が持っている土地を差し押さえると迫った者もいたようである。

尋尊は、経覚の債務は個人的な借金であり、大乗院とは関係ないとつっぱねた。その証拠に、自分は借金の保証人になっていないし、一筆書いてもいない、と主張した。しかし貸主たちは「あなたは経覚の弟子ではないか」と食い下がった。これに対し尋尊は、「私は経覚の弟子ではない。大乗院門主の地位も、大乗院領も、経覚から譲られたものではなく、幕府から与えられたものである。九歳から現在まで三六年間、一貫して私が大乗院門主を務めてきた」と反駁《はんばく》している。

この主張には尋尊の嘘が混じっている。確かに尋尊の大乗院門主就任は、経覚が足利義教の不興を買って失脚したことによるもので、経覚から譲り受けたわけではない（四五〜四六頁を参照）。だが嘉吉元年（一四四一）に義教が暗殺されると、経覚は大乗院門主に返り咲き、尋尊を自らの弟子にした（五一頁）。文安二年に筒井氏との合戦に敗れて経覚が奈良を離れるに及んで、尋尊は大乗院門主に復帰できたのである。異例の形ではあるが、尋尊が経覚の弟子だったことは否定しがたい。

ところが尋尊は文明二年の時点で、このような問題が発生することを予期していたのである。尋尊は自分が経覚よりも先に死ぬ可能性を考慮し、政覚のために門主としての心得を書き置いた。経覚の借金の保証人になってはならない。経覚に金を貸している、経覚から土地をもらったなどと言って、大乗院の土地をかすめ取ろうとする者を相手にしてはならない、などなど。

したがって尋尊は、経覚の死後に借金取りが押しかけてくる事態に備えて、自分が経覚の弟子でないことを証明する文書を集積し、理論武装をしていた。だから実際に「経覚の借金を代わりに返せ」と詰めかけられても動じず、「自分は経覚の弟子ではない」と堂々と反論した。借金取りは経覚と尋尊の複雑な関係を細かく把握しているわけではないので、尋尊に丸め込まれてしまった。この辺りの周到さは、尋尊ならではと言える。

さらに尋尊は、経覚が経営していた所領の回収に動いた。尋尊に言わせれば、それらは経覚の私有地ではなく、大乗院門跡が経覚の老後の生活のために貸してあげた「隠居分」にすぎない。だから経覚には処分権はない。経覚が所領を借金の担保に入れたり、他人に与えたりすることはできないのだ。経覚がそういう契約を結んでいたとしても、それらはみな無効であり、経覚が死んだ今、全ての所領は大乗院門跡に返還されなければならないのである。この「隠居分」をめぐるトラブルも文明二年時点で想定済みだったので、尋尊は古市胤栄に命じて、各地に点在する経覚の所領を速やかに回収させた。

大乗院門主の尋尊にとって、大乗院門跡という経営体の維持こそが最重要課題であった。

将来発生するであろう問題を予見し、事前に対策を練っておく尋尊の手腕は見事と言うほかない。大乱の傍観者と侮っていると、尋尊の本質を見失ってしまうだろう。

畠山義就の独立王国

文明八年（一四七六）四月五日、筒井順永が五八歳で病没し、子息の順尊《じゅんそん》が後を継いだ（「大乗院日記目録」）。順永は大和の東軍方の主力として南山城や河内で西軍と対戦する一方で、奈良の治安を守ってきた。文明四年に土一揆が奈良を襲った際には順永がこれを鎮圧している。順永の死に動揺した興福寺僧の中には、これからは西軍方の越智を支持すべきではと述べる者たちもいたが、尋尊は「大天魔どもなり」と激昂し、提案を一蹴した。尋尊が順永の功績を評価していたからともとれるが、眼前の事象に惑わされず慎重に判断するという彼の気質によるところが大きいだろう。大和の東軍方の弱体化を懸念した畠山政長は、重臣の遊佐長直を河内に派遣し、若江城（一九六頁）を守らせた。

翌九年九月二十二日、京都を発った畠山義就の軍勢は河内牧《かわちのまき》（現在の大阪府枚方市）に野営した。義就はさらに野崎《のざき》（現在の同府大東市）にまで進出し、若江城をうかがう構えを見せた。越智家栄・古市胤栄・同澄胤が義就方に、筒井順尊が政長方に加わるなど、大和衆も河内国に集結しつつあった（「大乗院寺社雑事記」）。

二十七日、若江城を守る遊佐長直が迎え撃ち、義就勢を追い払った（「大乗院寺社雑事記」）。だが、これは畠山義就の作戦であった。義就は退却すると見せかけて摂津国欠郡《かけのこおり》（現在の大阪市域）に転進し、天王寺城《てんのうじ》を急襲した（「長興宿禰記」）。天王寺城を守る和田助直《にぎたすけなお》らの奮戦により義就勢を何とか撃退したが（「和田文書」）、同日、政長方の客坊城《きゃくぼう》（現在の東大阪市客坊町）が陥落した（「大乗院寺社雑事記」）。

畠山義就が京都を出る時に黙って見送ったのだから、義就が河内で暴れることは、幕府もある程度は覚悟していたはずだ。だが義就の勢いは予想以上のものであった。狼狽した畠山政長は足利義政に泣きつき、義政は朝廷に対し畠山義就治罰の綸旨をいただきたいと要請した。九月二十九日、東大寺・興福寺・金峰山《きんぷせん》・多武峰・高野山・根来寺《ねごろじ》・粉河寺《こかわでら》の衆徒と伊勢国司北畠政郷《まささと》（満雅の孫）に宛てて綸旨が発給された（「実隆公記」「兼顕卿記」「長興宿禰記」）。この時点では大内政弘ら西軍諸将は京都に駐留しているので、東軍は動かせない。このため義政は、朝廷の影響下にある寺社勢力と公家大名の軍事力を活用しようとしたのである。

だが足利義政の対応は遅きに失した。十月三日、畠山義就は八尾城《やお》（現在の大阪府八尾市）に入り、若江城と誉田城《こんだ》（現在の同府羽曳野市誉田）の連絡を断った（「大乗院寺社雑事記」）。ついで同七日、義就は政長方の和田美作守らが守る誉田城を攻め、大将の美作守以下三七名を討ち取った（「長興宿禰記」「大乗院寺社雑事記」）。義就はそれらの首級を京都の政長に送りつけたという。「京都に引きこもっていないで、出てきて俺と戦え」という挑発であろう。この時、若江城の遊佐長直は誉田城の救援に向かわなかったため、政長方の士気は著しく低下した。古市氏が守る教興寺城《きょうこうじ》（現在の八尾市教興寺）を攻めていた筒井順尊も撃退された。十月八日、義就方の大和国民である吐田氏《はんだ》が、嶽山城《だけやま》を攻略した。かつて義就が二年半近く籠城した、あの嶽山城である（七〇頁を参照）。同九日には往生院城《おうじょういん》（現在の東大阪市六万寺町）、そして若江城が落城した。遊佐長直は天王寺から船に乗って自分だけ逃げ出すという醜態をさらした（「大乗院寺社雑事記」）。畠山義就は河内一国をほぼ平定した。

畠山義就が瞬く間に河内を切り取るとは、足利義政も全く予期していなかったと思われる。文明二年八月、畠山義就は家臣の誉田・甲斐庄・遊佐らに河内出陣を命じ、越智家栄もこれに加勢したが、政長方を駆逐するには至らなかった。政長方の河内支配は強固なものだったのである。畠山政長が河内に下向する義就を追撃しなかったのも、河内の防御に絶対の自信があったからであろう。

ところが今回、義就自らが出馬するや否や、河内・大和の武士たちは一斉に決起し、義就の麾下《きか》に馳せ参じた。義就の名望が知れよう。

畠山義就の魅力は、軍事的才幹もさることながら、守護家に生まれた御曹司《おんぞうし》でありながら、権威を物ともせず、実力主義を貫く点にある。「濫吹《らんすい》を表す輩《ともがら》（ルール無視の乱暴者）」（「建内記」）と公家・僧侶に恐れられた山名宗全でさえも、幕府政治を牛耳ることで富と権力を握ろうとしたという意味では保守的である。実際、自分が管領になるのではなく、娘婿の斯波義廉を管領に就けるという宗全の戦略は、斯波・細川・畠山の三家から管領を選ぶという幕府の秩序に則っていた（七三～七四頁を参照）。また、足利義視を迎える前の西軍は、八人の大名が連署する形式で命令書を出していたが、家柄の低い大内政弘は卓越した軍事力を持っているにもかかわらず署名者から排除された。これまた西軍総大将たる山名宗全の保守性を示している。

これに比べて畠山義就は、そもそも幕府の命令に従うという発想がない。大乱が始まる前から、彼は幕府の大軍を向こうに回して河内で孤軍奮闘していたのである。山名宗全に誘われて上洛したため、幕府内の権力闘争に巻き込まれることになったが、彼の本質は幕府の権威に頼ることなく自力で領土を拡張する独立独歩の姿勢にある。中央からの統制を嫌う地方武士たちが義就のもとに集まったのは、このためである。

今谷明氏は畠山義就の勢力を「河内王国」「幕府威令の届かぬ独立国」と評している。言い得て妙である。「最初の戦国大名」というと、朝倉孝景や北条早雲《ほうじょうそううん》の名前が挙がるが、畠山義就も戦国大名的な存在と言えよう。

筒井氏の零落

さて、河内での合戦が畠山義就の完勝に終わったことを聞いた尋尊は「めでたいことだ」と日記に記している。これで戦いは終わると思ったのだろう。

だが、尋尊の甘い期待はすぐに裏切られた。義就勢の矛先は大和国へと向かったのである。義就の家臣である遊佐や甲斐庄は、「神南山合戦《こうないやま》」で戦死した父の仇を討つため、大和国龍田城を攻撃したいと言い出した（「大乗院寺社雑事記」）。神南山合戦とは、長禄四年（一四六〇）十月十日の「河鍋山」合戦のことである（六七～七〇頁を参照）。畠山政長が籠もる龍田城を義就勢が急襲するも撃退され、河鍋山に敗走したところ、更に政長方に追撃され、遊佐国助・誉田金宝・同祥栄・甲斐庄ら義就方の主立った将が戦死した。そこでおのおのの父の命日にあたる文明九年（一四七七）十月十日に、龍田城を攻撃しようと提案したのである。

しかし、十月十日に龍田城を攻撃するという作戦に軍事的合理性はない。そのため、越智・小泉・片岡らは反対した。彼らは義就に従っていたが、遊佐や甲斐庄と違って義就の家臣ではない。義就は大和衆の意見を無視できず、龍田城攻撃を中止したのだろう。それにしても、二〇年近く経ってなお復讐を忘れない中世武士の執念深さには驚かされる。

義就方は東進して一挙に奈良を攻略せんと考えた（「長興宿禰記」）。在京の大内政弘はこれを側面支援すべく、重臣の杉弘相《すぎひろすけ》に正規兵三〇〇騎・雑兵数千人を与えて山城国を南下させた（「大乗院寺社雑事記」）。おそらく政弘は事前に義就と約束していたのだろう。義就が京都から撤退して政弘の東軍帰参に協力する代わりに（一九七頁）、政弘は義就の河内・大和攻略に加勢するという取引があったものと思われる。

大内軍の接近を知り、木津を守る仁木氏・木津氏らはあわてて逃走した。筒井順尊・成身院順宣（のちの順盛《じゅんせい》。一七七頁）も行方をくらました。大和の政長方勢力は四散してしまった。箸尾氏だけは政長方の孤塁を守っていたが、その箸尾氏にしても当主の為国《ためくに》は箸尾城を捨てて姿を消してしまった。

十月十三日、大内軍は木津から般若寺（現在の奈良市般若寺町に所在）まで進出してきた。奈良が戦火にさらされることを恐れた興福寺は、古市の家臣で下狛（一七五頁）に駐留していた井上《いのうえ》九郎を通じて大将の杉弘相と交渉し、奈良への進軍を中止してもらった。大内軍は下狛まで撤退した。

筒井氏の没落を知った六方衆は、筒井氏の代官として奈良の住民に重税を課していた慶忍《けいにん》の坊舎を襲い、慶忍を追放した。古市胤栄・澄胤兄弟が河内の教興寺城から奈良に戻ってきて、奈良防衛の指揮をとった。

筒井氏をはじめとする政長党が奈良から一掃された以上、畠山義就と太いパイプを持つ古市氏を官符衆徒の棟梁にしなければ、奈良の防衛はおぼつかない。何しろ義就の軍勢は河内・大和両国合わせて一万にも及ぶというのである。

ところが尋尊が古市澄胤を官符衆徒棟梁に任命しようとすると、「私ひとりを棟梁として下さるのなら、お受け致します」と返答してきた。康正元年（一四五五）九月に古市春藤丸（胤栄）が官符衆徒の棟梁に就任した際には（一七六頁）、豊田・高山氏らも棟梁になっており、棟梁は全員で五人であった。今回も豊田・高山らが棟梁の地位を要求しており、尋尊は板挟みに遭った。だが尋尊は「古市以外の人間に奈良の治安を守らせようとしても上手くいくまい」と考えた。相変わらず尋尊は冴《さ》えている。以後、尋尊は文明九年十一月に古市氏を通じて畠山義就に河内平定を祝う書状を酒樽などの贈り物と共に送るなど、義就との友好関係の構築に腐心している。

畠山義就と越智家栄の推薦もあり、文明十年正月、尋尊は筒井順尊の代わりに古市澄胤を官符衆徒棟梁に任命した。筒井方が反発したものの無力であった。同年六月には越智家栄の娘と古市澄胤との政略結婚が成立し、古市氏の権力は一層強化された。

一方、筒井順尊は反撃の機会をうかがっていた。順尊の長男が東山内の福住郷《ふくすみ》（現在の奈良県天理市福住町）を支配する福住氏の養子となっていたため、福住郷を拠点に抵抗活動を行った。文明十一年九月以降、筒井方は足軽を雇って奈良市中を攪乱《かくらん》した。足軽たちは神出鬼没で、奈良の各所を襲撃し、略奪や放火を行った。

筒井方の正規兵力は五〇〇人程度で、兵力的には古市勢の方が上回っていた。だが筒井方は兵力の不足を傭兵で補った。筒井方の足軽を活用したゲリラ戦術に対抗するため、古市方も足軽を雇うことにした。雇うといっても給料を出す余裕はないので、略奪を許可するという形をとった。これは応仁の乱の最中、京都で行われた足軽戦法と全く同じである。

尋尊は双方の足軽戦法による奈良の荒廃を嘆いたが、どうすることもできなかった。第四章で述べたように、応仁の乱が起こると、戦火を避けて多くの公家が京都から奈良に疎開してきた（一四四〜一四五頁を参照）。だが今や奈良の方が物騒になったため、八〇人ほどが京都に戻った。足軽に道中の護衛を頼んだところ、途中で足軽が追いはぎに変じ、身ぐるみはがされたという哀れな公家もいたという（「大乗院寺社雑事記」）。

筒井方の奈良跳梁を見た畠山義就は、十月二十一日、市若《いちわか》という足軽大将を派遣した。市若の奮戦もあり、筒井方の軍事活動は低調になった。義就はさらに大軍を大和に送り込もうとしたが、畠山家中で内紛が発生したため、取りやめになった。おかげで筒井方は命脈を保つことができた。

文明十三年七月十五日、筒井方が再び奈良進攻を計画しているとの噂が流れた。尋尊は「文明九年に畠山義就の軍勢が大和に迫った時、筒井らは一戦も交えずに逃げ出したではないか。義就の勢力はあの頃よりも上だ。もし出撃してきても追い散らされるだけだろう。それとも義就が亡くなったという噂を真に受けたのだろうか」と首を傾《かし》げた。

だが七月二十日、筒井順尊・箸尾為国・十市遠相《とおすけ》・成身院順盛らの連合軍は旧領を奪還すべく挙兵した。彼らが攻勢に出たのは、多武峰との同盟が成立したからであった。しかし尋尊の予測通り、筒井方は惨敗し、古市澄胤は筒井氏の居城である福住城を陥落させた。

これ以降も筒井順尊は復権をあきらめず、種々策謀をめぐらしたが、全て失敗に終わった。文明十九年（一四八七。七月二十日、長享《ちょうきょう》に改元）には箸尾為国が越智家栄に降伏した。そして長享三年（一四八九）七月二十二日、筒井順尊は亡命先の京都の宿で逝去した。三九歳だった。酒毒によるという。失意の日々を酒でまぎらわせた姿が目に浮かぶ。尋尊は「去る文明九年丁酉の歳十月十三日に没落以後、今に帰国せず。あまつさえ入滅す。大明神の御罰なり」と日記に記している。順尊は文明九年以後も大和国で活動しているので、この場合の「帰国」は、大和国に帰るではなく、故郷の筒井郷に帰るという意味だろう。

筒井氏は畠山政長に肩入れして河内・大和で長年戦い、応仁の乱の火付け役となった。結果、政長の属する東軍が勝利したが、筒井氏自身は越智氏・古市氏との戦いに敗れ、大和での勢力を失った。大いなる皮肉と言うほかない。

第七章　乱後の室町幕府

1　幕府政治の再建

寺社本所領返還政策の再開

応仁の乱によって将軍の権威が失墜したことはよく知られている。尋尊は「応仁の乱が終わったと言っても、めでたいことなど何もない。今や将軍の命令に従う国など日本のどこにもないのだ」と記している。

とはいえ、足利義政も巷間言《こうかん》われるほどに無為無策だったわけではなく、幕府再建に努力している。その柱が寺社本所領返還政策である。これは、守護などの武家勢力が「寺社本所」、すなわち寺社・公家などの荘園領主から奪った所領を返還するというものである。義政は乱前から寺社本所領の返還に熱心に取り組んでいたが、応仁の乱の勃発によって中断していた。乱の終結を受けて再開したのである。

寺社本所領返還政策は守護の既得権益を侵すものであるから、その実現は容易ではない。そこで、まず旧西軍の諸大名と交渉を始めた。西軍に参加し幕府に反逆した罪を許す条件として、分国内の寺社本所領返還を提示したのである。文明十年（一四七八）、美濃の土岐成頼・斎藤妙椿はこれを受け入れたため赦免され、赦免を感謝する使者を京都に派遣した。ところが能登の畠山義統は返還を約束しないまま使者を送ってきたので、義政は土岐・斎藤の使者とは対面したが、義統の使者とは会わなかった（「親元日記」「晴富宿禰記《はれとみ》」）。

なぜ義政は寺社本所領返還政策にこだわったのか。この時代、土地を本来の所有者に戻すことは「徳政」、すなわち良い政治と認識されていた。義政が理想の政治を実現することで将軍の権威を高めようとした、という推定が一応は成り立つ。

だが義政は一方で、諸国にある御料所《ごりょうしょ》（幕府直轄領）が守護・守護代以下に奪われているため、その代わりとして、山城国内の寺社本所領の年貢の五分の一を徴収するという決定を下している（「大乗院寺社雑事記」）。この時は寺社・公家の猛反発によりのちに撤回しているが、文明十四年に東山山荘（のちの慈照寺《じしょうじ》＝銀閣寺）の造営を開始すると、山城の寺社本所領荘園に対し工事費と人夫を出すよう命じている。寺社や公家に負担を強いる義政の施策は同時期に展開された寺社本所領返還政策と矛盾するように見える。

寺社本所領の回復に邁進《まいしん》した義政の動機は理念的なものではなく、もっと即物的なものだったと考えられる。幕府が寺社本所領の返還命令を出したからといって、守護勢力が素直に従うとは考えにくく、寺社や公家が所領支配を実現するには、幕府の後押しが必要になる。

一例を挙げよう。応仁の乱の前の越前長禄合戦において守護代甲斐氏の勢力が後退すると、興福寺は河口荘・坪江荘の直務《じきむ》化を図った（六六〜六七頁を参照）。だが結局、将軍側近の大館教氏《おおだちのりうじ》・熊谷持直《くまがいもちなお》・籾井信久《もみいのぶひさ》らが代官に就任することになった。自力で守護勢力を排除できない興福寺が将軍の後ろ盾を求めたのであろう。

ここから分かるように、寺社本所による所領回復の動きは結果的に将軍勢力の寺社本所領への進出を促すことが多い。義政の寺社本所領返還政策は慈善事業ではなく、むしろ守護勢力を抑圧し自身の利権を拡大するという一挙両得の将軍権力強化策だったのである。

だが、それゆえに寺社本所領返還政策には守護からの反発が強かった。翌文明十一年には播磨・備前・美作三ヶ国守護の赤松政則が、分国内での寺社本所領の返還を渋ったとして出仕停止を命じられた。朝廷の下級官人である小槻晴富《おづきはれとみ》は「返還命令に応じない大名は他にもいるのに、赤松だけが怒りを買ったのはなぜだろう」といぶかっている。赤松政則は大乱で疲弊する諸大名を尻目に、勢力を拡張した数少ない大名であったから、義政は釘《くぎ》を刺す必要を感じていたのだろう。

足利義政の隠居

文明十一年（一四七九）十一月二十二日、一六歳の足利義尚は判始《はんはじめ》を行った（「長興宿禰記」）。判始とは、文書に初めて自分の花押《かおう》をすえる儀式のことである。中世において自分の花押を持つことは、法的な責任能力を持った一人前の大人の証《あかし》である。義尚は既に元服して征夷大将軍に任じられていたが、花押を持っていなかったので、政治に携わることはできなかった。判始によって、将軍の名の下に文書を発給することが可能になったのである。

だが、その後も義尚には文書発給の機会がなかった。父である足利義政が依然として政務をとっていたからである。これに不満を持った義尚は文明十二年五月、突如本鳥を切って御所を飛び出し、出家を図った。以前から義尚には抜刀して人々を追い回すなどの奇行が見られ（『大乗院寺社雑事記』）、相当に鬱屈《うっくつ》していたようである。あわてた義政は、近いうちに政務を譲ると約束して義尚をなだめたという（『長興宿禰記』）。

気を取り直した義尚は一条兼良に政治の心構えを諮問し、兼良は政治意見書『樵談治要《しょうだんちよう》』を執筆、七月に義尚に献上した。そこには「仏法を敬いなさい」「清廉潔白な人物を登用しなさい」「裁判は公平に行いなさい」など、綺麗事しか書かれておらず、実践的・具体的な提言に乏しかった。義尚も物足りなく感じたようで、のちに弟の三宝院義覚《ぎかく》に下げ渡している。ちなみに兼良の息子の尋尊は、義尚の為政者としての資質に疑念を抱いており、義尚に理想の君主となるよう説く『樵談治要』を「犬の前で仏の教えを説くようなものだ」と皮肉っている。

文明十三年正月、足利義政は「隠居する」と言い出し、人々が年賀の挨拶に御所を訪れても面会しようとしなかった。表面的には義尚への政務委譲の約束を果たしたかに見えるが、実のところ突然の引退表明だったようで、周囲は困惑した。寺社本所領返還命令に応じない大名たちとの軋轢《あつれき》、正妻の富子との不仲、息子義尚との不和（徳大寺公有《とくだいじきんあり》の娘を父子で取り合う）などが原因だったようである（「大乗院寺社雑事記」「長興宿禰記」「宣胤《のぶたね》卿記」）。

政務委譲というより当てつけ的な政権投げ出しに義尚は反発し、再び本鳥を切り、人々の年賀の挨拶を拒否した。天下を治める立場にある足利将軍家の父子が共に引きこもるという前代未聞の事態に、尋尊は「ただ事に非ざるものなり」とあきれ返った（「大乗院寺社雑事記」）。このため、義政を補佐していた日野富子が政務を代行した。ただし、関所を乱立させたり高利貸しを営んだりと私財の蓄積に狂奔する富子の評判は以前から悪く、長く続けられる政治体制ではなかった。

同年十月、足利義政は京都北郊の長谷《ながたに》（京都市左京区岩倉長谷町）の聖護院《しょうごいん》に隠棲した。命令に従わない諸大名、行状が一向に改まらない息子義尚に愛想が尽きたというのである。翌文明十四年五月、足利義尚は義政の捨てた小川御所に移る。そして七月、義政は正式に政務の委譲を宣言し、義尚の執政が開始された。けれども、次節以降で見るように義政はなおも幕府の最高権力者としての地位を維持し、義尚の権力を制約し続けた。

2　細川政元と山城国一揆

迷走する幕府の山城支配

応仁の乱が終結すると、南山城を制圧していた西軍が撤退し、畠山政長が山城守護に就任した。前述のように、権力の衰退によって全国からの収入が期待できなくなった幕府はお膝《ひざ》元《もと》である山城国からの収奪を強化することで財政を再建しようとした。

ところが幕府の山城支配を担うべき畠山政長は、畠山義就《よしひろ》の猛威に押しまくられる一方であった。文明十四年（一四八二）末から翌十五年正月には、宇治以南の南山城三郡（相楽《そうらく》・綴喜《つづき》・久世《くせ》）が義就の勢力圏に入り、幕府の影響力が全く及ばなくなった。

政長の守護支配が機能不全に陥る中、幕府は別の方法での山城統治を検討することになる。文明十三年、足利義政は赤松政則に対し山城守護就任を打診した。当時、政則は侍所所司であり、侍所所司が山城守護を兼ねるのが昔からの慣例だったためである。しかし政則の返事は「光栄に存じますが、私には荷が重いので御勘弁下さい」というものだった（「親元日記」）。

もっとも、これは予想できた反応である。何しろ政則は京都の治安を守るのが仕事の侍所所司であるにもかかわらず、重臣の浦上則宗（一六三頁）に全てを任せ、自身は本拠地の播磨に下っていたからである。政則は境を接する山名政清（九四頁）と抗争中であり、山城に関わっている余裕はなかった。

文明十四年十二月には、足利義尚・日野富子が劣勢の畠山政長を見限って畠山義就に乗り換えるという方針を示した。義政はこれを撤回させ、再び父子の対立が激化した。尋尊は「京都で再び大乱が勃発するのではないか」と危惧を抱いている。幕府首脳部の意思不統一が山城の混乱に拍車をかけたことは否めない。

翌十五年正月、足利義政は若狭守護の武田国信（一九〇頁）を山城守護に任命しようとした。だが国信も「私には務まりません」と断った。そこで在京の浦上則宗に命じたが、則宗も「手勢が少なく、義就方を駆逐することができません」と固辞した（『大乗院寺社雑事記』）。山城守護の引き受け手がいない以上、弱体な畠山政長にテコ入れするしかない。同年八月十五日、足利義政は政長に対して、宇治川以南の寺社本所領の年貢の半分を軍事費として徴収することを認めた。同二十三日には、義政の執奏により、後土御門天皇が畠山義就治罰の綸旨を発給し、義就は「朝敵」と位置づけられた（『後法興院記』）。

だが状況は好転せず、文明十六年九月、足利義政は畠山政長の山城守護職を解き、山城国を御料国《ごりょうごく》（幕府直轄国）とし、幕府財政の責任者である政所執事の伊勢貞宗（貞親の嫡子。一九七頁）を代官に任命した。義政は貞宗に寺社本所領の保護に努めるよう指示を出している（『大乗院寺社雑事記』）。

とはいえ、両畠山の軍勢が対峙《たいじ》する戦乱状態では、固有の軍事力をほとんど持たない貞宗の山城支配は機能しなかった。結局、停戦を実現しない限り、山城国からの収益は期待できないのであった。

山城国一揆の蜂起

文明十七年（一四八五）七月、畠山義就の命を受けて南山城に駐留していた斎藤彦次郎《ひこじろう》が突如離反し、政長方に転じた（『大乗院寺社雑事記』『後法興院記』）。この突然の造反劇の原因は不明だが、川岡勉氏が指摘するように、南山城の支配をめぐって畠山義就と斎藤彦次郎との間で対立があったと推測される。

当初、侵略者として山城国に進攻した畠山義就であったが、南山城を制圧すると、地元の支持を得るため、占領行政に意を払うようになった。義就は寺社本所領の保護を謳《うた》い、三人の奉行を任命した。だがこの政策は、現地荘園からの収奪によって戦費を賄ってきた斎藤彦次郎には容認できるものではなかった。幕府は彦次郎の帰参に対し、義就方が押さえている南山城の寺社本所領を給付するという措置で報いている。

畠山政長はこの機を逃がさず、大攻勢に転じた。政長方として逼塞《ひっそく》していた筒井順尊ら大和の牢人衆（二一〇～二一二頁を参照）も南山城に出陣し、十月十四日には光明山《こうみょうせん》（現在の京都府木津川市山城町綺田に所在）の辺りに布陣した。斎藤彦次郎もこれに呼応して宇治から南下し、義就方の城を攻め始めた。

義就方の古市氏も全軍を挙げて出陣した。当主の古市澄胤のみならず隠居の胤栄も出陣すると聞いた尋尊は、奈良防衛が手薄になることを心配して慰留したが、古市氏はこれを振り切って出陣した。

政長方の斎藤・筒井・十市らの軍勢一五〇〇に対し、義就の重臣である誉田正康《まさやす》率いる河内勢が七〇〇、古市勢が三〇〇と、義就方が劣勢であった。そこで誉田・古市は越智に援軍を要請し、越智家栄の息子である家令《いえのり》が出陣した（『大乗院寺社雑事記』）。

両軍は久世・綴喜の郡境を挟んで対陣した。双方が総力を結集したため、互いに迂闊《うかつ》に動けず、睨《にら》み合いが続いた。京都での応仁の乱を彷彿《ほうふつ》とさせる。古市澄胤が春日社の神事を勤めるため大和に帰ろうとしたところ、戦力低下を恐れた誉田に引き止められたという。これを耳にした尋尊は「いずれ神罰が下るだろう」と憤慨している。

決定的な勝機を見いだせないまま、両軍は無為に滞陣を続けた。両軍があちこちに関所を立てて検問を行うので京都と奈良の交通は遮断され、両軍による荘園侵略（人夫・物資の徴発）も激化した。尋尊は「細川政元が山城守護に任命された」という噂を書き留めているが、そこには尋尊の期待も含まれていただろう。最大の軍事力を擁し山城にも強い影響力を持つ政元が事態を収拾するという解決策は、最も現実的な選択肢だった。

しかし局面を打開したのは、細川政元ではなく、南山城の国人（地元武士）たちだった。十二月、彼らは「国一揆」を結成し、両畠山軍に撤退要求を突きつけた。要求を受け入れない側を攻撃すると国一揆が圧力をかけたため、両軍はやむなく撤兵に応じた（「後法興院記」）。有名な「山城国一揆」である。たとえるならば、スイスの「武装中立」のようなものだろうか。

両軍の長陣は南山城に荘園を持つ興福寺・石清水八幡宮などの荘園領主だけでなく、山城の国人たちにとっても甚だ迷惑なことであった。彼らは両畠山の進駐により否応なく合戦に巻き込まれたのであり、積極的に戦う意思はなかった。両軍の主力は河内・大和・伊賀など他国の武士であり、自分たちの所領が他国勢に踏み荒らされていく状況を苦々しく見ていた。狛氏や水主《みずし》氏など、自らの居城を奪われた山城国人も少なくなかった。

国一揆が掲げた主な政策は、①両畠山軍の山城再侵略の禁止、②寺社本所領の回復、③新関（新しい関所）設置の禁止、の三点であった。尋尊の後継者である政覚（二三九頁）は②を聞いて喜んでいる（「政覚大僧正記」）。尋尊も基本的に歓迎したが、南山城の国人たちが一揆を結んで両畠山を追い出すという「下剋上」については複雑な思いで見つめていた。身分秩序を重んじる尋尊にとって、手放しで支持できる結果ではなかったのである。

実際、国一揆が寺社本所領の復活を宣言したのは、寺社本所のためを思ってのことではなかった。彼ら山城国人の言う寺社本所領の回復とは、具体的には大和の衆徒・国民など「他国輩《ともがら》」を荘園の代官に任命しない、ということであった（「狛野荘加地子《かじし》方納帳《のうちょう》」）。

両畠山軍が南山城に進出した際、彼らは諸荘園の代官に力ずくで就任し、年貢などを〝合法的に〟徴収した。こうした侵略者たちを追放して寺社本所の「直務」（六六頁、一二七頁）に戻すというのが国一揆の方針であったが、この時代、直務支配は極めて困難であった。いったんは直務支配を行ったところで、結局は山城国人たちを代官に任用する形に落ち着くケースが大半であろう。現に山城国一揆メンバーの狛氏は、翌文明十八年には興福寺領狛野荘の代官就任を希望し、直務にこだわる尋尊と衝突している。だから山城国一揆の寺社本所領回復政策は、足利義政の寺社本所領返還政策と同じで、自分たちの利権拡大を真の目的としていたのである。

文明十八年二月、山城国人は宇治の平等院《びょうどういん》で会議を開き、「国中掟法《くにじゅうおきて》」を制定した（「大乗院寺社雑事記」）。以後、南山城の国人たちによる自治が行われた。この自治のための機関は「惣国《そうこく》」と呼ばれた。これに対し足利義政は伊勢貞陸《さだみち》（貞宗の嫡子）を山城守護に任命し、あくまで幕府による山城直轄支配を進める意思を示した（「大乗院寺社雑事記」）。

だが「惣国」を武力弾圧するという強硬策は採らず、国人たちによる自治を事実上黙認した。これまで南山城は畠山義就の軍事制圧によって幕府の支配から離脱していたので、義就の撤兵を〝改善〟と判断したのだろう。南山城「惣国」メンバーの進藤《しんどう》氏は伊勢氏の家臣であり、幕府は進藤氏を通じて南山城「惣国」に働きかけることが可能になった。

また義就軍の南山城撤収が契機となり、同年三月には足利義政・義尚の両人が畠山義就の赦免を決定した（『大乗院寺社雑事記』『後法興院記』『長興宿禰記』）。応仁の乱勃発からおよそ二〇年、義就はついに罪を許されたのであった。ここに応仁の乱の戦後処理は完了した。乱後の幕府は衰退する一方であったと思われがちだが、少なくとも畿内（山城・大和・河内・和泉・摂津）においては、それなりの政治的安定を実現したことを見落としてはならない。

細川政元の思惑

さて、この山城国一揆については、戦後長らく「住民による自治共和国建設の運動」として、その反権力性が高く評価されてきた。ところが一九八〇年代に、細川政元黒幕説が提起された。細川政元が山城国人にひそかに指示して畠山勢力を南山城から排除させ、自らの支配下に置こうとしたというのである。

この説の主な根拠は、国一揆を主導した「国中三十六人衆」の大半が細川政元に奉公していたという「狛野荘加地子方納帳」の記述である。政元はのちに日野富子と組んで明応《めいおう》の政変という大胆不敵なクーデターを起こすほどの策略家なので（4節で詳述）、政元が一枚噛《か》んでいたのでは、と思いたくなるのも無理はない。

けれども、政元が山城国一揆に直接関与した形跡は一切認められない。巧妙な陰謀だったから、史料に痕跡が残らなかったのだという反論もできないことはないが、やはり苦しい。政元が山城に領土的野心を持っていたとしたら、山城守護への就任をもくろむはずで、山城国一揆の裏で糸を引くという手法は迂遠すぎる。

そもそも細川氏と山城国人たちとの関係は、政元の代になって構築されたものではない。康正三年（一四五七）九月、畠山義就の軍勢が山城国人の木津氏討伐の幕命を受けたとして南山城に出兵するという事件が起きた。この時、越智家栄が畠山軍に呼応して木津に進出しようとしたのに対して、「山城衆十六人」が一揆して木津氏に加勢し、木津氏の主君である細川勝元も木津氏を支援する構えを見せた（「経覚私要鈔」）。結局、木津氏討伐命令が出たという話は畠山義就が触れ回った偽りだったことが判明し、事態は収束した。このような義就の勝手な軍事行動は将軍足利義政の怒りを買い、義就失脚の一因となった（六四頁を参照）。

どうやら、この頃から「山城衆十六人」は、畠山義就の圧力に対抗するため、細川勝元の傘下に入ったようである。応仁の乱が勃発すると、彼らの多くは勝元率いる東軍に参加した。

しかし西軍の大内政弘の軍勢が南山城に進攻すると、「山城国十六人衆」のほとんどは降参してしまった（一六八頁を参照）。応仁の乱終結によって大内勢が撤収すると、山城国人たちは再び細川氏を頼るようになる。その過程で「山城国十六人衆」は「国中三十六人衆」に拡大したのだろう。このように細川氏と山城国人は古くからのつきあいだが、その関係はさほど強固なものとは言えないのである。

これは必ずしも山城国人の忠誠心が低いことを意味するものではない。中世武士は主君に絶対の忠誠を求められることはなく、主君が家臣を保護する義務を怠った場合、家臣が主君を見限っても何ら非難されなかった（拙著『一揆の原理』を参照）。かつては守護が国人を積極的に家臣に編成して自らの王国を築き上げるという「守護領国制論」が通説であったが、近年の学界では国人の側が主体的に守護などの有力者と主従関係を取り結ぶという理解が一般的である。平たく言えば「家臣が主君を選ぶ」のである。

南山城での両畠山の抗争において、細川政元が「国中三十六人衆」を積極的に支援することはなく、彼らの苦境を傍観していただけであった。その政元が「国中三十六人衆」を使嗾《しそう》して一揆を起こさせたとは考えられない。南山城「惣国」成立後も、「国中三十六人衆」は政元とのパイプを維持しているから、山城国一揆を反権力闘争と捉える古典的理解が成り立たないことは間違いない。けれども、政元の暗躍によって山城国一揆を説明することは、国人たちの自立性・主体性を過度に軽視しているように思う。国人たちが自らの力で両畠山を追い払い、守護に代わって南山城を統治した歴史的意義を正当に評価すべきだろう。

なお、細川政元が「国中三十六人衆」の救援をためらったのは、両畠山の紛争に関わりたくなかったからだろう。幕府の管領を務める政元は立場上、畠山政長を支援して、幕府に逆らう畠山義就を討伐すべきだった。だが政元は、軍事的に優勢な義就を敵に回すことを避けたのである。

そうした細川政元の消極的な姿勢は以前から見られた。文明十四年（一四八二）三月、河内から摂津へと勢力を広げる畠山義就を討伐すべく、細川政元・畠山政長の連合軍が京都から出撃したが、七月に政元は義就と単独で停戦している。義就が摂津欠郡《かけのこおり》（西成《にしなり》・東生《ひがしなり》・住吉《すみよし》の三郡。二〇五頁）を政元に、政元が河内十七箇所という荘園群を義就に返還するという条件だった（「大乗院寺社雑事記」）。

つまり政元は自分の分国である摂津国に手を出さなければ、畠山義就の軍事行動には関知しないという利己的な態度を取ったのである。これにより畠山政長の河内奪回作戦は失敗に終わった。その後の南山城攻防戦に政元が関与しなかったのも、同様の理由と考えられる。

細川政元が事態の収拾に動くことはなく、代わりに山城国一揆が立ち上がったのだ。かくして政元と政長との間に隙間風が吹き始め、これが明応の政変への伏線となるのである。

3 孤立する将軍

足利義尚の自立

文明十七年（一四八五）四月、将軍足利義尚との対面の順番をめぐって、幕府の奉公衆と奉行人が対立した（「後法興院記」）。将軍親衛隊＝武官たる奉公衆に対し、奉行人は文書行政を取り仕切る文官であって、もともとの身分は低かったが、幕府機構の拡大にともない重要度が増し、地位の上昇を求めるようになっていた。両者の確執は拡大し、奉行人は一人を除いて全員が仕事をボイコットした。

五月十七日、東山山荘で隠棲していた足利義政は事態を憂慮し、奉行人のリーダー格である布施英基《ひでもと》に隠居を命じたが、英基はこれを拒否した（「十輪院内府記《じゅうりんいんないふき》」）。布施英基・飯尾元連《もとつら》は奉公衆の襲撃に備え、屋敷を要塞化し、矢倉を築いた（「親長卿記」）。これを将軍に対する反抗とみなした足利義尚は、奉公衆に布施退治を命じ（「十輪院内府記」）、二十三日には奉公衆数百騎が甲冑を帯びて布施邸に押し寄せたが、細川政元の仲介により合戦にはならず、政元は家臣に命じて英基を逃がした（「親長卿記」「実隆公記」「十輪院内府記」）。

同二十五日、奉公衆の布施邸攻撃に怒った飯尾元連ら奉行人四〇人余りが出家して姿をくらましたため、幕府の政務は停滞した（「親長卿記」「実隆公記」「十輪院内府記」）。この事件が一因となり、六月十五日には足利義政も出家する（「大乗院寺社雑事記」）。

八月十五日、足利義政の呼びかけに応じて奉行人三三人が還俗《げんぞく》、職務に戻った（「親元日記」）。これにて一件落着かに見えたが、義政が事件の当事者である布施英基の職場復帰も認めたため、奉公衆が反発した。十二月二十六日、布施英基と子息の善十郎《ぜんじゅうろう》は、東山山荘に赴き義政と対面した後、義尚のいる小川御所に参上したが、そこで奉公衆に殺害された。「東山殿（義政）からは罪を許されたかもしれないが、室町殿（義尚）はまだお許しになっていない」というのが、その理由だった（「大乗院寺社雑事記」「親長卿記」「実隆公記」「蔭涼軒日録」）。奉公衆の殿中での凶行は、義尚の内諾を受けてのものであろう。

この事件は、乱後の室町幕府の権力構造を象徴的に示すものとして、先行研究においても注目されてきた。「東山殿（義政）ハ奉行方、室町殿（義尚）ハ近習方なり」と尋尊が鋭く見抜いたように、足利義政・義尚父子の対立と、奉行人と奉公衆の対立が結びついて起こった事件だったからである。

応仁の乱以前において、室町幕府を支えてきたのは、複数国の守護を兼ねる在京大名たちであった（拙著『戦争の日本中世史』を参照）。大和永享の乱鎮圧や畠山義就退治においても、大名たちの軍勢が討伐軍の主力であり、大名連合軍と称しても過言ではなかった（第一章・

第二章を参照)。

ところが応仁の乱終結後、大名たちは次々と分国に帰っていった。朝倉孝景に越前を乗っ取られた斯波義敏・義寛父子を見れば分かるように、守護が守護代などに分国統治を任せ京都に滞在することは、もはや百害あって一利なしだった。前述のように、赤松政則に至っては、重臣の浦上則宗を京都に残して自身は下国する始末で(二一九頁)、いわば〝逆転現象〟が起きていたのである。この結果、文明十五年には在京している大名は細川一族と一色義直だけになっていた(畠山政長は義就と交戦中)。そして大名たちが京都からいなくなった分、奉公衆と奉行人の幕府内での存在感は相対的に高まったのである。

こうなると、奉公衆と奉行衆との間で主導権争いが生起するのは当然だ。だが平時においては、事務官である奉行人たちの方が明らかに有利である。押され気味の奉公衆が、足利義政に頭を押さえつけられている義尚に接近していったのも、これまた必然と言えよう。義尚は、自分が決裁しても奉行人たちがすぐに文書を作成せず、「東山の御所(義政)へそっとうかがい申し」て義政の許可を得ようとすること(「松尾《まつお》神社記録」)を不快に思っていた。しかも義尚は文化系の義政とは対照的で、犬追物《いぬおうもの》や鷹狩《たかが》りを好むという武張った人間だったから、奉公衆と親しみやすかった。義尚と奉公衆が鬱積した不満を爆発させたのが、布施英基殺害事件であったと考えられる。

事件後、足利義政は政務への意欲をますます失い、「私の命令を聞く者など誰もいないのだから、今後は政治には一切関わらない」と周囲に漏らすようになった。長享元年（一四八七）七月、相国寺万松軒《ばんしょうけん》の住職である宗山等貴《しゅうざんとうき》が義政に対し、若狭国向笠荘《むかさのしょう》（現在の福井県三方上中郡若狭町向笠）の直務支配（反抗的な現代官の追放）を認めてほしいと訴えたが、義政は「もう訴訟は受け付けないことにしたのだ」と門前払いした（「蔭凉軒日録」）。この結果、義政と義尚に二分されていた将軍権力が義尚へと収斂《しゅうれん》していった。

ただし義政は必ずしも初志貫徹せず、以後も気まぐれに政治に口を出した。足利義尚が奉公衆の佐竹光明《さたけみつあき》に対し相国寺領美濃国西山口《にしやまぐち》郷代官を務めることを承認したにもかかわらず、相国寺の異議申し立てを受けて義政が義尚の裁定を無効にした一件などは、その典型である（「蔭凉軒日録」）。義政は義尚に裁定を撤回するよう求めたが、義尚に拒否されたため、西山口郷を相国寺に返還するという裁定を独自に下したのである。この種の〝口利き〟を行うと、寺院側から謝礼がもらえるので、義政は権力を完全に手放そうとはしなかったのだ。

義尚の将軍就任後も義政が政務に関わったのは、もともとは年若い義尚を後見することが理由だったと思われる。だが義尚が成長しても、義政は幾度も引退を宣言しておきながら、義尚の執政に容喙《ようかい》し続けた。唯一絶対の将軍による一元的な支配を目指す義尚にとって、父義政の存在は、今や障害でしかなかったのである。

足利義尚の近江親征

長享元年（一四八七）九月、足利義尚は近江守護六角高頼討伐のため、自ら軍を率いて出陣した。見物に集まった京都の群衆は、颯爽《さっそう》たる青年将軍の姿を見て、手を合わせて拝んだ。「これぞ真の征夷大将軍だ」との歓声も上がったという（「鹿苑日録」）。義尚の資質を危ぶんでいた尋尊も、近江にある興福寺領荘園が返還されると知って感激し、わざわざ上洛して義尚の出陣を見送った。尋尊は日記に「一天無双の見物《みもの》、これに過ぐべからず」と綴っている。

一条兼良が『樵談治要』において「征夷大将軍は、守護などが命に従わなかった時は、義兵を起こして速やかに退治すべし」と説いたように、世間の将軍像は、足利義政のような引きこもりの文化人ではなく、陣頭指揮をとる武家の棟梁であった。実際、義政が東軍の総大将として戦場に出ていれば、応仁の乱はもっと早期に終結していたかもしれない。義尚は父を反面教師として、理想の将軍たらんと欲したのである。

討伐の理由は公式には「六角高頼は応仁の乱に乗じて近江の寺社本所領や奉公衆の所領を占拠し、幕府による度々の返還命令にも従わないため」と説明された（「親長卿記」「長興宿禰記」）。すなわち、足利義政以来の寺社本所領返還政策の延長に位置づけられる出兵であり、だから尋尊も驚喜したのだ。しかし足利義尚の真の狙いは別にあった。この出征のきっかけは、近江に本領を持つ奉公衆四六人が七月に六角高頼の横暴を義尚に訴えたことにあった。高頼が彼らの所領を奪ったため、餓死する者も出ているという（「蔭凉軒日録」）。つまり寺社本所領の回復はスローガンにすぎず、現実には奉公衆所領の回復に重点が置かれたのである。

足利義尚は在国している大名たちに対し、上洛して六角高頼征伐に参加するよう命じた。けれども、諸大名の多くは子息や家臣を代理として派遣するに留まり、自身は動かなかった（「常徳院《じょうとくいん》殿様江州御動坐当時在陣衆着到」「親長卿記」「蔭凉軒日録」）。分国内の寺社本所領・奉公衆所領を守護領に組み込んでいるのは、六角高頼ひとりに限ったことではなく、他の大名もやっていることだった（「長興宿禰記」）。明日は我が身と恐れる諸大名が高頼討伐に尻込みするのは当たり前である。細川政元も管領という立場上、仕方なく義尚に同行したというのが実状だった。討伐軍の主力は奉公衆であり、奉公衆が義尚を京都から近江に担ぎ出した、と百瀬今朝雄氏は評している。

そんな中、意欲満々の数少ない大名が斯波義寛だった。義寛は五〇〇〇の兵を率いて参陣し、足利義尚から討伐軍の総大将に任命された。前述のように、東軍に寝返った朝倉孝景は斯波義寛を主君と仰ぐことで大義名分を得て、西軍の甲斐氏を駆逐し、越前制圧に成功した（一八八頁を参照）。だが越前支配が安定すると、孝景は斯波義寛に反抗するようになり、応仁の乱終結後には越前支配をめぐって義寛と交戦した。孝景死後も戦闘は継続するが、義寛はついに越前争奪戦を打ち切り、文明十五年（一四八三）には分国の一つである尾張国に下る。義寛は六角征伐で戦功を挙げ、越前の回復を義尚に認めてもらおうとしたのである。

六角高頼は一戦して敗れると、すぐに行方をくらまし、以後は六角家臣の散発的抵抗が続いた。しかし足利義尚は帰京しようとせず、そのまま在陣を続けた。出陣にあたって義尚は、六角氏に所領を奪われていた寺社本所に対して返還を約束していたが、それらの寺社本所領からの年貢は討伐軍の戦費に充てられた（「後法興院記」「長興宿禰記」）。これでは寺社や公家のメリットは全くない。

長期在陣は奉公衆にとっても好ましいものではなかったはずで、六角討伐を近江に所領を持つ奉公衆の要望に足利義尚が応えただけ、と解釈することはできない。義尚には明確な目的があったと考えられる。

ここで注目されるのは、在京奉公衆のみならず、在国していた奉公衆まで参陣している点である。応仁の乱によって、所領保持のために京都を離れる奉公衆が続出し、将軍の側近くに仕える奉公衆の人数は減少した。足利義尚は近江親征を利用して、応仁の乱で離散した奉公衆を自らの麾下に再結集しようとしたのである。この一大軍事動員は奉公衆の量的な回復に留まらず、質的な向上をも意図していただろう。戦場において共に戦うという絆によって、将軍と奉公衆との主従関係の強化を企てたのである。

奉公衆対策だけではない。足利義尚は奉行人たちも連れていった。義尚が滞在した鈎《まがり》の陣（現在の滋賀県栗東市に所在）は、実質的な政庁として機能し、奉行人たちが業務を行った。ただし、伊勢貞宗・飯尾元連・松田数秀《まつだかずひで》ら足利義政の政務を支えてきた有力な吏僚は京都に取り残された。義尚は、幕府の政治機構そのものを近江に移動するという荒業によって、足利義政の干渉から脱したのである。

もっとも、設楽薫氏が明らかにしたように、近江にいる奉行人が足利義政の指示を受けて行動することもあり、義政の影響力を完全に排除できたわけではなかった。義尚が奉行人を確実に掌握するためには、近江在陣を続けざるを得なかった。

だが、在陣が長引けば長引くほど、足利義尚と諸勢力との軋轢は増していった。在陣に反対する勢力の筆頭が、細川政元であった。政元の消極的な姿勢は広く知られており、大津《おおつ》の三井寺《みいでら》に陣を構えて滅多に鈎の陣に出向かない上、政元の重臣である安富元家《やすとみもといえ》・上原元秀《うえはらもとひで》が手引きして六角高頼を逃がしたという風説が流れるほどだった（「長興宿禰記」）。長享元年十一月、政元は義尚に坂本《さかもと》（現在の大津市坂本）まで撤退することを進言したが、容れられなかった（「大乗院寺社雑事記」）。

細川政元は十二月には、結城政広《まさひろ》・尚隆《ひさたか》兄弟、大館尚氏《ひさうじ》、二階堂政行《にかいどうまさゆき》ら義尚側近の専横を指弾し、処罰を足利義尚に求めている（「大乗院寺社雑事記」）。だが、義尚は彼らを排斥するどころか、ますます側近政治に傾斜していった。富樫政親が加賀に帰国、斯波義寛が尾張に帰国するなど、諸大名が分国支配を優先して離脱する中、義尚に残された道は他になかったのだ。

将軍側近勢力と諸大名の対立は宿命的なものであり、やむを得ないところもある。だが、結城政広らは将軍の威を借りて私利私欲に走り、奉公衆からも反発を受けた（「大乗院寺社雑事記」）。彼ら側近衆は、奉公衆と足利義尚を結びつけるべき存在であったが、必ずしも奉公衆の利益を代弁せず、かえって奉公衆から遊離してしまったのである。

長享三年（一四八九。八月二十一日、延徳《えんとく》に改元）三月、足利義尚（同二年六月に義熙《よしひろ》と改名）は重病にかかった。母親である日野富子があわてて鈎の陣に見舞いにやってきた（「後法興院記」）。義尚は病床にあっても酒を飲んでいたというから（「大乗院寺社雑事記」）、酒の飲み過ぎが原因かもしれない。二十六日、義尚は逝去し（享年二五）、討伐軍は目的を果たせぬまま義尚の遺骸を守って帰洛した。庇護者を失った結城兄弟と二階堂政行は失踪した。

足利義尚は志半ばで倒れた形になったが、仮に寿命が多少延びたとしても、彼の夢がかなったかどうかは疑わしい。義尚と細川政元ら諸大名との溝は深まり、側近衆と奉公衆との関係も悪化していった。病魔は八方ふさがりの状況から義尚を解放したとも言えるだろう。

足利義材政権の成立

足利義尚が亡くなったことで、次期将軍を誰にするかが議論になった。足利義政には義尚以外に男子がいなかったので、義政の近親者から選ぶことになった。候補者は、義政の弟である義視の嫡男義材、同じく義政の庶兄である政知《まさとも》の息子の清晃《せいこう》（出家して天龍寺香厳院《てんりゅうじきょうごんいん》に入っていた）である。すなわち二人の甥っ子が候補者であった。

細川政元は清晃を推した。義材が将軍になると、父親の義視が上洛して義材を後見することは疑いない。応仁の乱において細川氏は東軍の主力であり、西軍に推戴された義視とは遺恨があった。このため、義視の復権につながる義材将軍案に反対したのである（「大乗院寺社雑事記」）。二四歳の義材と異なり、清晃は九歳とまだ幼いので御《ぎょ》しやすいという計算も政元にはあっただろう。ちなみに清晃の父である政知は関東の統治を任されて伊豆《いず》に下っており（堀越公方《ほりごえくぼう》）、上洛は困難だった。

しかし、日野富子は義材を支持した。妹良子《よしこ》の産んだ子だったからである。足利義政も富子に同調した（「大乗院寺社雑事記」）。美濃にいた足利義視・義材父子は、細川政元の妨害もあって四月九日に行われた足利義尚の葬儀には参加できなかったが（「宗賢卿記」）、十四日には京都に到着した。義材は十九日には小川御所に参上して日野富子と対面しており（「後法興院記」「親長卿記」「実隆公記」）、次期将軍の地位を手中に収めた。だが細川政元の巻き返しもあり、当面は義材の将軍就任は見合わせ、義政が政務をとることになった（『大乗院寺社雑事記』）。

翌延徳二年（一四九〇）正月七日、足利義政が亡くなった（享年五六）。これによって義材の将軍就任は時間の問題となり、父である義視が幕府の実権を掌握した。公家や武士は義視・義材父子のもとに続々とお祝いに駆けつけた。尋尊も同月十六日には上京し、十八日には義視・義材父子に対面、太刀を贈った。

ところが、日野富子と足利義視・義材父子の関係は、小川殿の相続問題をめぐって急速に悪化した。小川殿は細川勝元が所有していた邸宅の一つで、応仁の乱中の文明三年（一四七一）頃から足利義政が利用していた（一八〇頁を参照）。義政が将軍職を義尚に譲ると、小川殿を改築して自身の隠居所とした（小川御所）。やがて富子、ついで義尚が小川御所に移ってきたが、義政も義尚も富子との不仲から最終的にはこの御所から離れ、文明十五年以降は富子の邸宅となっていた。富子はこの邸宅を細川政元に返そうとしたが、政元は「（義政・義尚という二代の）将軍がお使いになった邸宅を返していただくのは恐れ多いことです」と辞退した。そこで富子は四月二十七日、この邸宅を清晃に譲った（『蔭凉軒日録』）。

日野富子が小川御所を清晃に譲ることにしたのは、清晃を将軍に推した細川政元への配慮であろう。だが、この決定は足利義視・義材父子を刺激した。確かに小川殿はもともとは細川氏の邸宅だったが、今や「将軍御所」と認識されていた。その小川御所を清晃が手にすることの象徴的意味は小さくない。富子と政元が清晃を将軍に就けようとしているとの噂を耳にした義視は、清晃が小川御所に入居する前に、これを破壊してしまった（「後法興院記」「北野社家引付」）。日野富子は義視の暴挙に憤り、義視・義材を敵視するようになった。

日野富子との不和により、足利義材の将軍就任は先延ばしになっていったが、ようやく七月五日に義材は朝廷から将軍宣下を受けた。将軍判始などの儀式には管領が必要なため、細川政元が管領に就任したが、儀式が終わるとすぐに辞任した（「延徳二年将軍宣下記」）。義視・義材父子の政治には協力しないという意思を示したのである。伊勢貞宗も、父貞親と足利義視が犬猿の仲であったため（七六頁、一〇三頁を参照）、義材の将軍就任には反対で、家督を嫡男貞陸（二二四頁）に譲って隠居し、非協力の態度を表明した（「大乗院寺社雑事記」）。

右に見たように足利義材の執政は、最初から多くの不安要素を抱えていた。しかも十月には母良子が亡くなり、翌年正月には父義視が五三歳で病没している。後ろ盾である両親を失ったことで、義材は孤立を深めていった。

幕府内に支持基盤を持たない足利義材は、前将軍の義尚と同様、側近政治に走った。義材の側近として有名な人物は、葉室光忠《はむろみつただ》・種村視久《たねむらみひさ》・一色視房《みふさ》である。葉室光忠は、応仁の乱以前から足利義視と交流のあった公家であり、種村視久・一色視房は乱前から義視に仕えていた武士である。奉行衆についても、飯尾為脩《ためなが》や矢野貞倫《やのさだみち》など西幕府に仕えた奉行人が重用された。しかし設楽薫氏が説くように、このような義材の人事は、旧来の幕臣たちの反感をますます増大させ、義材の孤立はかえって深まった。不満はすぐには表面化しなかったが、のちの破局を準備することになる。

4　室町幕府の落日

明応の政変

長享三年（一四八九）七月、足利義政は在京と寺社本所領の返還を条件に六角高頼を赦免した。これにより近江国豊浦荘《といらのしょう》（現在の滋賀県近江八幡市安土町上豊浦・安土町下豊浦など）も興福寺大乗院に返還されることが決まり、尋尊は喜んでいる。ところが荘園現地を実効支配している高頼の家臣たちが返還命令に抵抗するという事態が各地で頻発し、幕府と家臣たちとの板挟みに遭った高頼が隠居したとの噂が流れた。寺社本所領だけでなく奉公衆の所領も六角家臣に蹂躙《じゅうりん》された。ただし豊浦荘からは大乗院に一定の年貢が納められ、尋尊は安堵している。

足利義材はかなり早い段階から近江親征を検討していたが、実現したのは将軍就任から一年ほど経った延徳三年（一四九一）八月だった。この第二次六角征伐に関しては、細川政元が主導したとの見解もあるが、この時期の政元は分国丹波で蜂起した国一揆の鎮定に忙殺されており、政元が近江出兵を望んだとは考えにくい。近年の研究で言われているように、今回の出兵には、奉公衆に参陣を命じ恩賞を与えることで彼らを自身の権力基盤として掌握せんとする足利義材の主体的意志が強く反映されていたと見るのが妥当であろう。

諸大名の参加率もまずまずで、征討軍の規模は第一次征伐と遜色ないものだった。義材の親征によって大乗院の豊浦荘支配が盤石になると感じた尋尊は今回も上洛して出陣を見送り、「常徳院殿（義尚）御出陣ニ百倍なり」と歓喜している。特に山名・大内・土岐・一色ら旧西軍諸将が前回と比べて積極的な点が注目される。彼らにとって足利義視の息子である義材は好感の持てる存在だったのだろう。

安富元家、浦上則宗、織田敏定《としさだ》（斯波義寛の重臣。尾張守護代）らの活躍により討伐軍は勝利を重ね、翌明応元年（一四九二）末には京都に凱旋した。六角高頼の首級を挙げることはできず、尋尊も「目的を果たせないまま帰陣なさるのか」と首を傾げたが、義材は連戦連勝に気を良くしたらしく、帰洛すると「年が明けたら河内に出陣する」と宣言した。

驍勇《ぎょうゆう》無双の畠山義就が延徳二年十二月に病没し（享年五四）、嫡男基家《もといえ》（のちの義豊《よしとよ》）に代替わりしてからというもの、足利義材は河内出兵の機会をうかがっていたが（『大乗院寺社雑事記」「後法興院記」)、奉公衆からの支持を固めるべく近江出兵を優先した。近江の問題が一段落したので、いよいよ河内に乗り出すことになったのである。

明応二年正月、足利義材は来たる二月十五日を出陣日と定め、近江から京都に戻ってきていた諸将に準備を命じた。また義材は山城国の諸荘園に人夫の供出を命じ(「蔭凉軒日録」「廿一口方《にじゅういっくかた》評定引付」)、南山城にある大乗院領菅井荘《すがいのしょう》(現在の京都府相楽郡精華町菅井)も命令に応じて人夫を出している。

足利義材は予定通り、二月十五日に京都を出発して、源氏の氏神である石清水八幡宮を経て河内国に進み、二十四日には正覚寺《しょうがくじ》(現在の大阪市平野区加美正覚寺の旭《あさひ》神社境内にあった)に陣を構えた(「大乗院寺社雑事記」「蔭凉軒日録」)。畠山基家の本拠地である高屋《たかや》城(現在の大阪府羽曳野市にある)との距離は一〇キロメートルほどである。数に勝る幕府軍は戦局を優位に進め、次第に包囲網を狭めながら高屋城に迫っていった。

ところが、ここに驚天動地の事態が発生する。四月二十二日の晩、京都に残留していた細川政元が日野富子・伊勢貞宗と示し合わせて挙兵し、清晃を将軍に擁立したのである(足利義遐《よしとお》。のちに義高《よしたか》、義澄《よしずみ》と改名)。これを明応の政変という。

細川政元はいつから、このクーデターを計画していたのだろうか。延徳三年二月、子のいない政元は、九条政基《まさもと》の息子聡明丸《そうめいまる》(のちの澄之《すみゆき》)を養子とした。聡明丸の母親は清晃の母と姉妹であり、清晃を将軍に就ける野望をあきらめていなかったことが読み取れる。

細川政元が陰謀を具体化させたのは、足利義材が近江に出陣していた時期だろう。政元がひそかに畠山基家や越智家栄と連絡をとっていることを、尋尊は把握していた。尋尊は畠山基家赦免を足利義材に嘆願するための下準備ぐらいに思っただろうが、この時既に謀議は始まっていたのではないだろうか。前述の通り、近江親征以前から義材は河内出兵の意志を漏らしており、遠からず畠山基家が討伐対象になることを政元は予期していた。義材が河内に進撃した隙をついて京都を制圧し、基家と前後から挟撃するという作戦を練りあげたに違いない。そう考えなければ、絶対的不利な情勢にもかかわらず基家が逃亡・降参しようとしなかったことを説明できない。

細川政元は足利義材の出陣直前、祝宴を張って義材を饗応するなどして、己の野心を隠した。尋尊が三月二十一日には新将軍擁立の噂を耳にしていることを考慮すると、陰謀の進行に全く気づかなかった義材はいかにも迂闊である。

反義材派の京都制圧を知るや、諸大名や奉公衆は次々と義材を見捨てて京都に帰還した（「蔭凉軒日録」「親長卿記」「後法興院記」「言国《ときくに》卿記」）。義材のもとに最後まで留まった幕臣はわずか四〇人ほどだったという。

将軍の指揮下にある大軍が雲散霧消した一因として、そもそも河内出兵が無名の師（大義名分のない戦い）であることが指摘されている。近江出兵には寺社本所領回復という大義名分があったが、河内出兵にはない。確かに畠山義就は応仁の乱の元凶とも言うべき存在であり、乱後も幕府の権威を軽んじる向きがあったが、義就は今やこの世の人ではない。後を継いだ基家はとりたてて幕府に敵対的な行動をとっておらず、平和的に帰参させる手段がないとも思えなかった。基家討伐軍は雲霞《うんか》のごとき大軍だが、諸大名の戦意は低いという尋尊の観測は的を射たものであろう。

足利義材が頼みとした奉公衆にとっても、河内出兵は迷惑でしかなかった。河内出陣は、足利義材が畠山政長の要請を容れて始めたものだった（「親長卿記」「蔭涼軒日録」）。四〇年に及ぶ畠山氏分裂に終止符を打ち、義材に従順な政長の地盤を固めることは、義材の権力強化につながる。しかしながら、右の事情は、奉公衆には関わりのないものだった。奉公衆の所領が集中する近江と異なり、河内への出陣は奉公衆に利益をもたらさない。応仁の乱中は西幕府に属し、乱後は長く美濃で亡命生活を送っていた義材と、義政・義尚に仕えてきた奉公衆たちとの関係はもともと希薄であった。葉室光忠ら側近を重用する義材の政治にも不満があった。義材と奉公衆との絆の弱さは、突然のクーデターによって露呈し、奉公衆の大量離反を生んだのである。

また山田康弘氏が指摘したように、明応の政変が細川政元の単独クーデターではなく、日野富子・伊勢貞宗との提携に基づいて実行されたことも重要である。足利義政没後の日野富子は実質的に足利将軍家の「家長」の立場にあった。承久の乱に際して「尼将軍」北条政子《まさこ》の演説が鎌倉幕府の御家人たちの結束を固めたことからも分かるように、義政の正室かつ義尚の生母たる日野富子が清晃を積極的に支持したことは、幕臣たちの去就に大きな影響を与えたと考えられる。上級幕臣として義政・義尚を支えてきた伊勢貞宗の策動も、また同様である。

政変により河内の戦況は一挙に逆転し、足利義材と畠山政長・尚慶《ひさのり》（のちの尚順《ひさのぶ》）父子は正覚寺に孤立した。閏四月二十五日、正覚寺は陥落し、政長は自害、尚慶は紀伊に逃亡、義材は捕縛されて京都に護送され、上原元秀（二三六頁）の屋敷に幽閉された。

しかし六月末、足利義材は上原邸を脱出して越中に逃れ、自らが正統な将軍であると宣言した。奉公衆・奉行人の一部は京都を離れて義材のもとに走り、少なからぬ大名が義材を支持したため、足利義高（のちの義澄。以下義澄で統一）と足利義材（のちの義尹、義稙《よしたね》。以下義稙で統一）という「二人の将軍」が並立することになった。この対立は義澄・義稙の代では決着せず、おのおのの後継者も将軍の座をめぐって抗争を続けたため、「二人の将軍」の並立は常態化した。むろん、一方が朝廷から征夷大将軍に任命されれば、もう一方は正式な将軍ではないわけだが、そのような形式はもはや無意味になっていた。朝廷は京都の支配者を機械的に将軍に任命するだけだから、将軍とは畢竟(ひっきょう)、「その時京都を支配している存在」にすぎない。〝偽の将軍〟が京都を奪還すれば、一夜にして彼が〝真の将軍〟になるのである。

かつての研究では、応仁の乱後の室町幕府は有名無実なものとみなされ、研究対象として重視されなかった。けれども、一九七〇年代の今谷明氏の一連の研究を契機に、戦国時代の幕府に関する研究が進み、乱後の幕府も一定の実質を備えていたことが明らかになった。戦国期の畿内政治史は「二つの幕府」の抗争史として把握され、「二つの幕府」並立の起点として明応の政変がクローズアップされた。すなわち、応仁の乱ではなく明応の政変こそが戦国時代の幕開けであるという理解が生まれたのである。

確かに、臣下が将軍の廃立を実行した明応の政変は下剋上の極致であり、前代未聞の事態である。細川政元はいわば織田信長の大先輩にあたるわけで、彼の先駆性を評価する声が大きいのも分からなくはない。

しかし、将軍が存在するにもかかわらず別の将軍を擁立するという構想は、細川政元の独創ではない。百瀬今朝雄氏が喝破したように、この構想の発明者は応仁の乱の西軍なのである。仮に西軍が東軍に勝利していたならば、足利義政は将軍の座から引きずり下ろされ、足利義視が新将軍として君臨したであろう。政元は西軍の戦略を模倣したにすぎない。

前述のように、以後の畿内政治史は、足利義澄―義晴《よしはる》（義澄の子）―義輝《よしてる》（義晴の子）―

義昭《よしあき》（義輝の弟）と、足利義稙―義維《よしつな》（義稙の養子）―義栄《よしひで》（義維の子）という「二人の将軍」の抗争を軸に展開する。これは通常「義澄系」と「義稙系」の並立と把握されるが、見方を変えれば「義政系」と「義視系」の並立と言える。

応仁の乱が生み出した政治対立の構図は終戦によって解消されることなく、以後も幕府関係者を拘束し続けたのである。

古市澄胤の南山城進攻

明応の政変を成功させた伊勢氏は、その直後から山城国への支配を強化していった。政所執事で山城守護を兼ねていた伊勢貞陸（二四〇頁）は、「山城国は将軍の御料国であるので、寺社本所領であっても守護が管轄する」という強引な論理によって、本来は守護の権限が及ばない寺社本所領荘園の侵略を敢行したのである。

伊勢氏の強硬姿勢は大きな反発を生んだ。明応二年（一四九三）九月五日に西園寺《さいおんじ》家が山城に持つ三つの荘園に伊勢氏の家臣が乗り込んだところ、現地の武士や百姓の抵抗を受けて追い返された。面目丸つぶれとなった伊勢貞陸は山城守護を辞退しようとまで考えたという（「大乗院寺社雑事記」）。こうした反守護闘争は山城各地で発生し、伊勢氏の家臣である進藤氏までもがこれに荷担する始末だった。

そこで伊勢貞陸は古市澄胤を南山城の相楽・綴喜両郡の守護代に任命した。山城国一揆が「他国輩」の排除を掲げて決起したことを思い起こせば（二二四頁）、この人事の目的が山城国人の自治の否定にあったことは明らかである。すなわち反守護闘争の武力鎮圧である。そして寺社本所領侵略を進める伊勢氏と南山城に多くの荘園を持つ興福寺の利害が真っ向から対立する以上、古市澄胤は興福寺に仕える官符衆徒の立場を放擲《ほうてき》したと言えよう。

古市氏は乱中から下狛・木津など南山城の要衝にしばしば進駐していた（一七五頁、二〇九頁を参照）。同地域の馬借《ばしゃく》（運送業者）とも関係が深く、交通路の掌握に努めていたようである。伊勢貞陸が古市澄胤を起用したのは、こうした実績を買ってのことだろう。

以前から南山城に経済的関心を持っていた古市澄胤にとっても、両郡支配の公認は渡りに舟である。とはいえ、これまでの古市氏は畠山義就―基家や越智氏と共同歩調をとっており、単独で大規模な軍事行動に出たことはない。欲得だけで引き受けたわけではなかろう。

山田康弘氏は興福寺松林院を通じて伊勢氏と古市氏が結びついていたことを指摘している。文明十三年（一四八一）に松林院兼雅（一二二頁）が亡くなると、弟子の貞就が松林院を継承したが、実は貞就は伊勢貞宗の弟であった。しかし松林院貞就は兼雅時代からの松林院の経営難を解決できず、延徳三年（一四九一）には興福寺の学侶が経営再建に乗り出すことになった。ところが伊勢貞陸が横槍《よこやり》を入れ、学侶ではなく古市澄胤が取り仕切ることになった。

尋尊は憤激したが、幕府の実力者である伊勢貞陸の介入を拒否することはできなかった。この一件を契機に、伊勢氏と古市氏は急接近したものと思われる。

明応二年九月十一日、古市澄胤の軍勢が南山城に進攻した。南山城「惣国」の軍勢数百人が楯籠もる稲八妻《いなやづま》城（現在の京都府相楽郡精華町北稲八間小字城山に所在）に、古市家臣の井上九郎（二〇九頁）が攻めかかり、「惣国」側に大打撃を与えた（「大乗院寺社雑事記」「政覚大僧正記」「北野社家日記」）。稲八妻城が最初の攻撃目標になったのは、伊勢氏にとって〝裏切り者〟である進藤氏の居城だからである（「蔭凉軒日録」）。山城国人たちの抵抗は以後も続くが、基本的には古市優勢のまま戦局が推移していく。

畠山基家や越智家栄の援護がないにもかかわらず（基家は紀伊に出兵、家栄は澄胤と不和になっていた）、古市氏による南山城進攻が成功したのは、一つには「惣国」の内部分裂、すなわち伊勢氏―古市方に寝返る山城国人が少なくなかったからである。だが、それだけが原因ではなく、細川政元の反応が鈍かったことも大きい。政元は彼を主君と仰ぐ山城国人たちを積極的に救援しようとしなかった。このため「国中三十六人衆」の間で政元への不信感が芽生え、今後は赤松氏と主従関係を結ぼうという意見が飛び出すほどであった（「大乗院寺社雑事記」）。

なぜ細川政元は「国中三十六人衆」を救わなかったのか。今谷明氏は、分国丹波で国一揆に苦しめられた政元が、かつて両畠山氏を駆逐した山城国一揆の実力を恐れ、将来の禍根を断つために古市と結託して弾圧した、と説明した。しかし政元は十月には古市に対し、自分に仕えてきた山城国人の保護を申し入れているし、十二月になるとさらに態度を硬化させ、古市軍の撤退を要求している（「大乗院寺社雑事記」）。政元が古市討伐に動くとの噂も流れているほどで、政元が山城国人を見捨てたとか、弾圧したとの見方は当たらない。

もっとも、細川政元の動きが迅速を欠き、結果として山城国人を保護できなかったことは事実である。この点に関しては、義稙派の反撃が予想される状況下で政元が伊勢氏と正面から衝突することを避けたという末柄豊氏の見解が説得的である。伊勢氏―古市氏の南山城支配をいったん容認してしまった手前、対抗措置を取りにくかったのである。京兆家《けいちょう》（細川本家）内部でも、伊勢氏との同盟関係と山城国人との主従関係のいずれを優先するかで派閥抗争があったらしく、そのことが政元の首尾一貫しない対応につながった。

明応の政変後の畿内情勢は、必ずしも細川政元の望んだ方向には進まなかったのである。

終　章　応仁の乱が残したもの

守護在京制の解体

応仁の乱とは何だったのか。本書で論じたように、この大乱には様々な側面があるが、その本質は二つの大名連合の激突であったと言える。そして、そのような形で大乱が勃発したのは、室町幕府の政治体制そのものに原因がある。

前著『戦争の日本中世史』で論じたように、成立当初の室町幕府は諸将の反乱に悩まされた。南北朝内乱が落ち着いてくると、幕府は地方で戦っていた諸将に上洛を命じ、原則的に在京を義務づけた。彼らの動きを監視・統制しようとしたのである。その一方で、複数国の守護を兼ねる有力武将には「大名《たいめい》」として幕府の意思決定に参加することを認めた。これを守護在京制という。かつて室町幕府を大名連合政権と規定する研究者がいたのは、このためである。

京都に屋敷を構える大名たちが連歌や花見などで交流を持ったのは当然であるが、大名個人だけではなく大名家と大名家との間で結びつきがあった。紐帯《ちゅうたい》となったのは大名の家臣たちである。たとえば、幕府奉行人の飯尾氏の同族には細川京兆家や赤松氏の在京奉行を務めている者がいたし、細川京兆家の家臣である上原氏や薬師寺《やくしじ》氏も一族の中から細川氏の分家である備中守護家や赤松氏の在京家臣を輩出していた。京都で活動する大名家臣たちは、同族関係を通じて幕府や他の大名家とつながっており、将軍と諸大名の合意形成に基づく幕政運営を下支えしていたのである。

だが大名たちの横の結びつきは、将軍に求心力がないと、派閥形成につながる。嘉吉の変で将軍足利義教が暗殺されると、諸大名の結集の核が失われ、細川・畠山両管領家による主導権争いが始まった。諸大名は将軍の下に結集するのではなく、両管領家の一方を頼るようになり、細川派と畠山派の派閥抗争が深刻化した。

細川勝元が山名宗全と提携したのは、畠山氏を押さえ込むためだったが、畠山氏が内紛で弱体化すると、山名氏との同盟の重要度は低下した。山名氏の分国と境を接し、その圧迫を受ける備中守護家など細川氏庶流家は山名氏との提携にもともと否定的であった。山名宗全の側も、赤松氏再興に手を貸した勝元に不信感を持った。結果的に、新興勢力山名氏が覇権勢力細川氏に挑戦するという形で応仁の乱は生起したのである。

けれども、細川氏と山名氏との対立を過度に強調するのは誤りである。両者の間では斯波氏問題（山名宗全は斯波義廉を支援するが、細川勝元は斯波義敏寄り）・赤松氏問題（赤松政則は山名宗全と敵対するが、細川勝元との関係は良好）などの対立があったが、互いに妥協し合い、決定的な破局は避けた。両者の提携は文正の政変で伊勢貞親を追い落とすまで維持されたのであり、細川氏と山名氏の激突を宿命的なものと見るべきではない（第二章を参照）。

第三章で論じたように、東軍も西軍も、一枚岩の結束を誇っていたわけではなかった。西軍の中核たる山名宗全と畠山義就《よしひろ》の同盟が成立したのは文正の政変後であるし、東軍で重要な役割を果たす斯波義敏と赤松政則が細川勝元に急接近するのも、彼らの庇護者であった伊勢貞親の失脚を受けてのことである。文正の政変による将軍側近勢力の没落は政局を一挙に流動化させ、ここで初めて細川対山名の構図が鮮明になった。つまり両陣営とも急造の寄り合い所帯だったのであり、諸大名の二極化は大乱を必然化するものではなかった。

では応仁の乱はなぜ起こったのか。家永遵嗣氏が指摘する関東統治をめぐる政策対立も無視できないが、遠隔地での競合は大名間での利害調整が比較的容易である。在京大名にとって、関東で反乱を起こした足利成氏（七三頁）よりも畿南で暴れ回る畠山義就の方がはるかに切実な問題だったと思われる。よって、直接的な要因は畠山義就の上洛であろう。それは応仁の乱が勃発した後、足利義政が畠山義就を帰国させることで事態の収拾を図った事実からも裏付けられる。ただし、義就を上洛させた山名宗全も当初の狙いは無血クーデターであり、細川方との全面戦争を企図していたわけではなかった。

事態を決定的に悪化させたのは、御霊合戦への山名宗全の介入である。畠山義就と政長の一対一の合戦でも義就が勝利したはずで、宗全の援軍派遣は蛇足と言わざるを得ない。本来、諸大名の合従連衡は防御的・保守的なもので、連合して敵を攻撃する性格を有していなかった。だが、宗全の支援を受けた義就軍が政長軍を撃破すると、盟友の政長を見捨てた形となった細川勝元は武士としての面目を失った。勝元が東軍を組織して開戦を決断したのは、成身院光宣らの進言もさることながら、戦争に訴えず宗全の横暴を認めては大名連合の盟主としての声望を失うという危機感に由来する。

細川・山名という二者間の利害対立だけが問題ならば、当事者同士の交渉で妥協可能だった。実際、文明六年（一四七四）に細川氏と山名氏は諸将に先駆けて講和しており（一九〇頁）、両家は不倶戴天の敵とは言えない。けれども、勝元と宗全が多数の大名を自陣営に引き込んだ結果、戦争の獲得目標は急増し、参戦大名が抱える全ての問題を解決することは極めて困難になった。しかも長期戦になって諸大名の被害が増大すればするほど、彼らは戦争で払った犠牲に見合う成果を求めたため、さらに戦争が長期化するという悪循環が生まれた。山名氏から赤松氏旧分国を奪還した赤松政則が西軍との講和に反対したことは、その典型である。両軍の対立軸が不明確で、両盟主の指導力が限定的だったからこそ、将軍足利義政の終戦工作は失敗を重ねたのである。

大内政弘や斎藤妙椿らの奮戦により局地的には勝利することもあった西軍だが、東軍に補給路を遮断されたため（一八八頁）、最終的には戦争継続を断念した。将軍足利義政を戴《いただ》く東軍が反乱軍たる西軍を屈服させる形で終戦となったわけだが、乱の前後で幕府の権力構造は大きく変化した。特筆されるのは、乱後ほとんどの大名が京都を離れ、在国するようになったことである。これは、大名による分国支配を保証するものが幕府による守護職補任ではなく、大名の実力そのものになったからである。

最近、上田浩介氏は、応仁・文明の乱で守護在京制が直ちに崩壊したとみなす通説を批判し、足利義尚や足利義稙が在国している大名に上洛命令を繰り返し、一定の大名が在京するに至ったことを指摘している。その事実は軽視できないが、守護在京制とは単に有力守護＝大名が京都に駐留し、幕府の行事に参加することを指すものではない。

重要なのは、諸大名の意見を吸い上げて幕政に反映させる回路であるが、それは既に失われていた。応仁の乱後まもなく畠山政長が管領に就任するが、政長は義就討伐に忙殺され、幕政に十分関与できなかった。その後は細川政元が管領を引き継ぐが、政元は儀式の時に管領に就任してはすぐに辞任するという行為を繰り返した。応仁の乱前は諸大名を取りまとめ幕政を領導できる役職として争奪の対象になった管領職が、かくもぞんざいに扱われている事実は、諸大名の幕政からの離脱を何よりも雄弁に物語っていよう。各大名家においても他家とのパイプを握る在京家臣から地域に根ざした分国出身の家臣への権力移行が見られ、在京のメリットは確実に低下していた。

乱後もかろうじて維持されていた守護の在京原則は、明応の政変で完全に崩壊する。在京していた諸大名が次々と分国に帰ってしまったのである。政変後も足利義稙を支持する大名が存在したように（二四六頁）、クーデターによって擁立された足利義澄に正統性が乏しかったという問題もあるが、政変の実行者である細川政元もしばしば京都を離れており、足利義澄を積極的に補佐しようとはしなかった。義澄の「天下の諸侯、在国割拠す」との慨嘆（「鹿苑日録《ろくおん》」）が示すように、将軍の権力基盤は近臣や奉公衆などの直臣層のみになった。

この事実を踏まえると、細川政元が傀儡《かいらい》将軍を立てて事実上の将軍として君臨するために明応の政変を起こしたという今谷明氏の説は成り立たない。山田康弘氏が明らかにしたように、政変後の幕政を主導したのは伊勢貞宗であり、政元は外部から幕府を支える形をとった。そもそも細川政元が明応の政変の首謀者かどうかも実は疑わしく、政元の重臣で伊勢貞宗と親しい上原元秀（二四六頁）が政元を説き伏せて政変を推進したとの説があるほどである。

将軍の首のすげ替えという派手な現象を見ると、ついつい幕政壟断《ろうだん》、細川政権の樹立といった壮大な野望の存在を想定してしまいがちである。しかし応仁の乱後の幕府に、わざわざ乗っ取るほどの価値があったかどうかは検討の余地がある。細川政元が明応の政変に荷担した最大の動機は、河内親征の長期化によって分国摂津が混乱することへの懸念だったと思われる（二二八頁を参照）。父勝元の盟友であった畠山政長を裏切ったことも、幕政掌握のために家格の高い政長を必要とした勝元と、実力の乏しい政長を支援することをむしろ重荷と考えた政元との政治志向の違いによって説明できる。政元の在京は、京都を結節点として摂津・丹波両分国を支配するためであり、他の在国大名と同じく幕政参加よりも分国支配を優先したという末柄豊氏の見解は至当である。

戦国史研究の進展により、応仁の乱後の将軍は決して飾り物ではなく、一定の権威・権力を備えていたことが明らかになった。しかしながら、戦国時代の「天下」とは実質的に五畿内を意味したという神田千里氏の指摘は看過できない。戦国期の将軍が統治する領域である「天下」は、京都周辺に限定されていたのである。俗に言う「守護大名」が将軍の権威を背景に分国支配を進めたのに対し、戦国大名は自身の力量によって「国」を統治した。したがって、将軍は戦国大名の内政には干渉できないのである。いわば幕府の畿内政権化である。

戦国大名同士の戦争を将軍が調停することは間々見られるので、将軍が大名より高次の存在であることは変わらないが、将軍と諸大名が京都で協議を重ねることで戦争を阻止し全国的な政治秩序を維持する乱前の体制とは全く様相を異にする。

室町幕府は将軍をリーダーとして推戴した諸大名の一揆である、という評価がある。嘉吉の変後の政治状況は諸大名の一揆を二分し、二大陣営の対立が応仁の乱を生んだ。だが皮肉なことに、応仁の乱の原因であり、また主体でもある二つの大名集団は、終戦と共にいずれも解体した。そして、従来の幕府政治では日陰者だった守護代層や遠国の守護が、戦国大名として歴史の表舞台に登場してくる。既存の京都中心主義的な政治秩序は大きな転換を迫られ、地方の時代が始まるのである。

京都文化の地方伝播

守護在京制の崩壊は、文化面でも大きな影響を与えた。末柄豊氏らの研究を参照しつつ概略を説明したい。室町時代における文化の地方普及は高校の日本史教科書にも載っている有名な現象だが、公家が戦乱を避けて地方に疎開したからと説明されることが多い。しかし、この現象には武士たちも大きく関わっていた。

前にも触れたが、奥羽《おうう》・関東・九州など遠国を除き、守護は原則として在京を義務づけられ、領国の統治は守護代に委ねられていた。複数国の守護を兼ねる大名家では守護代も在京し、小守護代《こしゅごだい》（又守護代《またしゅごだい》）が現地で活動した。もちろん守護は一人で在京するわけではなく、通常、二、三百人ほどの家臣と共に京都生活を送った。

しかも京都に居住していたのは、守護関係者だけではない。本書で見てきたように、政所執事や奉行人といった幕府の政務機構の職員や将軍親衛隊たる奉公衆は、日常的に将軍の身辺に仕えた。彼らがそれぞれ家族や従者を抱えていることを考慮すれば、その数が膨大だったことは疑いない。

一説によれば、応仁の乱以前の時期における京都の人口は一〇万人程度で、そのうち武家関係の人口は三、四万人に達したという。

彼ら在京武士は、貴族や五山《ござん》僧と連歌や茶の湯を楽しむなど京都での文化的生活を謳歌《おうか》し、地方にある自分の所領には代官を派遣して経営を任せたので、遠隔地の寺社本所領を支配する在京の貴族・僧侶と同様の〝不在地主〟であった。

室町文化の担い手というと、二条良基《よしもと》や一条兼良といった貴族、絶海中津（一三二頁）や義堂周信《ぎどうしゅうしん》といった禅僧を思い浮かべるのが一般的である。けれども、貴族や禅僧との交流を通じて武士たちの文化的水準が向上していったことも見逃せない。

連歌師の宗祇《そうぎ》は連歌撰集《せんしゅう》『竹林抄《ちくりんしょう》』において、応仁の乱以前に活躍した連歌の名手「連歌七賢」を選んでいる。そのうち、高山宗砌《そうぜい》・蜷川智蘊《にながわちうん》・杉原宗伊《すぎはらそうい》の三名が武士だった。宗砌は山名宗全の家臣、智蘊は政所執事伊勢氏の家臣、宗伊は備後出身の奉公衆である。守護や幕府職員、奉公衆らは政治運営を円滑に進めるために日頃から交際していたので、連歌は在京武士にとって当然身につけておくべき教養だったのである。

とはいえ、武士が室町文化に果たした主要な貢献は、創造者というよりも資金提供者としてのものだった。この時代、武家の経済力は公家・寺社を凌駕し、将軍を筆頭とする在京武士たちは京都文化のパトロンとして振る舞うことができた。能の大成者である世阿弥《ぜあみ》が足利義満の庇護を受けていたこと、能阿弥《のうあみ》（連歌七賢の一人）が足利義教・義政の同朋衆（一三一頁）だったことなどからも分かるように、新しい文化は武家の経済的支援によって花開いていった。

応仁の乱中、いち早く越前に下った守護代朝倉孝景によって分国を乗っ取られた斯波氏の事例に示されるように、戦乱の長期化によっておのおのの守護分国は守護本人が現地に下って国人を統率しなければ維持できなくなっていった。乱の終息を受けて、京都で戦っていた大名たちは一斉に分国に帰っていった。

一条兼良をはじめ、戦乱を避けて奈良などに疎開した貴族は少なくなかったが（一四四～一四五頁）、ほとんどは終戦後に帰京した。奈良に至っては、畠山義就の河内下向によって、京都よりもかえって危険になったからである（二一一頁を参照）。ところが、帰京後に改めて多数の貴族が地方に下っている。彼らは経済的な困窮を打開するため、地方の守護・国人を頼ったのである。

公家の動きのみに目を奪われがちだが、守護や守護代の多くが乱以前に在京していたことに注意したい。応仁の乱を契機に守護・守護代が国元に下ったことが、公家の地方下向の前提だったと考えられる。乱前の京都において貴族や禅僧と親しく交流し、彼らの文化の良き理解者となった武士たちがいたからこそ、零落した貴族は地方を目指したのである。

応仁の乱後に京都と地方とを往き来《い》したのは、貴族ばかりではなかった。たとえば、連歌師が職業的に自立し、各地を旅しながら生計を立てるようになったのも、この時期のことである。彼らの訪問先は貴族と同様、在国の守護・守護代、あるいは有力国人の館だった。応仁の乱以前の連歌七賢は、特定の主君に仕える在京武士（宗砌・智蘊・宗伊）、特定の寺院に所属する在京僧侶（池坊専順《いけのぼうせんじゅん》・心敬《しんけい》・行助《ぎょうじょ》）、将軍に仕える同朋衆（能阿弥）で構成され、連歌のみで生活できる者はいなかった。いわばアマチュアである。諸国を渡り歩いて連歌会を開く専業の連歌師が登場したのは、守護の在国化が進んだ応仁の乱以降のことで、その第一号が乱後に連歌界の頂点に立った宗祇だったのである。

また十五世紀後半以降、在国するようになった守護・守護代は、国元に立派な館を築いている。これらの守護館（守護所）の遺跡は発掘調査によって全国各地で見つかっているが、そのほとんどが平地の、一辺が一五〇〜二〇〇メートルほどの方形館で、その敷地内には連歌や茶の湯を行う建物「会所《かいしょ》」があった（会所の多くは庭園の池に面して建てられた）。主殿・常御殿《つねごてん》・遠侍《とおさぶらい》などの配置も判で押したようである。主家斯波氏に対する「下剋上」を果たした朝倉氏の居城として知られる越前一乗谷《いちじょうだに》の朝倉氏館も例外ではなく、地域的な特色・個性は見られない。

こうした守護館の構造は、「花の御所」（室町殿）などの将軍邸を模倣したものだった。地方に下ってきた守護や守護代はかつて京都で味わった文化的生活を懐かしみ、分国において華やかな日々を再現しようと試みたのである。中世都市史研究者の小島道裕氏は、このような京都文化の地方における再生産のあり方を「花の御所」体制と呼んでいる。

また公家・歌人の冷泉為広《れいぜいためひろ》が記した「越後《えちご》下向日記」によれば、越後守護上杉《うえすぎ》氏が府中に構えていた館には犬追物を行う馬場や賓客を泊める禅宗寺院が付属していたという。このような構造も、京都の将軍御所を意識したものと考えられる。川の西側に守護館を建てる事例が多いのも、鴨川の西に平安京が築かれたことに学んだのだろう。

山口も周防守護の大内氏によって、京都をモデルにした地方都市として整備された。しばしば「小京都」と呼ばれるこの都市の原型は、大内氏が抱いた京都文化への憧《あこが》れによって生み出されたのである。

一方、現実の京都はというと、守護や奉公衆の在国化によって住民が激減し、市街域も大幅に縮小した。戦国期の京都は、武家・公家を中心とする上京、町衆《まちしゅう》を中心とする下京、および周辺の寺社門前町という複数のブロックから成る複合都市として機能した。数々の「洛中洛外図屏風《らくちゅうらくがいずびょうぶ》」は豪華絢爛たる花の都を活写しているが、これは理想の京都を描いた「絵空事」であり、実像とは大きく懸け離れていた。地方における「小京都」の林立と京都の荒廃は、表裏一体の事態として進行したのである。

戦国大名と郷村

応仁の乱が長期化・大規模化すると、両軍とも郷村の武力の取り込みに躍起になった。幕府が郷村の指導者層に直接命令を下すようになるのは応仁の乱からで、総動員体制の中で郷村の政治的地位が高まったことを如実に示している。しかし、一方的・強圧的な命令だけでは郷村は動かない。文明元年（一四六九）十一月、畠山義就は西軍方の西岡衆《にしのおかしゅう》（二一三頁）に対し、寺社本所領荘園の年貢の四分の一を与えると約束して参陣を促した。これを受けて、東寺領下久世荘では公文の久世氏が年貢の四分の一をいただきたいと東寺に願い出ている（「鎮守八幡宮供僧評定引付」）。

右の事例はあくまで郷村の指導者である侍個人に対する兵粮支給だが、乱中には郷村に対する兵粮支給も始まった。その最も早い例として、文明元年六月、東軍が山科七郷（現在の京都市山科区。荘園領主を異にする七つの本郷と九つの組郷から成る）に恩賞として与えた半済《はんぜい》が挙げられる（「山科家礼記」）。郷村に対する半済給付とは、要するに年貢の半分免除である。年貢が減って困るのは寺社本所、すなわち荘園領主であって、武家の懐は痛まない。ゆえに、武家勢力は半済給付の約束を乱発した。

半済給付という報酬をちらつかせて郷村の武力を動員するという方式は応仁の乱を通じて

広く普及し、終戦後も畿内で戦乱が勃発する度に半済による軍事動員が行われた。だが郷村はこれを逆手に取り、武家勢力が半済給付を約束していない場合にも、軍事協力の代償として半済、すなわち年貢減免を要求するようになった。寺社本所の嘆願を受けて武家勢力は半済停止を命じるが、実効性は乏しかった。

郷村の半済要求は、基本的には戦功に対する恩賞を求めるという性格を持つが、それだけではない。戦乱や天災が起こった時には、為政者は困窮する民衆を善政によって救うべきである、というのが中世の社会通念である。したがって田中克行が説いたように、戦時の半済給与は「徳政」の一環であり、民衆がこれを要求するのは当然である、という認識があったと思われる。近世初期には「弓矢徳政」という概念が生まれるが、戦時の半済給付はまさにその先駆をなすものだろう。

実際、応仁の乱中、京都周辺でこそ土一揆は発生していないものの、他地域ではしばしば見られる。文明四年に奈良を襲った土一揆は、その一例である（二〇四頁を参照）。備後国（現在の広島県東部）の事例も掲げよう。応仁の乱当初、備後国では西軍が優勢だった。このため応仁二年（一四六八）十一月、父親の宗全との不仲により東軍についた備後守護の山名是豊（九三頁）が備後に下った（「碧山日録」）。これにより東軍が勢いを盛り返し、翌文明元年になると、備後から西軍は駆逐されていった。

そうした中、備後で土一揆が蜂起し、徳政を要求した。この土一揆は西軍の大内勢と戦って敗れているので、東軍に煽動されたものと思われる。徳政を呼号して蜂起しているのだから、彼らは東軍から「徳政」を約束されたのだろう。

ここでの「徳政」の具体的内容は何だろうか。状況から考えて、西軍から借用した米銭を返済しないで良いとか、質物（担保）や質流し地を取り戻して良いとか、そういった趣旨のものだろう。中世においては年貢の未納も領主に対する債務と把握されたから、西軍からの年貢催促を禁止し、年貢減免を約束した可能性もある。

徳政令を利用した軍事動員は、応仁の乱後も見られる。永正《えいしょう》元年（一五〇四）九月、薬師寺元一《もとかず》が淀《よど》城に楯籠もり、主君である細川政元に対し反乱を起こした。細川勢が討伐のため出陣すると、その隙をついて土一揆が京都で蜂起する。これに対して幕府は徳政令を出して土一揆を懐柔するとともに、京都周辺の郷村に半済免除を条件に軍事動員をかけた。土一揆をはじめ、京都住民や近隣の郷民は、幕府軍に率いられて淀城を攻撃し、薬師寺元一を破っている（「後法興院記」「宣胤卿記」など）。

永正八年八月、足利義稙（二四六頁）を奉じる細川高国《たかくに》（野州家出身で、政元の養子）・大内義興（一八五頁）が船岡山合戦で細川澄元《すみもと》（讃州家出身で、政元の養子）を破り、京都を制圧すると、翌月には土一揆が発生し、新体制を発足させたばかりの幕府は徳政令を出さざるを得なかった（「実隆公記」）。足利義教の死後、京都を襲った土一揆が「代始《だいはじめ》に徳政を行うのは、昔からのならわしである」と主張したように、中世人は、為政者の交代の際に、所有関係や賃借関係などそれまでに形成された社会の諸関係が清算されるという社会観念を持っていた。永正八年の土一揆が京都の混乱に乗じて蜂起したことは間違いないが、「代始の徳政」を求めるという大義名分も掲げていたのではないか。前述の備後土一揆も、支配者が西軍から東軍へと切り替わる時期に立ち上がっており、単に東軍に組織されたというだけでなく、「代始の徳政」を意識していたのかもしれない。

武家の側が〝政権交代〟時に積極的に徳政令を発布することもあった。文明九年に京都から帰国した大内政弘（一九七頁）は翌年には北九州に進攻、少弐《しように》氏から筑前を奪った。すると政弘は十月、筑前に徳政令を出した（「大内氏掟書《おきてがき》」）。この徳政令は、応仁の乱中に大内氏に味方した筑前国人を対象とする法令なので、軍事動員の代償としての徳政という性格を持つが、それだけではない。文明十年八月十七日以前の借用書は無効にするとあるように、旧支配者である少弐氏時代に締結された貸借関係を否定するという意味も持っていた。これは単に〝政権交代〟を印象づける効果のみならず、筑前国人の少弐氏関係者への債務を破棄させることで少弐氏の影響力を払拭する効果を意図したものと思われる。すなわち占領行政の一環として徳政令が発令されたのである。

こうした戦争終結や代替わりを契機とする徳政令は、戦国大名に引き継がれる。徳政令というと、何やら無責任なイメージがつきまとうが、土地所有関係を整理し直すという意味では検地と相通じる側面があり、領国政策として理解できる。

戦国大名は恒常的な戦乱に備えるため、郷村に対して城郭の築造・修築のための普請《ふしん》役、戦時における物資輸送のための陣夫役を求めた。大名領国全体が侵略の危機に瀕《ひん》した時には、郷村の百姓を徴兵することもあった。このような総動員体制を敷く以上、戦国大名は郷村の存立を維持するため民政に力を入れざるを得ない。大名が守護代以下に分国経営を委任し、その収益を京都で受け取るだけだった室町時代とは全く異なる社会が生まれたのである。

郷村に宛てて文書を大量発給した後北条氏に典型的に見られるように、郷村・百姓と直接向き合った点に、前代の権力と異なる戦国大名の最大の特徴がある。そして、そのような社会動向の出発点が、応仁の乱だったのである。

生き残った興福寺

古市澄胤の南山城支配（二五〇頁）は、依然として止まぬ国人の反抗によって、思うように進捗していなかった。細川氏の分家である讃州家が山城守護の地位を狙って、ひそかに山城国人を支援していたことも一因だという（『後慈眼院殿御記《ごじげんいんどのぎょき》』）。そんな中、明応四年（一四九五）十一月に河内守護畠山義豊（二四二頁）の重臣である遊佐弥六《やろく》が「山城守護」と称して南山城に侵入し、槇島《まきのしま》（現在の京都府宇治市槇島町）まで兵を進めた。尋尊は「古市を援護するためだろうか」と推測しているが、以後の遊佐の軍事行動を古市は必ずしも歓迎しておらず、敵対的な軍事行動と捉える研究者もいる。

いずれにせよ、河内畠山氏が南山城に介入してきたことは、細川政元を刺激した。明応五年八月、政元麾下の猛将である赤沢朝経《あかざわともつね》（沢蔵軒宗益《たくぞうけんそうえき》。以下赤沢宗益と表記）が山城に進攻した（「後法興院記」）。これにより、十月には遊佐弥六、そして古市の家臣で南山城に駐留していた井上近江守が山城から撤兵した（「大乗院寺社雑事記」）。翌六年には南山城三郡の守護代を赤沢宗益が、北山城五郡の守護代を細川政元の重臣である香西元長《こうざいもとなが》が務めることになり、守護伊勢氏を細川京兆家の軍事力が支えるという変則的な支配体制が成立した。伊勢氏が細川氏勢力の進駐を認め、細川氏は伊勢氏の守護続投を認めるという妥協の産物と評価できよう。

山城支配をめぐって競合関係にある伊勢氏と細川氏が互いに歩み寄ったのは、足利義植派の勢力が拡大し、足利義澄政権を脅かしていたからである。明応六年七月に勃発した河内畠山氏の内紛に乗じて、足利義植を支持する紀伊の畠山尚順（二四六頁）が勢力を伸ばし、筒井藤王丸《ふじおうまる》・十市遠治《とおはる》ら尚順方（かつての政長方）が河内・南山城で攻勢を強めた。九月末〜

十月初頭には筒井ら「牢人」が奈良に復帰し、古市・越智らは敗走した。文明九年（一四七七）に畠山義就によって蹴散らされた筒井氏（二〇九頁）が二〇年ぶりに復権したのである。

奈良を制圧した筒井は興福寺に対し「大和で戦費の調達や陣夫の動員は行わない」と誓い、越智家栄の度重なる物資徴発に苦しめられてきた尋尊を喜ばしている。ところが畠山尚順が十一月末に大和国に進駐してくると、事態は一変する。尚順は、義豊方の万歳氏の所領を没収し、自分の馬廻衆《うままわりしゅう》（親衛隊）に与えたのである。

本書で見てきたように、大和では長い間、筒井派と越智派が争っており、勝者が敗者の所領を奪うことは見慣れた光景だった。だが、それはあくまで興福寺に仕える大和の衆徒・国民間での所領移動であり、形式的には興福寺の影響力は維持された。他国武士による領有ということになると、今までとは全く異なる事態である。尋尊は「神国たる大和国に武家の家臣が所領を持つなど、あってはならないことだ」と憤っている。

明応八年正月末、畠山尚順はついに宿敵畠山義豊を河内で討ち取り、義豊嫡男の義英《よしひで》を敗走させた。自信を深めた尚順は大和支配を一段と強化し、義豊方の片岡・吐田《はんだ》の旧領を没収、家臣に与えた。罪を犯した者の所領を没収し、その所領を別人に与える権利を闕所地《けっしょち》処分権というが、これは本来、守護の権限である。大和国は守護不設置であり、興福寺が事実上の大和守護である（七頁を参照）。よって尚順が闕所地処分権を行使することは、興福寺の守護権の否定に他ならない。尋尊の危機感はいよいよ高まった。

同年九月五日、畠山尚順は足利義稙と呼応して挙兵、河内国から京都に向かって進軍を開始した。尚順方の大和衆も南山城に進出した。この戦いは足利義稙と足利義澄という「二人の将軍」の覇権争いであり、尋尊も「応仁の乱以来、これほどの大乱はなかった」と戦慄《せんりつ》した。しかし九月末に赤沢宗益が南山城の尚順方を一掃、尚順方に追われていた「三十六人山城衆」も帰国した（「大乗院寺社雑事記」「中臣師淳記《なかとみもろあつ》」）。

赤沢宗益の快進撃に目を見張った古市澄胤は、宗益の麾下に参じたが、他の衆徒・国民は宗益の大和侵攻を恐れ、結束を固めた。十月末、越智家令が筒井藤王丸・成身院順盛・十市遠治らと和睦し、義稙派と義澄派の抗争に対して局外中立を保つこと、大和から他国衆を排除することを決議した。この合議には古市澄胤を除く三十余名もの衆徒・国民が参加したといい、山城国一揆の大和国版と評価できよう（二二三頁を参照）。なお同年十一月には筒井藤王丸が出家し、順賢《じゅんけん》と名乗った（「大乗院寺社雑事記」）。

越前から京都を目指して進軍していた足利義稙は十一月に近江で六角高頼に敗れて河内に逃れ、十二月には大内義興を頼って周防に落ちのびた（「大乗院寺社雑事記」「大乗院日記目録」「後法興院記」）。赤沢宗益は既に十一月十二日に数千の軍勢を率いて南山城に進出してきており、足利義澄方の勝利が確定したことで、宗益の大和侵攻は一層現実味を帯びてきた。

筒井らは大和の各所を巡回警備し、六方は宗益の名を籠めた（一二三頁を参照）。こうした動きに尋尊は批判的だった。「今回の合戦は、畠山尚順と、細川政元・畠山義豊の争いであって、興福寺が関わるべきではない」というのである。

もともと尋尊は、近江の大乗院領荘園の回復に一肌脱いでくれた足利義稙には好意的で、義稙が政権奪回の兵を挙げた当初は「一方ハ公方、一方ハ細川なり」と評した。つまり「公方」足利義稙と細川政元の対立と捉え、前者の大義名分が勝っていると考えたのである。しかし義稙が近江で敗退するや、「今回の合戦は両畠山と細川の三者が争っているだけだ」と言い出し、赤沢宗益への敵対を戒めた。足利義澄―細川政元―赤沢宗益の優勢を確信した途端、勝者との関係を第一に考える辺り、尋尊の現実主義がよく表れている。赤沢軍には去る七月、足利義稙に味方した比叡山延暦寺を焼き討ちした〝実績〟があり、その凶暴さが尋尊の脳裏をよぎったのかもしれない。

はたして十二月十八日、古市澄胤の先導により、赤沢勢数千が大和に攻め込み、衆徒・国民を撃破し、途中の諸寺を荒らしつつ、奈良にまで乱入した。赤沢軍は奈良の町はもとより、興福寺内でも濫妨狼藉《らんぼうろうぜき》の限りを尽くした。生まれてこのかた、奈良がここまで徹底的に破壊される光景を、尋尊は見たことがなかった。まさしく「先代未聞の沙汰」であった。

外部勢力を引き入れた古市への怒りもあったが、尋尊は宗益の首に賞金を懸けた六方の軽率さを非難した。宗益を挑発するからこんなことになったのだ、と不満顔である。筒井らはまたも奈良を離れることになった。

以後、大和国は赤沢宗益の強権的支配の下に置かれた。宗益は永正元年（一五〇四）、京兆家内部の権力闘争に敗れて失脚するが、薬師寺元一の乱（二六八頁）後に復権した。いったん大和から去った赤沢勢が再侵攻の構えを見せる中、衆徒・国民は再び立ち上がった。永正二年二月、筒井順賢のもとに越智家令の娘が嫁いだ。同年十一月、布施・箸尾・越智・万歳・吐田・楢原・片岡・筒井・十市の九氏が興福寺に対し、河内に侵攻しようとする赤沢勢が大和を通過することを許可しないよう申し入れている（「多聞院《たもんいん》日記」）。ここに越智派と筒井派の盟約が確立した。

大和の主要な衆徒・国民が団結するのは、国中合戦後の応永二十一年（一四一四）以来、実に九〇年ぶりのことである。この歴史的和解の契機として、永正元年十二月に両畠山氏が打倒細川政元で連合したという事実（「大乗院寺社雑事記」「後法興院記」「実隆公記」）が挙げられる。何しろ大和国人は応仁の乱以前から政長派と義就派に分かれて争ってきたのである。けれども、それだけでは挙国一致体制は成立しないだろう。やはり迫り来る赤沢勢の脅威こそが団結の原動力であったと思われる。永正三年正月、赤沢宗益は河内の両畠山氏を撃破し、七月には河内征伐に協力しなかった罪で大和に再侵攻した。興福寺は赤沢軍の略奪を恐れ、細川政元と交渉し、赤沢軍の略奪を禁じる制札《せいさつ》を獲得している。一方、赤沢軍の精強に震えた成身院順盛は、甥の筒井順賢の命だけでも救ってもらおうと政元に働きかけたが、当の順賢は「大和国を捨てて生きながらえても意味はない」と赦免を拒否し、他の大和国人と共に戦う道を選んだ。大和衆の間で、明らかに従来と異なる結束が生まれていた(「多聞院日記」)。

赤沢軍の猛攻によって大和国人連合は敗れ去るが、永正四年六月、細川京兆家の後継者争いの渦中で細川政元が暗殺される。丹後の一色義有《よしあり》と交戦中の赤沢宗益はこの報に接して急ぎ京都に帰還しようとするが、敵に追撃され戦死する。その後、細川澄元の命令で赤沢長経《ながつね》(宗益の養子)が大和に侵攻、国人連合を撃退した。次に長経は河内に転進し、畠山義英と戦った(「多聞院日記」など)。

しかしながら、こうした動乱の展開に尋尊はさほどの関心を示していない。自らの死期を悟った尋尊は、読経三昧《どきょうざんまい》の毎日を送っていた。永正五年五月二日、尋尊示寂《じじゃく》。七九歳だった。

その五日前の四月二十七日、周防に下っていた足利義稙を擁して、大内義興が和泉国堺に上陸した。細川高国や畠山尚順がこれに呼応する中、大和衆も義稙派の旗を掲げた。足利義澄派の細川澄元は赤沢長経・古市澄胤を大和に派遣、七月十九日に奈良での合戦で大勝し、筒井らは河内に逃れた。長経・澄胤は追撃するも河内での合戦に敗れ、澄胤は戦死、長経は捕まり斬首された（「中臣祐弥記」など）。大和国を幾度も血で汚した赤沢父子は惨めな最期を遂げ、興福寺や他の大和国人を裏切って己一人の栄達を図った古市澄胤は戦場に屍《しかばね》をさらすこととなった。もし尋尊が健在ならば、どのような感慨を抱いただろうか。やはり「春日大明神の神罰が当たったのだ」と得意気に語るだろうか。

その後、紆余曲折を経て、大永《たいえい》元年（一五二一）には、筒井・越智・箸尾・十市の四氏による連合体制が成立し、大和国は安定する。それは興福寺の大和一国支配を換骨奪胎するものであった。大和国人は興福寺の権威・権力を利用する形で支配を進めたのであり、ついに興福寺から自立することはなかった。

学界では、この点を大和国人の「限界」として否定的に評価する見方が一般的である。興福寺という腐敗した権力を打倒しようとせず、その意を迎える彼らの保守性を指弾するのである。だが、大和国人が何世代にもわたる恩讐を乗り越えて団結し得たのは、興福寺に仕える者としてのアイデンティティがあればこそだし、興福寺の権威が外部勢力の侵入に対する一定の抑止力として機能したことは否定できない。

前著『戦争の日本中世史』でも論じたが、戦後歴史学が依拠した革命思想と反戦平和思想は矛盾することが多い。前近代社会において既得権打破の動きは、往々にして戦乱の形をとるからである。中世興福寺は大和国人の領主的成長を阻んだかもしれないが、一方で大和国の戦争被害を減らした。両面を合わせて評価しなければ、興福寺が気の毒だろう。

以後も興福寺は、畿内に現れては消えていく武家勢力と折衝を重ねていく。特に松永久秀《まつながひさひで》の大和入国は大きな衝撃をもたらしたが、それは本書のテーマを超える。今はただ、戦乱の時代をしたたかに乗り切った経覚と尋尊に敬意を表したい。

主要参考文献

■研究書等

朝倉弘『奈良県史11　大和武士』名著出版、一九九三年
熱田公『中世寺領荘園と動乱期の社会』思文閣出版、二〇〇四年
阿部浩一『戦国期の徳政と地域社会』吉川弘文館、二〇〇一年
家永遵嗣『室町幕府将軍権力の研究』東京大学日本史学研究室、一九九五年
同「軍記『応仁記』と応仁の乱」（学習院大学文学部史学科編『歴史遊学』山川出版社、二〇〇一年）
同「再論・軍記『応仁記』と応仁の乱」（学習院大学文学部史学科編『〔増補〕歴史遊学』山川出版社、二〇一一年）
同「足利義視と文正元年の政変」（『学習院大学文学部研究年報』61、二〇一四年）
池上裕子『日本の歴史10　戦国の群像』集英社、一九九二年
石田晴男『戦争の日本史9　応仁・文明の乱』吉川弘文館、二〇〇八年
伊藤俊一『室町期荘園制の研究』塙書房、二〇一〇年
稲葉伸道『中世寺院の権力構造』岩波書店、一九九七年
今谷明『室町幕府解体過程の研究』岩波書店、一九八五年
同『土民嗷々　一四四一年の社会史』新人物往来社、一九八八年
同『日本の歴史9　日本国王と土民』集英社、一九九二年
上田浩介「守護在京解体の画期と幕府求心力についての一考察」（『新潟史学』69、二〇一三年）

植田信廣「「名字を籠める」という刑罰について」（『法政研究』53―1、一九八六年）
榎原雅治『室町幕府と地方の社会』岩波書店、二〇一六年
海老沢美基「一五世紀の戦争と女性」（西村汎子編『戦の中の女たち』吉川弘文館、二〇〇四年）
大藪海『室町幕府と地域権力』吉川弘文館、二〇一三年
小川信『山名宗全と細川勝元』新人物往来社、一九九四年
川岡勉『室町幕府と守護権力』吉川弘文館、二〇〇二年
同『山名宗全』吉川弘文館、二〇〇九年
同『山城国一揆と戦国社会』吉川弘文館、二〇一二年
神田千里『戦国時代の自力と秩序』吉川弘文館、二〇一三年
木下聡編著『管領斯波氏』戎光祥出版、二〇一五年
久留島典子『日本の歴史13　一揆と戦国大名』講談社、二〇〇一年
小谷利明「畿内戦国期守護と室町幕府」（『日本史研究』510、二〇〇五年）
酒井紀美『日本中世の在地社会』吉川弘文館、一九九九年
同『夢から探る中世』角川書店、二〇〇五年
同『応仁の乱と在地社会』同成社、二〇一一年
桜井英治『日本の歴史12　室町人の精神』講談社、二〇〇一年
佐藤圭『朝倉孝景』戎光祥出版、二〇一四年
設楽薫「将軍足利義材の政務決裁」（『史学雑誌』96―7、一九八七年）
同「足利義材の没落と将軍直臣団」（『日本史研究』301、一九八七年）
同「足利義尚政権考」（『史学雑誌』98―2、一九八九年）
同「室町幕府評定衆摂津之親の日記『長禄四年記』の研究」（『東京大学史料編纂所研究紀要』3、一九九二年）

清水克行『日本神判史』中央公論新社、二〇一〇年
末柄豊「細川氏の同族連合体制の解体と畿内領国化」(石井進編『中世の法と政治』吉川弘文館、一九九二年)
同「室町文化とその担い手たち」(榎原雅治編『日本の時代史11　一揆の時代』吉川弘文館、二〇〇三年)
同「応仁・文明の乱」(『岩波講座日本歴史』8、二〇一四年)
鈴木良一『応仁の乱』岩波書店、一九七三年
同『大乗院寺社雑事記　ある門閥僧侶の没落の記録』そしえて、一九八三年
高橋修「応仁の乱前の一色氏に就いて」(小川信先生の古稀記念論集を刊行する会編『日本中世政治社会の研究』続群書類従完成会、一九九一年)
高橋康夫『京都中世都市史研究』思文閣出版、一九八三年
同編『中世のなかの「京都」』新人物往来社、二〇〇六年
高山京子『中世興福寺の門跡』勉誠出版、二〇一〇年
竹本千鶴「茶道史における「淋汗茶湯」の位置付け」(二木謙一編『戦国織豊期の社会と儀礼』吉川弘文館、二〇〇六年)
田中克行『中世の惣村と文書』山川出版社、一九九八年
田中健夫『中世海外交渉史の研究』東京大学出版会、一九五九年
田中倫子「戦国期における荘園村落と権力」(『日本史研究』193、一九七八年)
田端泰子『足利義政と日野富子』山川出版社、二〇一一年
鳥居和之「応仁・文明の乱後の室町幕府」(久留島典子、榎原雅治編『展望日本歴史11　室町の社会』東京堂出版、二〇〇六年。初出一九七六年)
永島福太郎「大乗院寺社雑事記について」(日本史研究会史料研究部会編『中世社会の基本構造』御茶の水書房、一九五八年)

永島福太郎『一条兼良』吉川弘文館、一九五九年
同『応仁の乱』至文堂、一九六八年
永原慶二『日本の歴史10　下剋上の時代』中央公論社、一九六五年
永村眞編『醍醐寺の歴史と文化財』勉誠出版、二〇一一年
早島大祐『足軽の誕生』朝日新聞出版、二〇一二年
藤井崇『大内義興』戎光祥出版、二〇一四年
藤木久志『飢餓と戦争の戦国を行く』朝日新聞社、二〇〇一年
藤田達生編『伊勢国司北畠氏の研究』吉川弘文館、二〇〇四年
古野貢『中世後期細川氏の権力構造』吉川弘文館、二〇〇八年
百瀬今朝雄「応仁・文明の乱」(『岩波講座日本歴史』7、一九七六年)
森茂暁『闇の歴史、後南朝』角川書店、一九九七年
同『満済』ミネルヴァ書房、二〇〇四年
同『室町幕府崩壊』角川書店、二〇一一年
森田恭二『足利義政の研究』和泉書院、一九九三年
同『戦国期歴代細川氏の研究』和泉書院、一九九四年
安国陽子「戦国期大和の権力と在地構造」(『日本史研究』341、一九九一年)
安田次郎『中世の奈良』吉川弘文館、一九九八年
同「尋尊と『大乗院寺社雑事記』」(五味文彦編『日記に中世を読む』吉川弘文館、一九九八年)
同『中世の興福寺と大和』山川出版社、二〇〇一年
同「筒井氏の「牢籠」と在地支配」(勝俣鎮夫編『寺院・検断・徳政』山川出版社、二〇〇四年)
同編『大和の武士と武士団の基礎的研究』(科研報告書、二〇〇四年)
山田康弘『戦国期室町幕府と将軍』吉川弘文館、二〇〇〇年

山本隆志『山名宗全』ミネルヴァ書房、二〇一五年
弓倉弘年『中世後期畿内近国守護の研究』清文堂出版、二〇〇六年
吉田賢司『室町幕府軍制の構造と展開』吉川弘文館、二〇一〇年

＊

大乗院寺社雑事記研究会編『大乗院寺社雑事記研究論集』1〜5、和泉書院、二〇〇一〜二〇一六年

■史料

『大日本史料』第八編　東京大学出版会
『満済准后日記』（『続群書類従』補遺一）続群書類従完成会・八木書店
『看聞日記』（『続群書類従』補遺二）続群書類従完成会・八木書店
『経覚私要鈔』（史料纂集）続群書類従完成会・八木書店
『師郷記』（史料纂集）続群書類従完成会・八木書店
『建内記』（大日本古記録）岩波書店
『康富記』（増補史料大成）臨川書店
『親長卿記』（増補史料大成）臨川書店
『蔭凉軒日録』（増補続史料大成）臨川書店
『斎藤基恒日記』（増補続史料大成）臨川書店
『大乗院寺社雑事記』（増補続史料大成）臨川書店
『大乗院日記目録』（増補続史料大成）臨川書店
『碧山日録』（増補続史料大成）臨川書店
『後法興院記』（増補続史料大成）臨川書店
『応仁記』『応仁略記』『応仁別記』（『群書類従』第二十輯）続群書類従完成会・八木書店

あとがき

本書の構想について担当編集者の並木光晴氏と初めて話し合ったのは、たしか二〇一四年の七月だったと思う。この年の一月に私は『戦争の日本中世史』（新潮選書）という本を上梓した。この本では蒙古《もうこ》襲来から応仁の乱までの約二〇〇年間に起こった様々な合戦・戦乱を取り上げたが、最後の応仁の乱に関する説明は駆け足になってしまった。日本史上最大の内乱の一つである応仁の乱は、中世史家として是非とも正面から取り組みたいテーマであり、私は並木氏に「応仁の乱について書いてみたい」と提案したのだった。

二〇一四年は第一次世界大戦開戦から一〇〇年ということで、同大戦に関する書籍・雑誌特集などが散見された。そういったものにパラパラと目を通していると、応仁の乱は第一次世界大戦と似た構図を持つのではないか、と思い至った。

第一次世界大戦は様々な要因が絡み合って生じた戦争だが、一言で述べるならば、新興の帝国であるドイツが、覇権国家イギリスを中心とする国際秩序に挑戦した戦争であろう。だがサラエボ事件を受けてオーストリア支持を打ち出し、セルビアへの開戦を促したドイツにしても、セルビアを支持するロシアやフランスとの全面戦争を最初から望んでいたわけではなく、ましてイギリスとの激突など想定していなかった。これは英仏露など他の列強にも言えることで、各国の指導層は必ずしも好戦的ではなく、むしろ誰も意図しないまま世界大戦に突入していった。しかも全ての参加国が短期決戦を志向したにもかかわらず、戦争は長期化し総力戦の様相を呈した。結局、イギリス海軍の海上封鎖によって補給路を断たれたドイツが屈服する形で終戦となったが、勝者である英仏も甚だしく疲弊し、ヨーロッパ世界全体の没落を招いたのである。

応仁の乱も、新興勢力たる山名氏が覇権勢力たる細川氏を中心とした幕府秩序に挑戦した戦争という性格を持つ。だが山名宗全は最初から細川勝元との全面戦争を望んだわけではなく、畠山義就と政長との間の局地戦である御霊《ごりょう》合戦に軍事介入し、義就を勝たせるという以上の目標を持っていなかった。勝元の反撃にしても、山名氏の打倒という積極的・攻撃的なものというより、同盟者である政長を見捨てたままでは大名としての面目を失うという危機感からやむなく報復に出た、と見るべきである。東西両軍は共に短期決戦を志向したが、戦争は長期化し足軽や郷民を動員する総力戦の様相を呈した。結局、東軍に補給路を断たれた西軍が屈服する形で終戦となったが、東軍諸将も大きく傷つき、鉄の結束を誇った細川一族でさえ以後は内紛を繰り返すようになる。参戦大名たちの没落を尻目に、いわゆる「戦国大名」が台頭してくるのである。古今東西を問わず、人類は同じような過ちを繰り返すのかもしれない。

本書冒頭で掲げた戦前・戦後の議論に見られるように、応仁の乱は新時代を切り開いた「革命」になぞらえられることが多い。結果的にそのような意義を果たした面は否定できないが、それが変革を求める民衆運動ではなく支配階層の〝自滅〟によってもたらされたことに留意する必要がある。しかも、その「革命」のために多くの血が流されたことも忘れてはなるまい。

とはいえ、将軍や大名たちの〝愚行〟を後知恵で糾弾するのは気が引けるので、なるべく彼らの思惑や判断を、当時の人々の認識や感覚に沿う形で理解するよう努めた。彼らはそれなりに〝出口戦略〟を考えており、終戦に向けて様々な努力や工夫をしている。にもかかわらず、コミュニケーション不足やタイミングのずれによって、終戦工作は失敗を重ね、戦争は無意味に続いた。〝損切り〟に踏み切れなかった彼らの姿勢は、現代の私たちにとっても教訓になるだろう。

試行錯誤を重ねながら懸命に生きた人々の姿をありのままに描き、同時代人の視点で応仁の乱を読み解くという本書の試みがどこまで成功しているか心許ないが、多少なりとも新しい「応仁の乱」像を提示できたとしたら、それは著者の功績ではなく、経覚・尋尊という偉大な観察者のおかげである。また、東京大学史料編纂所の高橋敏子氏が幹事を務めていた『『経覚私要鈔』を読む会」(著者は二〇〇七〜二〇一五年の期間に参加)での議論からも多くの示唆を得ている。この場をお借りして当時の参加者の皆様に感謝申し上げる。

並木氏から執筆依頼をいただいた当時、私は比較的時間に余裕があり、「今年度中には書き上がる」と安請け合いした記憶がある。その後、他の仕事が色々と舞い込んだため、執筆は遅々として進まなかった。原稿を辛抱強く待って下さった氏にお礼とお詫びを申し上げたい。

二〇一六年九月十二日

呉座勇一

関係略年表

（編集部作成）

年号	西暦	将軍	事項
明徳三年	一三九二年	義満	閏十月、南北朝の合体（明徳の和約）。
明徳五年（応永元年）	一三九四年	義持	十二月、足利義満、将軍職を義持に譲る。
応永二年	一三九五年		十一月、経覚誕生。
応永十五年	一四〇八年		五月、義満没。
応永十七年	一四一〇年		十一月、後亀山法皇、吉野に出奔。
応永十九年	一四一二年		八月、称光天皇践祚。
応永三十年	一四二三年	義量	三月、義持、将軍職を義量に譲る。
応永三十二年	一四二五年		二月、義量没。
応永三十三年	一四二六年		二月、経覚、興福寺別当に就任。
応永三十五年（正長元年）	一四二八年		正月、義持没、青蓮院義円（のちの義教）継ぐ。三月、義円、還俗して義宣と改名。七月、後南朝小倉宮（聖承）、伊勢に出奔。称光天皇没、後花園天皇践祚。九月、正長の徳政一揆。十二月、北畠満雅敗死。
正長二年（永享元年）	一四二九年	義教	三月、義宣将軍宣下、義教と改名。七月、興福寺大乗院衆徒の豊田中坊と興福寺一乗院衆徒の井戸氏の対立が合戦に発展（大和永享の乱始まる）。

永享二年	一四三〇年	←	四月、小倉宮、帰京。八月、尋尊誕生。
永享十年	一四三八年		八月、経覚、義教の怒りを買い、興福寺を去る。
永享十一年	一四三九年		三月、越智維通敗死（大和永享の乱終わる）。
永享十二年	一四四〇年		三月、下総の結城氏朝、鎌倉公方足利持氏の遺児を擁して挙兵（結城合戦始まる）。
永享十三年（嘉吉元年）	一四四一年		正月、畠山持国、義教の勘気を蒙り、弟持永が畠山家家督となる。四月、結城氏朝敗死（結城合戦終わる）。六月、赤松満祐・教康、足利義教を殺害（嘉吉の変）。千也茶丸（のちの義勝）継ぐ。八月、畠山持国、畠山家家督に復帰。九月、幕府軍の攻撃により赤松氏滅亡。十一月、経覚、大乗院門主に復帰。
嘉吉二年	一四四二年	義勝 ←	十一月、義勝将軍宣下。
嘉吉三年	一四四三年		六月、経覚、上洛し義勝に会う。七月、義勝没、三春（のちの義政）継ぐ。
文安二年	一四四五年		九月、経覚、筒井方に敗れ、鬼薗山城に自ら火をつけ、安位寺に逃れる。
文安三年	一四四六年		十二月、三春、義成と改名。
文安五年	一四四八年		十一月、畠山持国、弟持富への後継者指名を撤回し、実子義夏（義就）を元服させ、後継者とする。
文安六年（宝徳元年）	一四四九年	義政	四月、義成（義政）元服、将軍宣下。

宝徳四年（享徳元年）	一四五二年	九月、斯波義健没、大野斯波氏当主である持種の子義敏が継ぐ。
享徳二年	一四五三年	六月、義成、義政と改名。
享徳三年	一四五四年	四月、畠山持国、甥弥三郎を追う。八月、細川勝元・山名宗全ら、弥三郎を支援し、畠山持国・義夏（義就）を追う。義政、弥三郎を畠山家家督として認める。九月、義政、勝元に命じて弥三郎をかくまっていた勝元家臣磯谷四郎兵衛を処刑。十一月、義政、宗全討伐を決定、ついで勝元の嘆願により但馬隠居に減刑。
長禄二年	一四五八年	二月、義政、寺社本所領返還政策を開始。六月、義政、勝元のとりなしにより山名宗全を赦免。十一月、義政、赤松政則を加賀北半国守護に任命（赤松氏再興）。
長禄三年	一四五九年	正月、義政の乳母今参局、義政の母日野重子の讒訴により流罪となり、近江で自害。
長禄四年（寛正元年）	一四六〇年	九月、義政、畠山義就から畠山家家督を取り上げて政長に与える。閏九月、義政、義就討伐を決定。十二月、義就、河内嶽山城に籠城。
寛正二年	一四六一年	八月、義政、斯波松王丸（のちの義寛）を出家させ、渋川義鏡の子義廉を斯波家家督とする。
寛正四年	一四六三年	八月、日野重子没。十一月、重子の百ヶ日供養。斯波義敏・畠山義就ら大赦。

寛正五年	一四六四年	七月、後土御門天皇践祚。十二月、義政の弟浄土寺義尋、還俗して義視と名乗る。
寛正六年	一四六五年	十一月、日野富子、義尚を産む。
寛正七年（文正元年）	一四六六年	七月、義政、伊勢貞親・季瓊真蘂の進言により斯波義廉から斯波家家督を取り上げて義敏に与える。松王丸還俗。義政、伊勢貞親の進言により大内政弘を赦免。九月、伊勢貞親、足利義視の排除を図るも失敗。貞親・真蘂・斯波義敏・赤松政則ら京都を追われる（文正の政変）。十二月、畠山義就、山名宗全の支援を受けて河内より上洛。
文正二年（応仁元年）	一四六七年	正月、義政、畠山政長を管領職から罷免。斯波義廉、管領に就任。義就、京都上御霊社で政長を破る（御霊合戦）。五月、赤松政則、細川勝元の支援を受けて旧領播磨を山名氏から奪回。細川方（東軍）の武田信賢・細川成之、山名方（西軍）の一色義直邸を攻撃（応仁の乱始まる）。八月、大内政弘、周防より上洛、西軍に合流。後花園上皇・後土御門天皇、将軍御所に避難。義視、将軍御所を出て伊勢に下国。
応仁二年	一四六八年	三月、東軍足軽大将骨皮道賢、京都稲荷山で討死。八月、一条兼良、子の尋尊を頼って奈良に疎開。九月、義視、伊勢より帰京。義視、義政に日野勝光らを斥けるよう求める。閏十月、朝倉孝景、越前に下る。義政、伊勢貞親を政務に復帰させる。十一月、義視、将軍御所を出て西軍に走る（西幕府の成立）。

和暦	西暦	将軍	事項
応仁三年（文明元年）	一四六九年		四月、経覚、四度目の興福寺別当就任。十一月、成身院光宣没。
文明二年	一四七〇年		七月、大内政弘、南山城に侵攻。
文明三年	一四七一年		六月、西軍朝倉孝景、東軍に寝返る。八月、西幕府、南朝後胤を京都に迎える。
文明四年	一四七二年		一月、西軍山名宗全と東軍細川勝元和平交渉。二月、和平交渉決裂。三月、勝元、養嗣子勝之を廃す。八月、宗全、孫政豊に家督を譲り隠居。朝倉孝景、越前を平定。
文明五年	一四七三年	←義尚	正月、伊勢貞親没。三月、山名宗全没。五月、細川勝元没、嫡子聡明丸（のちの政元）が継ぐ。八月、経覚没。十二月、義尚将軍宣下。
文明六年	一四七四年		四月、西軍山名政豊と東軍細川聡明丸（政元）和睦。
文明八年	一四七六年		六月、日野勝光没。九月、義政、西軍大内政弘に御内書を送り、終戦への協力を求める。十二月、義視、義政に恭順の意を表し、義政も返書で義視の罪を不問に付すことを誓う。
文明九年	一四七七年		九月、畠山義就、政長討伐のため河内に下国。十月、義就、河内を平定。十一月、西幕府解散。西軍諸将ら下国（応仁の乱終わる）。
文明十年	一四七八年		三月、義政、寺社本所領返還政策を再開。十一月、細川聡明丸、元服して政元と名乗る。
文明十二年	一四八〇年		五月、義尚、本鳥を切る。七月、一条兼良、義尚に『樵談治要』を献じる。

文明十三年	一四八一年	←	正月、義尚再び本鳥を切る。十月、義政、長谷の聖護院山荘に移る。
文明十四年	一四八二年		三月、細川政元・畠山政長、畠山義就を攻める。七月、義政、義尚に政務を譲る。
文明十七年	一四八五年		六月、義政出家。十二月、山城国人、両畠山に撤兵を要求（山城国一揆）。
文明十八年	一四八六年		二月、山城国一揆、宇治平等院で国中掟法を定める。
文明十九年（長享元年）	一四八七年		九月、義尚、六角高頼討伐のため近江に親征。
長享三年（延徳元年）	一四八九年		三月、義尚、近江鈎の陣中で没。四月、義視・義材父子、美濃より上洛。義政と富子、義材を十代将軍に迎えることに同意。
延徳二年	一四九〇年	義稙	正月、義政没。七月、義材（義稙）将軍宣下。十二月、畠山義就没。
延徳三年	一四九一年		正月、義視没。二月、管領細川政元、九条政基の子聡明丸（のちの澄之）を養子にする。八月、義材、六角討伐のため近江に親征。
明応二年	一四九三年	←	二月、義材、畠山政長らを率い、畠山義就の子基家（義豊）討伐のため河内に出陣。四月、細川政元が義材を廃し、清晃（足利義高＝義澄）を擁立（明応の政変）。閏四月、細川政元、畠山政長を河内に攻めて自殺させる。政長の子尚慶（尚順）は逃亡。六月、義材、越中に逃れる。九月、古市澄胤、南山城に侵攻（山城国一揆の崩壊）。
明応三年	一四九四年	義澄	十二月、義高（義澄）将軍宣下。

明応八年	一四九九年	←	正月、畠山義豊、同尚順と河内に戦い敗死する。義豊の子義英は逃亡。十一月、義尹（義材改名）が敗走して周防の大内義興を頼る。十二月、細川政元の家臣赤沢宗益、大和に侵攻。
文亀四年（永正元年）	一五〇四年	←	九月、摂津守護代薬師寺元一、守護細川政元を廃し、政元の養子澄元を擁立しようと企てる。元一、捕らえられて自殺。京都に土一揆蜂起。十月、幕府、徳政令を定める。十二月、畠山尚順、同義英と和睦。
永正四年	一五〇七年	←	六月、細川澄之、薬師寺長忠らと細川政元を謀殺（永正の錯乱）。赤沢宗益、戦死。八月、細川高国、澄之を討つ。細川澄元、政元の後を継ぐ。九月、赤沢宗益の養子長経、澄元の命を受け大和に侵攻。
永正五年	一五〇八年	義稙	五月、尋尊没。七月、義尹、細川澄元を破って入京し、将軍職に復帰。
永正八年	一五一一年	←	八月、義尹、細川澄元の軍勢を山城船岡山に破る。

人名索引

＊印は研究者

呉座勇一（ござ・ゆういち）

1980年（昭和55年），東京都に生まれる．東京大学文学部卒業．同大学大学院人文社会系研究科博士課程単位取得退学．博士（文学）．専攻は日本中世史．現在，国際日本文化研究センター助教．『戦争の日本中世史』で角川財団学芸賞受賞．
著書『一揆の原理』（ちくま学芸文庫）
『戦争の日本中世史』（新潮選書）
『日本中世の領主一揆』（思文閣出版）

応仁《おうにん》の乱《らん》
中公新書 *2401*

2016年10月25日初版
2017年2月28日12版

著者 呉座勇一
発行者 大橋善光

本文印刷 三晃印刷
カバー印刷 大熊整美堂
製本 小泉製本

発行所 中央公論新社
〒100-8152
東京都千代田区大手町 1-7-1
電話 販売 03-5299-1730
編集 03-5299-1830
URL http://www.chuko.co.jp/

Published by CHUOKORON-SHINSHA, INC.
Printed in Japan ISBN978-4-12-102401-5 C1221

中公新書刊行のことば

一九六二年一一月

いまからちょうど五世紀まえ、グーテンベルクが近代印刷術を発明したとき、書物の大量生産は潜在的可能性を獲得し、いまからちょうど一世紀まえ、世界のおもな文明国で義務教育制度が採用されたとき、書物の大量需要の潜在性が形成された。この二つの潜在性がはげしく現実化したのが現代である。

いまや、書物によって視野を拡大し、変りゆく世界に豊かに対応しようとする強い要求を私たちは抑えることができない。この要求にこたえる義務を、今日の書物は背負っている。だが、その義務は、たんに専門的知識の通俗化をはかることによって果たされるものでもなく、通俗的好奇心にうったえて、いたずらに発行部数の巨大さを誇ることによって果たされるものでもない。現代を真摯に生きようとする読者に、真に知るに価いする知識だけを選びだして提供すること、これが中公新書の最大の目標である。

私たちは、知識として錯覚しているものによってしばしば動かされ、裏切られる。私たちは、作為によってあたえられた知識のうえに生きることがあまりに多く、ゆるぎない事実を通して思索することがあまりにすくない。中公新書が、その一貫した特色として自らに課すものは、この事実のみの持つ無条件の説得力を発揮させることである。現代にあらたな意味を投げかけるべく待機している過去の歴史的事実もまた、中公新書によって数多く発掘されるであろう。

中公新書は、現代を自らの眼で見つめようとする、逞しい知的な読者の活力となることを欲している。

中公新書

日本史

2189 歴史の愉しみ方　磯田道史
2295 天災から日本史を読みなおす　磯田道史
2389 通貨の日本史　高木久史
2321 道路の日本史　武部健一
2299 日本史の森をゆく　東京大学史料編纂所編
1617 歴代天皇総覧　笠原英彦
2302 日本人にとって聖なるものとは何か　上野　誠
1928 物語　京都の歴史　脇田　修・脇田晴子
2345 京都の神社と祭り　本多健一
482 倭　国　岡田英弘
147 騎馬民族国家（改版）　江上波夫
2164 魏志倭人伝の謎を解く　渡邉義浩
1085 古代朝鮮と倭族　鳥越憲三郎
1878 古事記の起源　工藤　隆
2157 古事記誕生　工藤　隆

2211 古事記の宇宙《コスモス》―神と自然　千田　稔
2095 『古事記』神話の謎を解く　西條　勉
2230 言霊とは何か　佐佐木隆
804 蝦　夷（えみし）　高橋　崇
1041 蝦夷《えみし》の末裔　高橋　崇
1622 奥州藤原氏　高橋　崇
1293 壬申の乱　遠山美都男
1568 天皇誕生　遠山美都男
1779 伊勢神宮―東アジアのアマテラス　千田　稔
1607 飛鳥―水の王朝　千田　稔
2371 カラー版 古代飛鳥を歩く　千田　稔
2168 飛鳥の木簡―古代史の新たな解明　市　大樹
2353 蘇我氏―古代豪族の興亡　倉本一宏
291 神々の体系　上山春平
2362 六国史《りっこくし》―日本書紀に始まる古代の「正史」　遠藤慶太
1502 日本書紀の謎を解く　森　博達
1802 古代出雲への旅　関　和彦

1967 正倉院　杉本一樹
2054 正倉院文書の世界　丸山裕美子
1003 平安朝の母と子　服藤早苗
1240 平安朝の女と男　服藤早苗
1867 院　政　美川　圭
2281 怨霊とは何か　山田雄司
608
613 中世の風景（上下）　阿部謹也・網野善彦・石井　進・樺山紘一
1503 古文書返却の旅　網野善彦
1392 中世都市鎌倉を歩く　松尾剛次
2127 河内源氏　元木泰雄
2336 源頼政と木曽義仲　永井　晋

中公新書

日本史

d 2

1521 後醍醐天皇 森 茂暁
776 室町時代 脇田晴子
2179 足利義満 小川剛生
978 室町の王権 今谷 明
2401 応仁の乱 呉座勇一
1983 戦国仏教 湯浅治久
2058 日本神判史 清水克行
2139 贈与の歴史学 桜井英治
2343 戦国武将の実力 小和田哲男
2084 戦国武将の手紙を読む 小和田哲男
2350 戦国大名の正体 鍛代敏雄
1625 織田信長合戦全録 谷口克広
1782 信長軍の司令官 谷口克広
1907 信長と消えた家臣たち 谷口克広
1453 信長の親衛隊 谷口克広
2278 信長と将軍義昭 谷口克広
784 豊臣秀吉 小和田哲男
2146 秀吉と海賊大名 藤田達生
2265 天下統一 藤田達生
2264 細川ガラシャ 安 廷苑
2241 黒田官兵衛 諏訪勝則
2372 後藤又兵衛 福田千鶴
2357 古田織部 諏訪勝則
642 関ヶ原合戦 二木謙一
711 大坂の陣 二木謙一
476 江戸時代 大石慎三郎
870 江戸時代を考える 辻 達也
2273 江戸幕府と儒学者 揖斐 高
1227 保科正之《ほしなまさゆき》 中村彰彦
1817 島原の乱 神田千里
740 元禄御畳奉行の日記 神坂次郎
1945 江戸城―本丸御殿と幕府政治 深井雅海
2079 武士の町 大坂 藪田 貫
1788 御家騒動 福田千鶴
1099 江戸文化評判記 中野三敏
853 遊女の文化史 佐伯順子
929 江戸の料理史 原田信男
2376 江戸の災害史 倉地克直
2421 織田信長の家臣団―派閥と人間関係 和田裕弘

中公新書

日本史

d 4

現代史

中公新書

現代史

f 2

2186 田中角栄　早野　透
1976 大平正芳　福永文夫
2351 中曽根康弘　服部龍二
1574 海の友情　阿川尚之
1875 「国語」の近代史　安田敏朗
2075 歌う国民　渡辺　裕
2332 「歴史認識」とは何か　大沼保昭／江川紹子
1804 戦後和解　小菅信子
2406 毛沢東の対日戦犯裁判　大澤武司
1900 「慰安婦」問題とは何だったのか　大沼保昭
2359 竹島―もうひとつの日韓関係史　池内　敏
1990 「戦争体験」の戦後史　福間良明
1820 丸山眞男の時代　竹内　洋
2237 四大公害病　政野淳子
1821 安田講堂 1968-1969　島　泰三
2110 日中国交正常化　服部龍二
2385 革新自治体　岡田一郎
2137 国家と歴史　波多野澄雄
2150 近現代日本史と歴史学　成田龍一
2196 大原孫三郎―善意と戦略の経営者　兼田麗子
2317 歴史と私　伊藤　隆
2301 核と日本人　山本昭宏
2342 沖縄現代史　櫻澤　誠